친절한 트렌드 뒷담화 2024

마케팅 전문가들이 주목한
라이프스타일 인사이트

친절한 트렌드 뒷담화 2024

이노션 인사이트전략본부
김나연 김태원 류현준 황선영 구본률 임정수 이지은 이지희 정승철
정다운 전의성 박창기 신채영 김우리 송정훈 이우빈 정원선 지음

싱긋

추천사

치밀한 브랜드 경험 설계로 광고 비즈니스의 미래를 만들어가다

혹자는 광고업이 이제 사양산업이라고 한다. 어쩌면 광고업은 사양산업이 맞을지도 모른다. 신문, 잡지, TV 등 전통 매체에 지출하는 광고비가 과거 대비 전반적으로 줄어들었기 때문이다. 하지만 이러한 맥락에서 광고업이 더이상 전망이 없다고 보는 것은 매우 근시안적인 시각이다. 비록 전통 매체를 활용하는 캠페인은 줄어들었지만, 디지털 콘텐츠나 오프라인에서 브랜드의 매력을 어필하기 위한 활동은 오히려 빠르게 증가하고 있다. 다시 말해, 광고를 많은 사람에게 '널리' 알리는 수단으로 규정하는 것이 아니라, 소비자에게 '전방위적으로 폭넓게' 다양한 경험을 제공함으로써 브랜드와 가까워지게 만드는 것이라고 정의한다면, 광고는 오히려 성장 산업이라 할 수 있다. 브랜드 경험을 전달할 수 있는 매개체가 이전보다 훨씬 더 다양해지고 있기 때문이다.

실제로 국내 광고 시장 구조를 보면, 전통적인 캠페인 대비 디지털이나 프로모션, 스페이스 등 비캠페인 영역의 매출이 빠르게 성장중이다. 이러한 비캠페인 영역은 영상 제작과 달리 실질적인 경험을 제공해야 하기 때문에 창의적인 아이디어와 접근법이 더욱 중요하다. 또한 이를 구현하기 위해서는 클라이언트의 적극적인 지지와 협업 역시 필요하다. 2023년 무신사와 여기어때 간의 컬래버레이션으로 진행한 방콕행 티켓 티셔츠, '여행 T켓' 캠페인은 이노션이 두 브랜드와의 긴밀한 협업을 통해 만들어낸 결과물이었다. 지구를 위해 세탁 온도를 낮추자는 '지구를 위한 쿨한 세탁'이나 '폐의약품 안심봉투' 캠페인 역시, 이노션의 아이디어로 생활공작소와 환경부, 세종시 등에 적극적으로 제안해 실현한 캠페인이다. 소비자와 가장 가까운 접점에 있기 때문에 우리가 만들어가는 콘텐츠들이 브랜드를 즐겁게 경험하게 하고, 사람들의 행동 또한 변화시킬 수 있다고 믿는다.

이제 우리의 비즈니스는 단순히 광고 '대행업'에 머물지 않는다. 클라이언트의 요구에 맞춰 캠페인을 제작하는 것 이상으로, 클라이언트의 마케팅 커뮤니케이션 솔루션을 제공하는 비즈니스 파트너이자 '고객 경험 설계의 전문가'로서 소비자의 마음을 움직이고 브랜드를 각인시킬 수 있는 경험을 적극적으로 만들어내고 있기 때문이다.

이를 위해 가장 필요한 것은 이 시대 소비자에 대한 관심과 이해다. 이노션의 인사이트전략본부는, 지금까지 진행한 수많은 연구와 프로젝트를 통해 쌓은 지식을 기반으로 2024년 트렌드를 전망하는 『친절한 트렌드 뒷담화 2024』를 준비했다. 『친절한 트렌드 뒷담화』 시리즈로 네번째 발행하는 이번 책에서도 최근 사회문화적으로 주목받고 있는 다양한 트렌드와 그 원인에 대해 다루었다. 최근 주목할 만한 Z세대의 놀이 문화를 포함하여 달라진 삶의 일상과 사회적 변화는 물론 마케터로서 주목해야 하는 최신 이슈에 대해 깊이 있게 분석한 결과물인 만큼, 급변하는 세상의 흐름과 맥락을 이해하는 데 유의미한 도움이 되기를 바란다.

이노션 국내비즈니스부문장

부사장 김 태 용

소비자에 대한 깊은 이해가 브랜드를 일상에 스며들게 한다

2023년 마케팅업계는 물론 전 세계적으로 가장 큰 화두를 꼽으라 하면 아마 챗GPT일 것이다. 2022년 말 대화형 인공지능 서비스인 챗GPT가 등장한 이후 2023년 초부터 챗GPT를 비롯한 생성형 AI는 엄청난 이슈가 되었고, 업계·학계 할 것 없이 모두가 이 놀라운 기술이 세상을 어떻게 지배할지에 관심을 가졌다. 기업들은 앞다투어 이러한 시대적 변화에 동참하고 시장을 주도하기 위해 AI 기업을 인수하거나, 자체 연구소를 설립하거나, 자사만의 AI 브랜드를 만들기 시작했다.

광고업의 관점에서 보면, 급속도로 발전중인 생성형 AI에 기반하여 콘텐츠나 카피를 제작하는 것은 물론 이미지, 비디오, 사운드 등을 만들어낼 수 있는 다양한 크리에이티브 툴이 수도 없이 쏟아져 나오고 있다. 심지어는 AI를 활용하여 크리에이티브를 제작하는 대행사도 있다. 2022년 하반기부터 생성형 AI로 제작한 광고들이 서서히 등장하기 시작하더니, 2023년에는 챗GPT를 사용해서 만든 시나리오, AI를 기반으로 만든 음악 등 생성형 AI 기술로 만든 콘텐츠임을 강조하는 광고들이 자주 눈에 띈다. 남들보다 발 빠르게 AI를 도입함으로써 소비자들의 호기심을 자극하는 것은 물론 혁신적이면서도 트렌디한 브랜드

이미지를 각인시키고자 하는 것이다.

소비자의 관점에서는, 포털, 블로그, 커뮤니티 등 각종 웹사이트를 오가며 열심히 탐색하던 정보들을 AI와의 대화를 통해 손쉽게 얻을 수 있게 되었다. 지금까지는 소비자들이 스스로 정보를 찾아다녀야 했지만 생성형 AI는 방대한 정보를 압축해서 제공할 수 있기 때문에, 앞으로 소비자들의 정보 탐색 패턴이 달라질 것이라는 예상이 지배적이다. 또한 각종 AI 툴을 활용하여 전문가처럼 콘텐츠를 생산하고 공유하는 소비자들 또한 점점 더 많아질 것으로 기대된다.

일상에서 생성형 AI로 할 수 있는 일들이 계속 늘어나는 중에, 비용이 저렴하고 시간도 절약할 수 있다는 긍정적인 평가가 이어지면서 조만간 사람이 하던 일들이 AI로 대체되지 않을까 하는 우려도 생겨나고 있다. 하지만 한편에서는 생성형 AI가 사실이 아닌 허위 정보를 그럴싸하게 제시하고, 저작권 이슈가 있는 콘텐츠를 그대로 사용하기도 하며, 비현실적인 기이한 이미지들을 만들어낸다는 등 여러 가지 문제점을 지적한다. 이러한 맥락에서 프리랜서 구직 사이트인 '파이버(Fiverr)'는 AI가 비즈니스와 업무의 수준을 높일 수 있지만, 최종적으로 완성도를 높이는 것은 인간 본연의 재능에서 나오는 좋은 아이디어와 크리에이티브라는 의미를 담은 광고를 제작하기도 하였다.

지금은 초기 단계이기 때문에 생성형 AI로 만든 제작물이라고 하면 눈길이 가지만, 이러한 기술이 보편적으로 사용되면 그 자체로서의 효과는 분명히 떨어질 것이며, 지금처럼 소비자가 공감할 수 있는 콘텐츠가 다시 주목받게 될 것이다. 생성형 AI에게 명령할 프롬프트를 만들어내는 것도, AI가 순식간에 만들어내는 무수히 많은 콘텐츠 중에 소비자의 마음을 사로잡을 수 있는 콘텐츠를 선별하는 것도 결국은 사람이기 때문이다.

기술의 발전은 분명 사람들의 생활을 바꿀 것이고, 지금까지 그랬던 것처럼 한 번도 경험하지 못했던 상상 속의 미래가 어느 날 갑자기 익숙한 일상이 될 것이다. 구글이나 네이버를 통해 학습하던 정보들을 생성형 AI를 통해 얻고, 알고리즘의 추천으로 자연스럽게 보던 콘텐츠 대신 챗GPT에게 자신이 좋아하는 콘텐츠와 유사한 콘텐츠를 추천받을 수도 있다. 소비자들은 지금보다 더 주체적으로, 더 빠르게 자신이 원하는 것을 찾아낼 것이다. 마케팅을 하는 사람의 입장에서 생각해보면 소비자의 관심을 유도하는 것이 점점 더 어려워질 것이라는 생각이 든다.

한때 소비자들에게 일방적으로 메시지를 전달하는 푸시(Push) 대신 소비자들을 유인할 수 있는 풀(Pull) 마케팅을 해야 한다는 마케팅 이론이 지배적이었다. 하지만 이제는 이러한 접근도 통하지 않는 세상이 되었다. 소비자들을 끌어들이는 것이 아니라, 브랜드가 자연스럽게 그들의 삶 속에 동화되지 않는다면 주목도를 높일 수 없기 때문이다. 그렇기에 소비자들이 어떻게 생활하는지를 파악하는 것은 매우 중요하다.

끊임없는 소비자에 대한 관찰과 각종 데이터 분석을 기반으로 소비자에 대한 높은 이해를 가진 우리 이노션 인사이트전략본부가 올해도 변함없이 『친절한 트렌드 뒷담화』를 발간하는 것은, 우리가 찾아내고 분석한 세상의 변화 흐름이 급변하는 이 시대와 소비자를 이해하는 데 도움이 되기를 바라기 때문이다. 어떤 기술이나 마케팅 활동이 인기를 끈다 해서 그 흐름을 무조건 따라가는 것이 아니라, 사람들이 하루를 어떻게 즐기고, 어떠한 고민을 가지고 살아가는지, 그리고 각종 첨단기술을 일상에서 어떻게 활용하는지를 깊게 들여다보고 그 안에서 브랜드가 어떠한 역할을 할 수 있을지 고민하여 소비자와의 커뮤니케이션 접점을 넓혀가는 것은 점점 더 중요해질 것이다. 수없이 많은 현업 프로젝트를 수행하며 쌓은 우리의 경험과 지식이 소비자에게 다가가는 길을 찾는 데 작게나마 인사이트를 줄 수 있기를 기대해본다.

이노션 인사이트전략본부

본부장 김 나 연

CONTENTS

Part 2 일상

Part 3 세상

Part 4 마케팅

스페셜 리포트

Part 1 놀이

비즈니스 현장의 마케팅 전문가들이 주목한
라이프스타일 인사이트

뉴리티지:

헤리티지가 새로운 놀이로

1

헤리티지는 보통 명품 브랜드에서 다른 브랜드와 차별화하기 위해 많이 사용되었던 단어다. 그래서 그런지 헤리티지라고 하면 고급스럽지만 다소 무거운 느낌을 주며 어쩐지 쉽게 다가가기 힘들 것 같은 이미지가 연상된다. 그러나 헤리티지를 사전에서 찾아보면 '유산'으로 해석되며, 이는 곧 앞 세대가 물려준 사물 또는 문화를 의미한다. 즉 과거의 문화 정도가 될 것이다. 헤리티지를 풀어 표현하니 이전보다 가까워진 느낌은 들지만, 이런 해석은 '과거, 전통, 옛날' 등의 단어가 연상되어 재미없고 고리타분한 이미지가 떠오르기도 한다.

하지만 이제는 과거, 옛날이 갖는 이미지의 고정관념에서 벗어날 필요가 있다. 과거, 옛날의 것들을 어떻게 해석하고 활용하느냐에 따라 고리타분한 것이 아닌 힙한 것으로 인식되기도 하기 때문이다. 취향이 다양해지고 내가 좋으면 그만인 젊은 세대가 증가하면서 예스러운 느낌을 주는 콘텐츠도 취향에 맞기만 하면 충분히 재미있는 것으로 받아들여지고 있다.

MZ세대는 '앞 세대가 물려준 문화'라는 헤리티지의 사전적 의미에 맞게, 굳이 명품이 아니더라도 일상의 영역에서 즐길 만한 헤리티지 요소를 찾아낸다. 재미를 느끼고 공감할 만한 요소가 있다면 요즘의 감성으로 재해석하여 그것을 경험하는 데 적극적이다. 앞으로의 헤리티지는 특정 영역이 아닌 일상으로 확대되어 누구나 즐길 수 있을 것으로 보인다.

©Towfiqu Barbhuiya, Unsplash

요즘 시대의 헤리티지

요즘 입맛이 된 어른 입맛

요즘 MZ세대를 중심으로 한 디저트 문화 트렌드 중 하나는 할매니얼* 이다. 할매니얼은 실버 세대의 감성을 즐기는 젊은 층의 문화를 의미한다. 아직 20~30대에 불과하지만 스스로를 할머니 입맛, 할머니 취향이라고 말하는 것에 거부감이 없고, 젊은 층과 거리가 멀어 보였던 흑임자, 쑥, 인절미 등을 활용한 디저트를 즐긴다.

할매니얼이 대두된 이유는 건강에 대한 기대와 새로움 때문으로 보인다. 흑임자, 쑥, 인절미 같은 음식은 보통 기성세대의 것으로 느껴지기 때문에 젊은 세대는 자신과 가깝지 않은 음식으로 생각한다. 하지만 오랫동안 한식 문화에 자리잡고 있던 식재료이고, 기성세대가 즐기는 음식이기 때문에 먹어보지 않아 맛은 몰라도 건강할 것이라는 막연한 기대감이 있다. MZ세대는 건강에 관심이 많은데, 전통적인 식재료들의 부상은 이런 관심과 맞물려 있다. 이전에는 전통 식재료들을 일상에서 접하기 어려웠지만 MZ세대가 즐기는 디저트와 결합되면서 다양한 곳에서 경험할 수 있게 되었고, 익숙한 문화와 결합되다보니 거부감도 줄어들게 되었다.

★

할매니얼 할머니의 방언인 '할매'와 '밀레니얼'이 합쳐진 신조어로 전통문화의 감성을 즐기는 젊은 세대를 의미함 전통 음식 문화에 대한 관심은 주로 명절에나 봤던 약과로도 이어져, 약게팅*이라는 새로운 문화까지 생겨나게 했다. 경기도 한 지역의 경력 20년이 넘은 장인이 만든 약과를 유명 유튜브 크리에이터가 소개했는데, 입소문을 타면서 구입이 쉽지 않았기 때문이다.

MZ세대는 전통 음식을 현재의 문화와 적절히 믹스하여 즐긴다. 약과를 약과 자체로 즐기기도 하지만 아이스크림과 함께 먹거나, 쿠키, 휘낭시에, 도넛 등 요즘 유행하는 디저트와 결합된 다양한 제품들을 통해 더 풍부하게 골라 먹는 재미를 경험한다. 약과가 인기를 얻자 많은 브랜드가 약과를 활용한 상품을 출시했는데, 편의점 브랜드인 CU도 그중 하나였다. CU는 쿠키와 약과를 결합한 '이웃집 통통이 약과쿠키'를 선보였고, 출시 5일 만에 초도 물량 10만 개가 완판되기도 하였다.

CU에서 선보인
약과를 활용한 디저트
(출처: BGF리테일)

스타벅스에서 출시한
쑥 특화 음료
(출처: 스타벅스)

노티드에서 쑥, 고구마, 인절미,
유과를 활용하여 출시한 도넛 신메뉴
(출처: 노티드)

약게팅 '약과'와 '티케팅'이 합쳐진 말로, 약과 구입이 유명 공연의 티케팅만큼 어렵다는 것을 의미함

이런 관심은 개성주악*등 잘 알려지지 않았던 전통 디저트로 확산되고 있다. 실제 카드 소비 데이터를 통해 젊은 세대의 전통 디저트에 대한 관심 증가가 확인되기도 했다. KB국민카드에 따르면, 2019년~2022년 디저트 전문점의 카드 매출액과 신규 가맹점 비중을 분석해 본 결과, 떡·한과의 매출 증가율이 66%로 가장 높았다고 한다. 또한 떡·한과 업종 내 연령별 매출 비중 변화를 살펴보면 2019년에는 20대의 비중이 5.5%에 불과했으나, 2022년에는 7.7%로 증가해 타 연령대에 비해 증가 폭이 가장 컸다.

과거 생활 문화의 역주행

기성세대가 주로 방문하는 곳으로 인식되었던 전통시장은 MZ세대의 핫플레이스로 다시 태어나고 있다. 이전에 경험해보지 못했던 시장의 분위기가 이들에게 신선하게 다가가고 있기 때문이다. 2022년 연말 커피 전문점 스타벅스는 약재로 유명한 경동시장에 위치해 있던 경동극장을 리모델링하여 경동1960점을 오픈했다. 과거 경동극장의 분위기를 살려 과거로 시간 여행 하는 듯한 분위기를 연출하여 젊은 층의 방문이 늘고 있다.

LG전자도 과거 가전제품을 수리하던 전파사를 컨셉으로 하여 경동시장 내 브랜드 체험 공간을 열었다. LG전자의 옛 이름인 금성사를 활용한 'LG 금성전파사 새로고침센터'로, LG전자의 과거부터 현재를 경험할 수 있는 공간이다. 전파사라는 이름에 걸맞게 이곳은 마음, 스타일, 개성, 기분, 고민 등을 고친다는 컨셉으로 운영되고 있다. 각 컨셉

개성주악 개성의 향토 음식으로 정월 초나 잔치 때 만들어 먹음. 현대의 찹쌀도넛과 유사함

경동시장 내 경동극장을 리모델링한 스타벅스 경동1960점
(출처: 신세계그룹)

LG전자의 체험 공간인 금성전파사
(출처: 서울신문)

별로 DIY 체험이나 오락실, 방탈출 게임 등의 콘텐츠도 구성되어 있어, 놀이 과정을 통해 자연스럽게 LG전자의 제품을 경험해볼 수 있다.

전통시장은 팝업스토어가 열리는 장소가 되기도 한다. 2023년 5월 제주맥주는 우리나라 최초의 전통시장인 광장시장에 팝업스토어를 열었다. 광장시장 내 유명 음식점과 협업하여 안주를 제공하기도 하고, 시장의 음식을 자유롭게 포장해 와서 제주맥주의 팝업스토어에서 먹을 수 있도록 하였다. 시장 특유의 정감 있는 분위기와 어우러지는 자연스러운 경험을 통해 수제 맥주인 제주맥주가 어느 음식과도, 어떤 순간에도 함께 마실 수 있는 맥주라는 이미지를 구축하고자 했다.

관광 콘텐츠도 과거 문화를 활용하여 몰입감을 높이고 있다. 지역 관광 스타트업 기업인 위라이드는 2022년 가을 '서울전차'라는 서울 투어 프로그램을 시작했다. 1960년대까지 서울에서 운행되었던 서울 전차의 디자인을 차용하여 만든 페달 펍* 투어 프로그램이다. 페달 펍 전차에는 개화기 의상을 입은 차장과 검표원이 탑승하고 있으며, 경로 또한 과거 전차가 다니던 노선을 따라 구성되는 등 당시 모습을 더 실감 나게 살려 과거와 현재가 공존하는 서울 투어를 제공한다.

광장시장에 팝업스토어를 연 제주맥주
(출처: 제주맥주)

페달 펍(Pedal Pub) 배터리와 페달로 동력을 얻어 움직이는 15인승 자전거

과거 운행되던 서울전차
(출처: 서울시)

위라이드 서울전차의 모습
(출처: 위라이드 서울전차)

서울전차의 운행 모습
(출처: 위라이드 서울전차)

헤리티지가 놀이가 된 이유

새로움과 익숙함의 조화

영국의 복식학자인 제임스 레이버(James Laver)는 유행과 관련해 '레이버의 법칙'을 주장했다. 유행이 1년, 10년, 20년씩 지나갔을 때는 한물간 유행처럼 느껴지거나 끔찍하고 우스꽝스럽게 느껴진다. 그러나 유행이 30년이 지나면 흥미롭게 느껴지고 그보다 더 지나면 고풍스럽고 매력적이게 느껴진다는 것이다. 그리고 100년이 지나면 낭만적으로, 150년이 지나면 아름답게 느껴진다고 했다. 유행이 일정 시점이 지나고, 더 오래되고, 나와의 접점이 없어질수록 더 미화된다는 것이다.

제임스 레이버는 복식학자지만, 그의 이론이 패션에만 국한되는 것은 아닌 것으로 보인다. '레이버의 법칙'에 따라 과거의 문화가 주목받는 이유를 해석해보면 새로움과 호기심 때문이라고 할 수 있다. 지금의 젊은 세대는 과거 문화를 어렴풋이 기억하거나 경험해보지 못하였다. 그렇기 때문에 과거의 문화라고 해서 무조건 고리타분하다고 생각하지 않고, 내 취향에 맞는다면 신선하다고 생각하며 호기심을 느낀다. 기성세대가 현재 시점에 경험하는 과거 문화 역시 새로운 문화이다. 과거 문화라고 해서 과거 모습 그대로 다시 등장하는 것이 아니라 현재 관점으로 재해석되기 때문이다. 기성세대가 경험하는 과거 문화도 결국은 지금의 트렌드가 결합된 새로운 문화가 된다. 결국 젊은 세대와 기성세대 모두에게 헤리티지가 만들어내는 문화는 신선하게 다가간다. 새로운 문화와 알고 있던 문화가 결합되어 모든 세대의 진입 장벽을 낮춰 헤리티지가 확산되는 데 영향을 준 것이다.

팬데믹 기간 동안 가까워진 과거

팬데믹은 우리에게 과거를 돌아볼 시간을 주고 과거에 대한 인식을 변화시켰다. 지난 3년간 코로나19를 겪으며 우리는 사회와 물리적으로 단절된 시간을 보내야 했다. 대신 그 시간은 디지털 세상으로 채워졌고, 디지털 세상에서 우리가 만난 것은 미래가 아닌 과거였다. 집에 머무르는 시간이 길어지면서 새로운 관심거리를 찾다보니 과거에 도달하게 된 것이다.

팬데믹 기간 동안, 이미 몇 년 전에 종영된 예능 〈무한도전〉과 시트콤 〈하이킥〉 시리즈, 〈순풍산부인과〉 등이 역주행을 하며 주목받았다. 오래전 콘텐츠지만 모든 세대를 관통하는 웃음이 있었고 그 웃음을 통해 현재의 어려운 상황에 대한 위로를 받을 수 있었기 때문이다. 모든 만남이 차단된 생활을 하고 있었지만 콘텐츠 속 등장인물들은 함께 부대끼며 어울리고 있어 대리 만족을 주기도 했다. 과거의 콘텐츠를 경험하는 과정에서 잘 몰랐던 혹은 잊고 있던 과거 문화를 접하게 되면서, 심리적으로 가까워지고 익숙해져 친밀감이 형성되었다고 볼 수 있다.

과거에 대한 관심은 전통문화로 이어지기도 했다. 블랙핑크나 BTS 등 전 세계에서 사랑받는 가수들이 뮤직비디오에서 한복을 재해석한 의상을 착용하면서 전통을 재발견할 수 있었고, 젊은 세대에게 전통은 새로운 힙으로 인식되었다. 국립중앙박물관에서 문화재를 모티브로 출시한 굿즈는 상대적으로 비싼 가격에도 인기를 끌었으며, 지금까지도 그 인기가 유지되고 있다.

과거로부터 얻는 안정감

심리학에는 '회고 절정'이라는 용어가 있다. 노년기에 자신의 삶을 되돌아볼 때, 15~30세 사이의 기억을 가장 많이 떠올리는 현상이다. 해당 시기에도 힘든 경험이 있었겠지만 첫 경험이 많은 시기였기 때문에 기억에 많이 남고 미화되어 그 시절을 추억하며 안정감을 얻는 것이다. 하지만 젊은 세대는 왜 겪어보지 않은 과거에서 안정감을 얻는 것일까? 젊은 세대들이 성장하면서 경험한 사회는 늘 빠르게 변하고 있었다. 빠르게 변하는 트렌드에 맞춰가야 한다는 부담감이 오히려 오래된 것, 과거 문화에 대한 관심으로 이어지고 있다.

드라마 〈응답하라〉 시리즈 등 과거가 배경인 콘텐츠들에는 지금의 젊은 세대들이 성장하면서 경험하기 어려웠던 이웃 간의 정, 정겨운 동네 분위기 등이 묘사된다. 지금 젊은 세대가 겪고 있는 빠르게 변하는 사회에 대한 이야기는 찾아보기 힘들다. 급변하는 트렌드에 대한 피로감이 내가 경험하지 못한 시대에 대한 동경으로 연결된다. 이런 동경을 증명하기라도 하듯, 성장하면서 다양한 디지털 기기를 경험했던 젊은 세대들은 오히려 디지털과 거리가 먼 필름 카메라나 캠코더 등 아날로그에 가까운 제품에 관심을 보이기도 한다.

이런 경향은 패션에서도 관찰된다. 몇 년 전까지 패션업계에는 유행을 바로 반영하는 패스트 패션이 주류를 이루었다. 빠르게 유행을 따라야 하기 때문에 저렴한 소재로 만들어 잠깐 입고 버리는 패션이다. 하지만 경제 불황이 심화되자 오히려 질리지 않고 실용적으로 오래 입을 수 있는, 좋은 소재로 만들어진 '올드머니 패션★'이 관심을 받고 있다.

올드머니 패션의 대명사인 故 다이애나 왕세자비
(출처: 핀터레스트)

요즘 감성으로 재해석되는 올드머니 패션
(출처: 29CM)

★

올드머니 패션 대를 이어온 상류층의 의상 또는 이를 통해 영감을 얻은 패션. 잔잔한 모노톤으로 화려함보다는 기본에 충실한 디자인을 특징으로 함

브랜드의 헤리티지 활용

브랜드 헤리티지 체험 공간 구축

일상 속 헤리티지가 확대된 만큼 오랜 역사를 가진 기업들도 소비자들이 브랜드 헤리티지를 보다 가깝고 친근하게 느낄 수 있도록 헤리티지 경험 공간을 구축하고 있다. 변화하는 시대상 속 브랜드의 역할을 다시 한번 상기시키고 브랜드의 존재 이유를 커뮤니케이션함으로써 브랜드를 차별화하기 위함이다.

현대자동차는 2023년 '포니의 시간'이라는 전시를 운영하였다. 포니는 현대자동차에서 개발한 한국산 최초의 독자 생산 모델이다. 내연기관 자동차에서 전기차로 패러다임이 변화하면서 다양한 신생 전기차 브랜드가 생겨나고 있는 와중에, 현대자동차는 최초의 독자 모델인 포니를 복원하면서 모빌리티 브랜드로서의 진정성과 전문성을 내세웠다.

현대자동차는 단순히 복원된 포니만을 전시하지 않았다. 관람객들이 포니가 출시됐던 시대적 환경에 공감하고 몰입할 수 있도록 전시회 시작 단계에서 시대상을 경험할 수 있는 장치를 두었다. 당시의 물가를 확인할 수 있게 하는 디지털 사이니지와 그 시대의 유명 잡지 등을 비치해 단순한 자동차 박물관 느낌을 지우고 관람객의 흥미를 자극했다. 그리고 포니와 함께했던 고객들의 추억이 담긴 사진 공모전을 진행하여 현대자동차의 휴머니티를 보여줌과 동시에 고객과의 공감대를 형성했다. 또한 포니뿐만 아니라 아이오닉, N Vision 74까지 전시하여 현대자동차의 과거, 현재, 미래를 함께 경험해볼 수 있게 했다. 현대자동차는 전시회에 그치지 않고 밴드 잔나비와 함께 〈포니〉라는 음원까지 발표하여 다양한 방식으로 포니를 즐길 수 있도록 하였다.

기아도 'Movement with People'이라는 전시를 통해 헤리티지 활용에 나섰다. 기아가 자전거 제조업체에서 자동차 제조업체로 전환하는 데 큰 역할을 했던 삼륜 자동차 T-600과 기아 최초의 후륜구동 자동차 브리사를 복원하여, 기아의 브랜드 체험 공간인 KIA360에 전시를 진행한 것이다. 기아는 소비자와 공감대 형성을 위해 고객의 일상에서 함께해온 기아의 콘텐츠를 전시하여 고객과 성장해온 기아의 역사를 강조했다. 그뿐만 아니라 고객의 이야기를 담은 애니메이션 콘텐츠도 제공하여, 기아의 변천사를 경험해볼 수 있게 하였다. 나아가 EV9의 전시를 통해, 헤리티지가 과거에만 그치는 것이 아니라 미래 방향성까지 연결되고 있음을 보여주었다.

포니의 시간 전시 모습 (출처: 현대자동차그룹)

T-600과 브리사 전시 모습 (출처: 이노션)

EV9 전시 모습 (출처: 이노션)

우리나라 최초로 상표 등록을 했던 소화제 브랜드 활명수도 헤리티지를 활용해 브랜드 자산을 강화하고 있다. 소화제 제품이 다양해지고 경쟁 브랜드의 소비자 커뮤니케이션도 활발해지자, 동화약품은 활명수만이 가지고 있는 역사성을 활용해 차별화를 꾀했다. 활명수는 대중적인 인지도가 높은 제품이지만, 1897년 출시되어 우리나라의 근현대사를 함께한 제품의 역사에 대한 젊은 세대의 인지도는 높지 않다. 2023년 동화약품은 MZ세대의 핫플레이스이면서 팝업스토어의 성지로 불리는 성수동에 활명수 출시 125주년을 기념한 팝업스토어를 열어, 구한말부터 지금까지 시대와 함께했던 활명수의 역사를 체험해볼 수 있게 했다. 그리고 시대 속에서 활명수의 변천사를 보여주면서 제품을 활용한 다양한 포토존을 구성해 인스타그래머블한 감성까지 즐길 수 있게 했다. 23일 동안 운영된 활명수의 팝업스토어는 2만 명이 넘는 방문객이 다녀가면서 많은 관심을 받았다. 나아가 동화약품은 단순히 브랜드의 역사를 담은 사사가 아닌 125년간의 광고 활동을 담은 광고북을 출간하여, 브랜드의 역사성을 강조했다.

출시 125주년 기념으로 운영되었던 활명수 팝업스토어
(출처: 동화약품)

동화약품의 125년간의 광고 활동을 담은 광고북
(출처: 이노션)

헤리티지를 활용한 팬층 확대

명품 브랜드뿐만 아니라 문화 콘텐츠에도 세대를 관통하는 가치가 존재한다. 이는 부모-자식 세대를 이어주는 연결 고리가 되기도 한다.

1990년대 초중반 연재되었던 만화책 『슬램덩크』를 기반으로 한 영화 〈더 퍼스트 슬램덩크The First Slam Dunk〉가 2023년 초 개봉하면서 선풍적인 인기를 끌었다. '슬친자*'라는 신조어까지 생겨났으며, 영화는 누적 관객수 470만 명을 돌파하며 흥행하는 저력을 보여주었다. 특이하게도 이 흥행의 뒤에는 만화책 『슬램덩크』를 경험하지 못했던 20대가 있었다. 개봉 초기에는 어린 시절 만화책 『슬램덩크』의 향수를 간직한 30~40대를 중심으로 영화 관객층이 형성되었지만, 입소문이 퍼지면서 관객층이 10~20대로 확산되었다. CGV 기준 개봉 첫 주 20대 관객의 비중은 10%대였지만, 개봉 6주 차에는 22%까지 증가한 것으로 나타났다.

영화는 원작의 스토리를 모티브로 했지만 원작에서 다뤄지지 않았던 스토리텔링을 통해 원작 경험 여부와 관계없이 모든 관객이 콘텐츠를 즐기고 공감할 수 있게 했다. 그러나 슬램덩크의 헤리티지인 도전과 성장은 변하지 않았다. 10~20대가 만화책 『슬램덩크』를 보고 자란 세대는 아니었지만, 도전과 성장의 스토리는 공감하기 충분한 요소였다. 이들은 부모와 함께 영화를 즐기며 공통의 관심사를 갖기도 했고, N차 관람*으로 오히려 부모 세대보다 더 큰 팬이 되기도 하였다.

팬층이 20대로 확대되면서 이들의 팬심을 강화할 수 있는 다양한 마케팅 활동도 전개되었다. 〈더 퍼스트 슬램덩크〉의 굿즈를 구입할 수 있는 팝업스토어가 운영되었으며, 영화관에서는 굿즈 증정 이벤트, 실제

★

슬친자 '슬램덩크에 미친 자'를 줄여서 표현한 말

N차 관람 동일한 공연, 영화 등을 여러 번 관람하는 것

농구 경기처럼 응원할 수 있는 응원 상영회, 등장인물의 이름을 딴 상영관 등 다양한 이벤트 활동을 통해 슬램덩크의 팬으로 자리잡을 수 있도록 하였다. 이런 팬심은 원작의 만화책 구입으로 이어지며 일시적인 관심이 아님을 보여주기도 했다. 원작을 현재 시점으로 재해석하되, 시대가 변해도 통용될 수 있는 가치를 기반으로 재생산한 콘텐츠를 통해 오히려 원작의 팬층을 확대하고 강화하는 새로운 순환 구조를 만들어낸 것이다.

〈더 퍼스트 슬램덩크〉 상영 당시 진행되었던 이벤트
(출처: CGV)

디지털 아카이빙의 발전으로 우리는 과거 문화를 간접적으로 체험하여, 경험해보지 못한 과거와도 친숙해질 수 있게 되었다. 그렇기 때문에 과거는 더이상 고루한 것만은 아니다. 일상을 재미있게 만들 수 있는 과거 문화라면 언제든 계승할 수 있는 헤리티지가 될 수 있다.

헤리티지가 젊은 세대의 선택을 받기 위해서는 새롭되 익숙한 모습으로 다가가야 한다. 젊은 세대가 과거 문화에 기대하는 것이 무엇인지 확인하고 공감대를 형성할 수 있는 친숙한 형태로 표현되어야 할 것이다. 그리고 이것을 재밌게 즐기고 체험할 수 있도록 제공하는 일 역시 중요하다.

세상이 복잡해지고 다양해짐에 따라 헤리티지는 역사가 있는 브랜드라면 활용하고 싶은 매력적인 요소가 될 것이다. 오랜 시간 역사와 함께 브랜드가 버텨왔다는 것은 시대의 변화에 잘 대응해왔고 존재 이유를 잘 지켜왔다는 방증이기 때문이다. 다른 브랜드와 차별화하고 브랜드 진정성을 강조하기 위해 헤리티지는 유용한 도구다.

과거에 브랜드가 헤리티지에 접근한 방식은 브랜드의 역사를 나열하는 박물관과 같았다. 이런 방식은 브랜드 입장에서는 자랑스러운 역사가 되겠지만, 소비자 입장에서는 브랜드와 공감대를 형성하는 데 한계가 있을 수 있다. 소비자들은 직접 경험해보지 못한 혹은 경험했더라도 새롭게 느껴지는 전통과 과거에 흥미와 호기심을 느낀다. 브랜드 역시 이 지점을 고민하여 소비자에게 다가가야 할 것이다.

전국 댄스 자랑:

그쪽도 댄스 챌린지를 아세요?

2

누구나 하나쯤 추억이 있는 노래와 춤이 있을 것이다. 1996년 애틀랜타 올림픽에서 인기팀이었던 미국 여자 체조팀이 〈마카레나Macarena〉에 맞추어 춤을 추었고, 이 모습이 TV를 통해 방영되면서 전 세계적으로 유행했다. 이후에 우리나라에서는 2006년 배우 김수로가 한 방송에서 소개한 '꼭짓점 댄스'가 당시 월드컵과 맞물리면서 많은 사람이 응원 댄스로 꼭짓점 댄스를 추었다. 2007년에는 가수 원더걸스의 〈텔미Tell Me〉와 그 춤, 2012년에는 세계적으로 흥행했던 가수 싸이의 〈강남스타일〉과 말춤이 있었다. 그리고 틱톡이 유행하기 직전인 2017년에는 가수 선미의 〈가시나〉와 춤이 유행이었다. 이처럼 인터넷이나 동영상 플랫폼이 발달하지 않은 시절부터 전국적, 세계적으로 유행하는 춤과 노래는 있었다.

그리고 지금 우리에게는 '댄스 챌린지'가 있다. 노래와 춤이라는 메인 소재는 동일하지만 디지털, Z세대 감성이 가미되면서 '댄스 챌린지'라는 그럴듯한 이름의 콘텐츠가 되었다. 과거에는 토끼춤, 말춤과 같이 춤의 형상에 착안하여 이름이 지어졌다면 현재는 'ㅇㅇ(노래 이름) 챌린지'라고 부른다. 또한 과거에는 오프라인에서 플래시 몹처럼 많은 사람과 춤을 즐겼다면, 현재는 모바일 동영상 플랫폼의 발달로 가까운 사람들과 함께 춤추는 영상을 찍고 포스팅하고 해시태그로 사람들과 소통한다. 물론 처음 우리나라에서 '〈아무노래〉 챌린지'가 등장했을 때만 해도 연예인, 인플루언서나 하는 것이라는 생각이 다수였다. 그러나 현재 댄스 챌린지는 숏폼 콘텐츠의 대명사로 콘텐츠 유행의 중심에 있다.

©Freepik

댄스 챌린지의 롱런

데이터로 본 댄스 챌린지

숏폼 플랫폼상에서 다양한 챌린지를 볼 수 있지만 그중에서도 가장 자주 볼 수 있는 것은 댄스 챌린지일 것이다. 유튜브에서 2023년 1월부터 8월까지의 '챌린지' 연관어를 분석한 결과 '댄스'와 '댄스 챌린지'가 가장 상위에 나타났다. 이 외에도 '아이돌', 'K-pop', 여러 아이돌 그룹명, 노래 제목 등 댄스 챌린지 관련 콘텐츠로 보이는 연관어도 눈에 띈다. 이를 연도별로 보더라도 '댄스', '댄스 챌린지'가 매년 상위 10위 안에 나타나고 있다. 2020년에는 댄스 챌린지의 시초인 지코의 〈아무노래〉 챌린지로 인해 해당 연관어가 상위에 올랐으며, 2021~2023년에는 먹방 챌린지가 새롭게 등장하여 관련 단어가 상위에 다수 포진하였음에도 댄스 챌린지가 상위 1~3위를 유지하며 꾸준히 트렌드를 이끌고 있음을 보여주었다.

'챌린지' 유튜브 연관어 워드 클라우드 (출처: 이노션 인사이트전략본부 / 2023년 1월~2023년 8월)

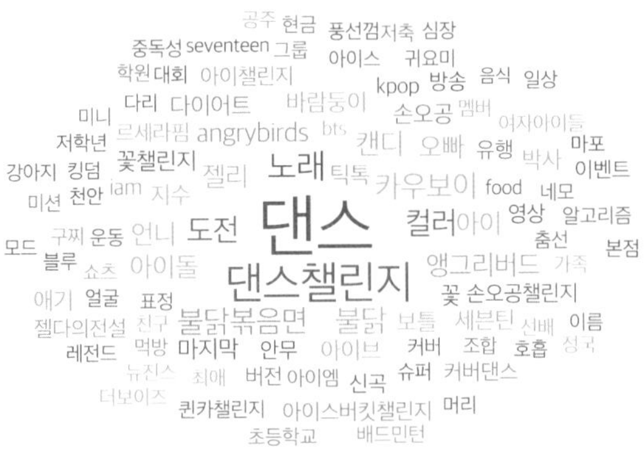

'챌린지' 유튜브 기간별 연관어 순위 (출처: 이노션 인사이트전략본부)

순위	2020년	2021년	2022년	2023년
1	노래	댄스	불닭	댄스
2	지코	불닭	불닭볶음면	댄스 챌린지
3	댄스	불닭볶음면	댄스	도전
4	zico	젤리	젤리	노래
5	도전	도전	먹방	캔디
6	영상	캔디	캔디	불닭
7	시즌	컬러	컬러	카우보이
8	댄스 챌린지	보틀	도전	불닭볶음면
9	주차	food	치즈	컬러
10	다이어트	먹방	디저트	젤리

댄스 챌린지는 숏폼 콘텐츠의 한 종류로, 특정 노래에 맞추어 정해진 춤을 추는 모습을 촬영한 영상 콘텐츠를 의미한다. 우리나라에서 댄스 챌린지가 유행하기 시작한 2020년부터 현재까지의 유튜브 내 댄스 챌린지 관련 동영상수와 전체 조회수는 계속 증가하고 있다. 2023년은 8월까지의 동영상 및 조회수가 2022년 한 해 동안의 동영상 및 조회수보다 더 많다. 트렌드 전환이 빠르게 일어나는 요즘이지만, 댄스 챌린지는 유행 4년 차임에도 사그라들 기미가 보이지 않는다.

'댄스 챌린지' 연도별 유튜브 동영상수 및 조회수 (출처: 이노션 인사이트전략본부)

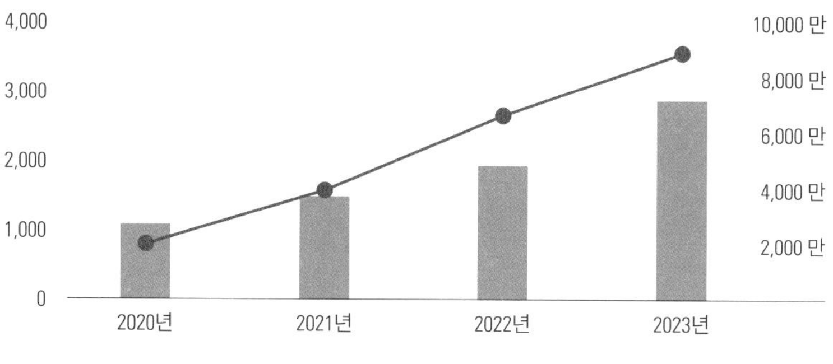

놀이가 된 댄스 챌린지

댄스 챌린지의 시작은 2018년 미국, 릴 나스 엑스(Lil Nas X)의 〈이햐 Yeehaw〉 챌린지다. 무명 가수였던 릴 나스 엑스가 자신의 노래 〈올드 타운 로드Old Town Road〉에 카우보이를 따라 하는 안무를 접목하여 만든 댄스 챌린지가 틱톡에서 유행하였고, 해당 챌린지의 배경음악으로 사용된 〈올드 타운 로드〉가 빌보드 차트 1위를 차지하며 릴 나스 엑스는 순식간에 유명 인사가 되었다. 이후 우리나라에서도 2019년에 가수 현아가 〈플라워 샤워〉 챌린지를 시도했으나 큰 호응을 얻지는 못했는데, 사람들이 댄스 챌린지에 익숙하지 않은 상황에서 챌린지에 포함된 안무가 따라 하기 어려웠기 때문으로 보인다. 반면, 2020년의 〈아무노래〉 챌린지는 춤을 잘 추지 못하더라도 재미로 한두 번씩 시도해 볼 만큼 누구나 따라 하기 쉬운 안무였다. 〈아무노래〉 챌린지가 열흘 만에 틱톡에서 1억 뷰를 달성하는 등 크게 흥행함에 따라 수많은 댄스 챌린지가 우후죽순 생겨났고 잘 만든 댄스 챌린지 하나가 노래의 흥행 여부를 결정하다보니 댄스 챌린지는 가수들의 컴백 필수 콘텐츠가 되었다.

이후 2021년 하반기, 스트릿 댄스를 소재로 한 예능 프로그램인 〈스트릿 우먼 파이터〉가 대중의 주목을 받으면서 춤에 대한 관심이 증가했고, 이에 힘입어 댄스 챌린지도 하나의 놀이 문화로 자리잡기 시작했다. 틱톡의 댄스 챌린지 해시태그 수는 6억 6,150만 개이며, #댄스챌린지추천, #아이돌댄스챌린지, #커플댄스챌린지 등 댄스 챌린지에서 파생된 해시태그도 매우 많다. 댄스 챌린지 이름이 '○○(노래 제목) 챌린지'인 것을 생각하면 더 많은 댄스 챌린지 게시물이 있을 것으로 보인다. 최근 유행한 댄스 챌린지 중 하나인 '아디아디아디 챌린지'의 틱톡 전체 조회수는 1억 1,790만 회, 해당 노래로 만들어진 틱톡 게시물 수는 3만 5,400개에 달한다. 또다른 댄스 챌린지인 '홍박사 챌린지'는 공개 후 약 2개월 만에 틱톡 전체 조회수 1억 5,070만 회, 업로드된 동영상수는 5만여 개를 달성하였다. 심지어 댄스 챌린지를 즐기고 싶은 사람들을 위해 유행하는 댄스 챌린지의 춤을 가르쳐주는 계정도 생겨났는데, 해당 계정은 전체 '좋아요' 수가 100만 개에 달한다. 이와 같이 억대의 조회수와 수많은 파생 콘텐츠는 댄스 챌린지가 대중적인 놀이 문화가 되었음을 보여준다.

댄스 챌린지와 Z세대

Z세대에게 댄스 챌린지의 의미

Z세대는 일상에서 '챌린지 찍을래?', '○○(노래 제목) 챌린지 같이 하자', '여행 가서 챌린지 찍자' 등과 같이 댄스 챌린지를 당연한 것처럼 즐기고 있다. 엠브레인의 '숏폼 콘텐츠(틱톡 등) 관련 조사'에 따르면, 10대 중 30%는 '주변인들에게 숏폼 콘텐츠를 함께 만들자고 제안해 보고 싶다'고 하였으며, '최근 내 주변에는 숏폼 콘텐츠를 직접 제작하는 사람들이 꽤 있는 편'이라고 응답한 비율도 37%로, 다른 연령대 대비 높게 나타났다.

숏폼 콘텐츠 제작 관심도 (출처: 엠브레인(2021))

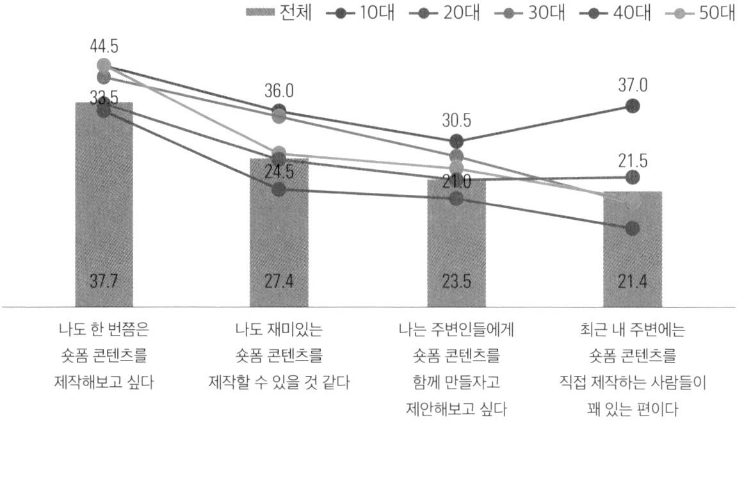

10~20대가 댄스 챌린지를 즐기는 대표적인 예로, 최근 방영된 tvN의 〈뿅뿅 지구오락실2〉에서 Z세대인 출연자들이 쉬는 시간에 댄스 챌린지를 찍으며 자체적으로 콘텐츠를 촬영하는 장면이 있다. Z세대가 아닌 제작진들은 출연자들이 휴식 시간임에도 자발적으로 콘텐츠를 기획하고 촬영하는 모습을 신기하게 생각한다. 방송 촬영 쉬는 시간에 또다른 콘텐츠를 촬영하는 점에서 출연자들이 쉬지 않고 일을 하는 것처럼 느끼는 것이다. 그러나 정작 출연자들은 누구보다 즐거워 보이는데, 그들에게 댄스 챌린지 촬영은 일이 아닌 친구들과 시간을 보낼 수 있는 일종의 놀이이기 때문이다.

〈뿅뿅 지구오락실2〉 출연자들이 방송 녹화 중 쉬는 시간에 댄스 챌린지를 촬영하는 모습
(출처: tvN)

Z세대에게 댄스 챌린지가 인기 있는 이유

Z세대가 댄스 챌린지를 다른 세대 대비 빨리 받아들일 수 있었던 이유는 디지털 네이티브 세대이기 때문이다. 동영상 콘텐츠가 주로 롱폼(Long-form) 콘텐츠 위주이던 과거에는 영상 편집에 전문 프로그램과 편집 기술이 필요하는 등 영상 제작의 진입장벽이 높았다. 하지만 최근에는 숏폼(Short-form) 콘텐츠가 부상하면서 영상의 길이가 짧아지고 숏폼 플랫폼에서 제공하는 기본적인 기능만 이용해도 괜찮은 퀄리티의 콘텐츠를 만들 수 있게 되었다. 숏폼 플랫폼 내의 동영상 템플릿 기능을 이용하면 내가 공유하고 싶은 동영상을 선택하기만 해도 자동으로 편집된다. 다양한 특수효과도 제공하고 있어서 내가 원하는 스타일대로 꾸밀 수도 있다. 또한 숏폼 플랫폼들이 각 국가의 저작권협회와 라이선스를 체결하여 이용자들이 자유롭게 음악을 이용할 수 있도록 했다는 점도 큰 강점이다. 디지털 네이티브인 Z세대는 변화에 다른 세대보다 빠르게 적응하였고 새로운 기능 활용에도 거리낌이 없었다. 그리고 댄스 챌린지는 이러한 기능들을 다양하게 적용해볼 수 있는 재미있는 콘텐츠였던 것이다.

인스타그램 릴스
템플릿 기능 화면
(출처: 인스타그램)

코로나19도 댄스 챌린지가 Z세대 사이에서 유행하는 데 영향을 미친 원인 중 하나다. 많은 사람이 모일 수 없던 시기에 혼자 또는 소수의 지인들과 함께 참여할 수 있었고, 꼭 같은 장소에서 함께하지 않더라도 같은 댄스 챌린지를 연습하는 영상을 공유하면서 서로 동질감을 느낄 수 있는 콘텐츠이기 때문이다. 또한, 오프라인에서 사람들과 교류가 어려운 시기에 같은 해시태그로 연결됨으로써 서로 연대감을 형성하는 연결 고리가 되기도 했다. 이러한 연대감은 유행하는 댄스 챌린지에 참여하지 않으면 안 될 것 같은 느낌을 주면서 더 많은 사람이 댄스 챌린지에 참여할 수 있도록 유도하였다. 댄스 챌린지는 코로나19로 인한 사회적 거리두기가 전면 해제된 이후에도 여전히 유행중이다. 활동 반경에 제약이 없어지면서 댄스 챌린지가 다양한 방식으로 확장되었기 때문이다. 예를 들어, 코로나19 시기에는 주로 실내나 사람이 적은 외진 야외에서 소소하게 댄스 챌린지 자체를 즐겼다면, 요즘에는 핫플레이스나 여행지에서 인증샷 대신 인증 댄스 챌린지를 찍는 등 사람들과 함께하는 놀이활동으로서의 기능이 강화되었다.

여행지에서 친구들과 함께하는
댄스 챌린지 중 틱톡 캡처
(출처: 틱톡)

또한, 댄스 챌린지는 게이미피케이션* 전략이 잘 적용된 콘텐츠로 Z세대의 흥미를 유발한다. 게이미피케이션 전략은 재미, 즉각적인 미션과 피드백을 필요조건으로 하는데 댄스 챌린지는 이 세 가지 요소를 모두 갖추었다. 댄스 챌린지라는 미션을 수행하기 위해 친구들과 춤을 연습하고 즐겁게 촬영한 후 플랫폼에 업로드하면 '좋아요'나 댓글 등의 피드백을 바로바로 받을 수 있다. 또한 원본 콘텐츠를 자기만의 방식으로 변형할 수도 있고 플랫폼의 다양한 특수효과를 활용하여 자신의 취향대로 꾸밀 수 있는 재미 요소도 있다. 한 가지 예로 블랙핑크 지수의 〈꽃〉 챌린지의 안무를 활용하여 자신의 반려동물과 함께 댄스 챌린지를 찍는 '꽃개 챌린지'가 있다. 누군가 〈꽃〉 챌린지를 변형하여 자신의 반려견과 함께 찍은 챌린지 영상을 공유했고, 이 영상이 사람들의 호응을 얻으면서 원본 챌린지만큼의 바이럴을 만들었다. 이처럼 댄스 챌린지는 게이미피케이션 전략이 적용되면서 Z세대가 더욱 즐기게 되었다.

〈꽃〉 챌린지와 꽃개 챌린지
(출처: 블랙핑크 틱톡)
(출처: 우주소녀 여름 틱톡)

게이미피케이션(Gamification) 게임이 아닌 것을 게임처럼 생각하고 재미 요소들을 부여하여 게임처럼 만드는 것을 의미하며, 소비자들이 더욱 활발하게 캠페인에 참여하도록 유도하는 방식 중 하나

마지막으로, 댄스 챌린지는 Z세대가 자기 자신을 보여주는 수단이기도 하다. 기본적으로 춤과 노래는 나만의 스타일을 드러낼 수 있는 좋은 수단인데, 디지털과 결합되면서 Z세대가 개성 표현의 욕구를 해소할 수 있는 방식이 무궁무진하게 되었다. 우선, 영상 플랫폼에 있는 특수효과, 영상 필터 기능 등을 이용하여 내 스타일대로 영상을 꾸밀 수 있다. 영상에 반짝이는 효과를 넣거나, 얼굴을 만화 캐릭터로 바꿀 수 있고, 늙게 보이거나 아이처럼 보이게 할 수 있는 등 다양한 특수효과로 취향껏 꾸밀 수 있다.

틱톡 내 노진구 필터를 사용한 댄스 챌린지
(출처: 틱톡)

또한, 댄스 챌린지는 노래와 춤 외에는 정해진 것이 없고 휴대폰을 제외하면 필요한 준비물도 없다. 장소, 복장 등을 내 스타일대로 정할 수 있기 때문에 댄스 챌린지를 검색하면 매우 다양한 스타일의 챌린지 영상이 등장한다. 이뿐만 아니라, 하나의 댄스 챌린지 내에서 구간마다 장소를 바꾸면서 진행하거나 노래 가사에 맞게 극적 요소를 추가하기도 하는 등 영상을 자유롭게 구성할 수 있다.

이처럼 댄스 챌린지는 자신의 취향대로 커스터마이징할 수 있는 자유도가 높은 콘텐츠라는 점에서 개성을 중시하는 Z세대에게 잘 어필될 수 있었다.

'〈슈퍼샤이〉 챌린지' 검색 시 나오는 다양한 스타일의 게시물 (출처: 틱톡)

댄스 챌린지와 음악산업

참여하는 음악으로의 변화

노래가 필수인 댄스 챌린지가 일종의 놀이가 되면서 음악을 소비하는 방식에도 변화가 생겼다. 처음에는 아티스트가 댄스 챌린지를 만들고 바이럴을 유도하는 방식이었으나 점차 일반인도 노래에 스스로 창작한 안무를 접목하여 댄스 챌린지를 만들어냈고 이렇게 만들어진 댄스 챌린지도 아티스트의 댄스 챌린지 못지않게 유행하였다. 일반인의 댄스 챌린지는 아티스트로부터 시작하는 Top-down 방식의 댄스 챌린지와 달리, 음악의 원작자, 국적 등에 관계없이 자유롭게 음악을 사용하며, 안무도 상대적으로 더 단순하고 따라 하기 쉽다. 또한, 어느 날 갑자기 유행이 되어 그 유래를 정확하게 파악할 수 없는 것들이 많다. 덕분에 사람들은 K-pop을 벗어나 다양한 장르의 음악을 편견 없이 접하게 되었으며 음악의 경우 듣기뿐만 아니라 참여도 할 수 있도록 변화하게 되었다.

이러한 사례로는 최근 유행한 챌린지 중 하나인 '아돈띵댓 챌린지'가 있다. 찰리 푸스(Charlie Puth)의 〈I don't think that I like her〉를 배경으로 하여 만들어진 챌린지로, 줄여서 아돈띵댓 챌린지가 되었다.

원래는 따로 안무가 없는 노래지만 누군가 해당 노래에 맞춰 간단한 안무를 만들어서 공유했고, 노래 특유의 청량한 분위기와 안무가 잘 어우러지면서 유행하기 시작했다. 실제 노래 발매일은 2022년 9월이지만 우리나라에서는 2023년에 해당 챌린지가 유행하면서 노래도 유명해지게 되었다. 비슷한 사례로, 〈나이트 댄서Night Dancer〉 챌린지도 있는데, 일본 가수 이마세의 〈나이트 댄서〉에 맞추어 일본의 한 댄스 그룹이 안무를 창작하여 챌린지화한 것이다. 일본에서 시작되었지만 우리나라에서 더 크게 유행하였고 배경음악으로 사용된 노래는 제이팝(J-pop) 최초로 멜론 차트에 진입하였으며, 해당 가수는 내한 공연 및 국내 아티스트와의 컬래버레이션을 진행하기도 했다.

최근에 유행하는 또다른 댄스 챌린지 유형 중 하나는 스페드업(Sped-up) 음악을 이용한 것이다. 스페드업 음악은 원곡을 빠르게 배속한 리믹스 음악을 의미한다. '나문희의 첫사랑 챌린지'는 허밍어반스테레오의 〈바나나 셰이크Banana Shake〉를 빠르게 리믹스했더니 '너무 휘어졌어'라는 가사가 '나문희의 첫사랑'으로 들리면서 밈(Meme)이 되었고 누군가 리믹스 버전에 아이돌 뉴진스 해린의 안무를 합성하면서 댄스 챌린지가 되었다. 실제로 배우 나문희가 직접 댄스 챌린지를 찍어 올리면서 더욱 화제가 되기도 하였다. 원곡은 2005년에 발매되었지만 18년이 지난 2023년 지금, 댄스 챌린지가 유행하면서 곡이 새롭게 주목받자 허밍어반스테레오는 직접 고퀄리티의 스페드업 버전을 발표하였다. 이 외에 베트남 노래 〈사랑이 보여See Tình〉도 베트남에서만 인기 있던 노래였으나 스페드업 버전에서 노래 가사가 '띵띵땅땅'이라는 의성어로 재미있게 들리면서 여기에 누군가 안무를 만들었고 '띵띵땅땅 챌린지'로 재탄생하였다. 덕분에 우리나라에서 생소한 베트남 음악이

브이팝(V-pop)으로 관심을 받고 있으며 베트남 현지에서도 브이팝이 전 세계적으로 유명해지는 것에 대한 기대가 있다고 한다.

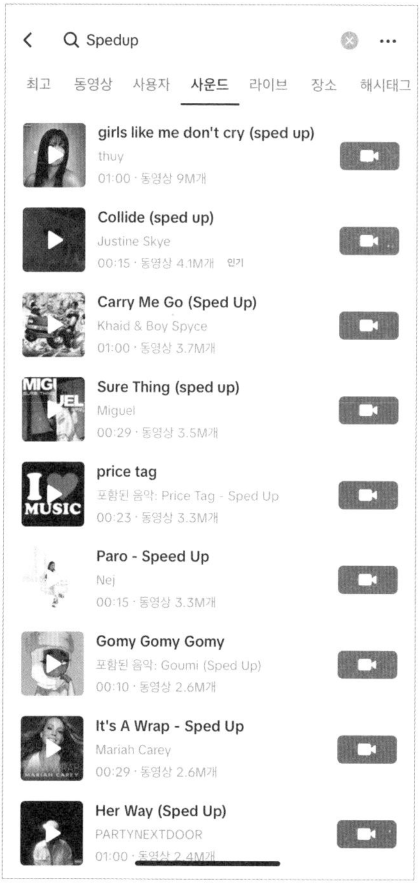

틱톡 내 스페드업 사운드 검색 화면
(출처: 틱톡)

음악산업 내 댄스 챌린지의 부작용

이처럼 댄스 챌린지를 통해 소비자들은 음악에 참여하고 음악을 다양한 형태로 즐기고 있다. 하지만 일각에서는 음악과 댄스 챌린지가 주객전도되는 현상에 대한 우려도 있다. 처음부터 댄스 챌린지를 고려하여 음악을 만드는 경우가 늘어나고 있으며, 챌린지용 가사를 의도적으로 추가하거나 안무를 만드는 경우도 있다고 한다. 실제로 감성 힙합으로 유명한 한 가수가 댄스 챌린지를 위해 무리하게 컨셉을 EDM 장르로 변경하여 '챌린지가 낳은 괴물'이라는 평가를 받기도 했다. 댄스 챌린지 유행에 편승하기 위해 어울리지 않는 컨셉을 시도하여 역효과가 발생한 것이다. 잘 만들어진 댄스 챌린지는 적은 자본으로 큰 효과를 이끌어낼 수 있다는 점에서 앞선 사례들처럼 중소 기획사나 무명 아티스트에게 기회가 되기도 하지만 무분별하게 만들어진 댄스 챌린지는 성공할 수 없다는 것을 보여준다.

댄스 챌린지와 마케팅

댄스 챌린지의 마케팅 효과 및 사례

댄스 챌린지 콘텐츠 하나가 대규모의 바이럴 효과를 낸다는 점에서 댄스 챌린지는 기업 입장에서도 매우 매력적인 마케팅 수단이다. 기업의 활용 사례를 살펴보면 자체적으로 곡과 안무를 만들어서 아이돌이나 인플루언서와 함께 댄스 챌린지를 진행하는 경우도 있고, 댄스 챌린지에 사용할 음악을 먼저 만들고 안무는 공모 이벤트를 개최하여 선택하는 경우도 있다. 댄스 챌린지 콘텐츠 자체가 바이럴 효과가 크기 때문에 기업에서는 대규모 홍보활동이 필요한 경우, 신제품 또는 새로운 브랜드를 론칭하거나 이미지 환기가 필요한 상황 등에 댄스 챌린지 콘텐츠를 활용하고 있다.

기업의 대표적인 댄스 챌린지 캠페인 성공 사례로는 삼성전자가 갤럭시A 시리즈 홍보를 위해 아이돌 그룹 블랙핑크와 협업한 '댄스어썸 챌린지'가 있다. 해당 챌린지는 470만 건의 영상 업로드, 202억 뷰 이상의 조회수를 달성했다. 또한, 스프라이트가 가수 청하와 함께 진행한 댄스 챌린지인 '거침없이 챌린지'도 조회수 2,700만 뷰를 넘었다. 둘코락스는 브랜드 인지도를 개선하기 위해 과거 밈으로 유행하였던 〈똥

밟았네〉 음원과 댄스를 활용하여 '#똥잘쌌네댄스챌린지' 캠페인을 진행했다. 전체 길이 45초의 상대적으로 길고 난이도가 높은 댄스 챌린지였음에도 6일 동안 2,900만 조회수를 기록할 정도로 바이럴이 되었던 이유는 기존 밈을 활용하여 소비자들이 친숙함을 느끼고 쉽게 다가갈 수 있게 만들었기 때문이다. SK텔레콤도 최근 신규 애플리케이션을 론칭하면서 심플한 동작으로 구성된 댄스 챌린지를 진행하였는데, 전체 조회수 1,680만 회, 참여 영상수 18만 700개에 달하는 성과를 기록했다. SK텔레콤의 댄스 챌린지 또한 직관적이고 쉬운 동작으로 구성되어 사람들의 높은 참여를 유도할 수 있었다. 기업뿐만 아니라 보건복지부와 같은 정부 조직도 댄스 챌린지를 홍보 수단으로 활용하고 있다. 보건복지부는 자체 제작한 캠페인 송에 유명 안무가와 함께 안무를 구성하여 '생명나눔 댄스 챌린지'를 진행하였는데, 공공 챌린지 중 인기를 끌었다.

마케팅 수단으로서 댄스 챌린지의 강점은 기존의 광고 방식과 달리 소비자들이 자발적으로 댄스 챌린지에 참여함으로써 홍보 효과가 발생한다는 점이다. 다시 말하면, 적은 비용으로 엄청난 바이럴 효과가 나타난다는 것인데, 이로 인해 많은 기업이 댄스 챌린지를 홍보 수단으로 고려한다. 지금까지 성공한 댄스 챌린지를 살펴보면 기업 이미지 안에서 재미를 추구하고 빠른 모방이 가능하다는 공통점이 있다. 효과적인 댄스 챌린지 마케팅을 위해서는 무작정 댄스 챌린지 트렌드를 따르기보다는 지금까지의 마케팅 맥락과 기업 이미지의 방향성을 고려한 기획이 필요하다.

요즘 길거리에서 흘러나오는 노래를 듣자마자 가수나 노래 제목보다 춤 동작이 먼저 기억나는 경우가 있다. 어떻게 춤이 먼저 떠오르는 것일까? 틱톡, 인스타그램, 유튜브에서 숏폼 콘텐츠를 보다보면 서로 다른 게시물이지만 같은 노래에 같은 춤을 추는 댄스 챌린지를 쉽게 볼 수 있다. 무의식적으로 스크롤을 내리면서 나도 모르게 같은 댄스 챌린지에 반복적으로 노출되고 어느샌가 머릿속에 각인된다. 그래서 나중에 우연히 노래를 듣게 되면 몸이 먼저 반응한다. 그뿐만 아니라, 핫플레이스나 여행지에 가면 휴대폰 카메라 앞에서 춤을 추는 사람도 심심치 않게 볼 수 있는데 자세히 보면 인스타그램에서 봤던 댄스 챌린지다. 특히 10~20대는 영상 콘텐츠에 익숙해서인지 댄스 챌린지에 다른 세대보다 진심이다.

댄스 챌린지는 벌써 유행 4년 차다. 빠르게 변화하는 콘텐츠 트렌드 사이에서 굳건하게 살아남아 일상의 놀이로 자리잡았다. 댄스 챌린지는 신곡 홍보의 필수 수단이 되었고 기업들이 바이럴이 필요한 상황에서 필수적으로 고려하는 마케팅 수단이기도 하다. 이제 댄스 챌린지는 수많은 숏폼 콘텐츠 중 하나가 아닌 대표 콘텐츠로, 세대를 풍미하는 놀이 문화가 되어 전성기를 누리고 있다. 이러한 만큼, 관심 있는 댄스 챌린지가 있다면 가족, 친구들과 함께 재미 삼아 도전하고 추억으로 남겨봐도 좋을 것 같다.

프리미女리그:

축구에 빠진 여성들

3

헬스장, 운동장, 공원, 심지어 집 근처까지, 요즘은 어디를 가든 운동하는 여성들을 쉽게 볼 수 있다. 문화체육관광부가 2022년에 실시한 '국민생활체육조사' 결과에 따르면 여성들의 생활체육 참여율은 62.0%로 60.4%인 남성 참여율을 앞선다. 여성들의 생활체육 참여율이 남성보다 높아진 것은 어제오늘 일이 아니다. 이미 2018년부터 여성의 참여율이 남성을 앞지르기 시작했다. 최근 몇 년 사이 운동을 즐기는 여성들이 그만큼 늘어났다는 뜻이다. 이 같은 현상은 SNS에서 뚜렷하게 나타난다. 인스타그램이나 유튜브에는 헬스, 요가, 러닝, 자전거 등을 즐기는 여성들의 사진이나 브이로그*가 매일같이 업로드된다.

최근 전 세계적으로 여자 축구에 대한 관심이 높게 나타난다. 2022년 잉글랜드에서 열린 여자 유럽축구선수권대회(여자 유로 2022)는 여자 축구의 인기가 심상치 않음을 확인할 수 있는 기회였다. 대회 시작 전부터 입장권 예매 수량 50만 장이 매진되었고, 현장 발매 수량을 더하면 대회 입장권 판매 매수는 총 70만 장에 달했다. 이는 종전 최다 관중 기록인 2017년 네덜란드 대회의 24만 명을 가볍게 넘어서는 수치다. 게다가 전체 구매자의 43%가 여성인 점은 더욱 주목할 만하다. 마찬가지로 우리나라에서도 여자 축구에 대한 관심이 높아지고 있다. 해외처럼 폭발적인 수준은 아니지만 최근 인기 있는 예능 프로그램 등의 영향으로 젊은 층으로부터 그 관심이 차츰 증가하는 중이다.

©Jeffrey F Lin, Unsplash

★

브이로그(Vlog) '비디오(Video)'와 '블로그(Blog)'를 합친 말로 개인의 일상을 동영상으로 기록한 콘텐츠

여성들의 새로운 관심사, 축구

축구에 대한 관심 증가

여성들의 축구에 대한 관심이 증가하고 있다는 사실은 온라인 검색량 데이터를 통해서도 확인할 수 있다. 온라인 검색량 데이터를 살펴보면 최근 여성들이 '축구'를 검색한 건수가 약 1,086만 건으로 남성들의 검색량 1,029만 건을 앞선 것으로 나타났다. 검색량의 증가율을 비교해보면 전년 대비 여성들의 검색량은 174%가 증가한 반면, 남성들의 검색량 증가율은 82% 수준으로 여성들의 축구에 대한 관심의 성장세가 매우 높음을 알 수 있다. 이처럼 최근 1년간 검색량이 크게 늘어난 이유는 2022년 11월에 개최된 2022 카타르 월드컵의 영향이 절대적일 것이다.

'축구' 검색량 추이 (출처: 이노션 인사이트전략본부)

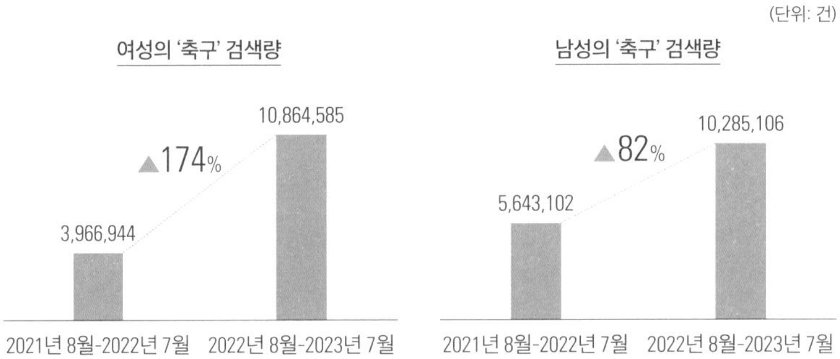

하지만 요즘 여성들의 축구에 대한 관심은 단순히 경기를 시청하는 것에 머무르지 않는다. 국가대표팀이나 좋아하는 프로축구팀 또는 손흥민, 이강인, 조규성 같은 유명 축구선수의 경기를 관람하고 응원하는 것을 넘어 직접 참여하고 즐기고자 하는 움직임이 나타나고 있다. 특히, 풋살을 소재로 한 SBS 예능 프로그램 〈골 때리는 그녀들〉이 주목받기 시작하면서 직접 풋살 경기장을 찾는 여성들이 늘어나고 있다.

왜 풋살일까?

'간이 축구' 혹은 '미니 축구'라고도 불리는 풋살은 축구를 적은 인원이 즐길 수 있도록 개량한 스포츠다. 전체적인 경기 방식은 축구와 유사하지만, 각 팀당 5명, 총 10명으로 경기를 진행한다는 점이 가장 큰 차이다. 경기를 위해 필요한 최소 인원이 축구보다 적은 만큼 같이 경기를 할 마음 맞는 동료를 구하기가 훨씬 쉽다. 인원을 탄력적으로 조정할 수 있다는 점도 인기의 이유 중 하나다. 팀당 5명의 인원을 채우지 못하더라도 4명, 3명이 모여서 경기가 가능하다.

체력적인 부담이 덜하다는 것 또한 풋살의 장점이다. 경기장의 크기가 일반 축구 경기장의 4분의 1 정도로 작고, 경기 시간도 아마추어 경기의 경우 전·후반 각 10분씩 총 20분 정도로 진행되기 때문에 상대적으로 운동 경험이 적거나 체력이 약한 여성들도 쉽게 접근할 수 있다. 경기에 참여하는 인원이 적고 경기장의 크기도 작아, 공을 잡고 플레이할 수 있는 기회가 일반 축구에 비해 상대적으로 많이 주어지기 때문에 축구를 처음 접하는 초보자도 쉽게 재미를 느낄 수 있는 것이다.

여성 풋살 인구의 증가

풋살이 여성들이 쉽게 접근할 수 있는 스포츠로 떠오르면서 여성 동호인들의 수가 눈에 띄게 늘었다. 대한축구협회(KFA)에 등록된 여성 축구 동호인은 2017년 말 2,312명, 97개 팀에서 2022년 말 5,010명, 173개 팀으로 증가했다. 협회에 등록되지 않은 인원까지 포함하면 현재 축구를 즐기는 여성 인구는 등록된 동호인의 수십 배에 달할 것으로 추산된다. 몇 년 전까지만 해도 축구 경기장과 풋살 경기장을 이용하는 사람은 남성이 대부분이었으나, 최근에는 평일 저녁에도 풋살 경기장을 이용하는 여성이 절반을 차지할 정도로 분위기가 달라졌다. 실제로 온라인에서 여성들이 '풋살장 예약'을 검색한 빈도는 최근 1년 기준 약 25만 건으로 전년 대비 248%나 증가했다.

직장인들의 사내 풋살 동호회도 빠르게 늘어나고 있다. 2023년 서울의 한 고등학교 운동장에서는 7개 기업의 여성 풋살팀이 승부를 겨뤘다. 2022년 7월 카카오와 NC소프트의 친선전으로 시작된 이른바 '판교 리그' 이후 네이버, 포스코, 구글코리아, SK브로드밴드 등 인근 기업의 팀들이 참가하기 시작하면서 규모가 커졌다. 사내 동호회뿐만 아니라 여러 대학에서도 여성 축구 동아리가 신설되고 있으며, 전국의 각 지역마다 일반인 클럽도 하루가 다르게 늘어나는 중이다. 지역 맘카페에서는 풋살을 함께 즐기기 위해 회원을 모집하거나, 지역팀을 찾

풋살 경기중인 여성 선수들
(출처: 수원삼성 블루윙즈TV 유튜브)

고 가입을 문의하는 게시글을 쉽게 확인할 수 있다. 이처럼 나이와 직업에 상관없이 풋살을 즐기는 여성 동호인들이 늘어나면서 아마추어 선수들이 실력을 겨룰 수 있는 다양한 여성 풋살 대회도 매년 수차례씩 열리고 있다.

패션 아이템이 된 축구 유니폼

패션계에서도 축구는 요즘 가장 핫한 키워드다. 최근 블랙핑크의 제니가 〈Pink Venom〉 뮤직비디오에서 잉글랜드 프로축구팀 '맨체스터 유나이티드'의 유니폼을 입고 등장해 전 세계적으로 화제가 됐다. 제니가 착용한 아디다스의 '맨체스터 유나이티드 FC 팀가이스트 저지'는 뮤직비디오가 공개된 지 6시간 만에 품절될 정도로 큰 인기를 끌었다. 아이돌 그룹 뉴진스도 2022년 데뷔곡 〈Attention〉 뮤직비디오에서 축구 유니폼을 입고 등장해 주목받았다. 연예인뿐만 아니라 요즘은 길거리에서도 축구 유니폼을 입고 있는 여성들을 쉽게 볼 수 있다.

제니가 착용한 맨체스터 유나이티드 유니폼
(출처: BLACKPINK 유튜브)

이렇게 축구 유니폼을 패션 아이템으로 활용하여 캐주얼한 일상복으로 착용하는 스타일을 '블록코어*룩'이라고 한다. 블록코어룩은 해외 패션업계도 주목하는 트렌드로, 최근 발렌시아가, 구찌, 슈프림 등 하이엔드 브랜드에서도 유니폼을 모티브로 한 컬렉션을 연이어 선보이고 있다.

젊은 여성들 사이에서 블록코어룩이 패션 트렌드로 자리잡고 있긴 하지만, 축구 유니폼을 구매하는 여성들이 모두 축구에 관심이 있다고 보기는 어려울 것이다. 그렇다고 블록코어룩이 단순한 패션 아이템 중 하나일 뿐이라고 치부하기도 어렵다. 분명한 사실은 2022 카타르 월드컵이나 2022 잉글랜드 여자 유럽축구선수권대회에서 보듯이 여성들의 축구에 대한 관심이 크게 늘어났으며, 이 같은 관심은 단순히 축구장 안에만 머무르는 것이 아니라 축구장 밖 일상의 영역까지 확대되고 있다는 것이다.

★

블록코어(Blokecore) 영국에서 '남자'를 가리키는 속어인 '블로크(Bloke)'와 소박하고 평범한 멋을 추구하는 패션 스타일을 지칭하는 '놈코어(Normcore)'가 합성된 용어로, 스포츠 유니폼을 패션 아이템으로 활용하여 착용하는 스타일을 뜻함

여성들이 축구에 빠진 이유

골때녀: 골 때리는 그녀들

여성들이 풋살에 관심을 갖고 직접 참여하게 된 배경에는 무엇보다 예능 프로그램 〈골 때리는 그녀들〉(이하 골때녀)의 역할이 컸다. 〈골때녀〉는 연기자, 아나운서, 가수, 개그우먼, 모델 등 각 분야의 여성들이 풋살팀을 이뤄 경기를 진행하는 프로그램이다. 파일럿 프로그램으로 시작한 〈골때녀〉는 시작부터 높은 인기를 끌어 2021년 6월 정규 편성되었고, 한때 분당 최고시청률이 14%에 달할 정도로 많은 관심을 받았다. 최근 다섯번째 시즌(제1회 SBS컵)까지 진행되었을 정도로 꾸준한 관심을 받고 있으며, 유튜브의 다시보기 하이라이트 영상도 조회수가 수십만 회에서 100만 회를 넘어설 만큼 인기가 높다.

〈골때녀〉 인기의 근본적인 이유는 단순히 화려한 출연진이나 유명한 여성들이 모여서 축구를 한다는 다소 생소한 광경에서 비롯된 호기심이 아니다. 대부분 축구 초보자인 출연자들은 매 경기 땀과 눈물을 흘리며 노력하고, 성장하거나 때로는 좌절하는 진정성 있는 모습을 보여준다. 이 같은 진정성으로 인해 〈골때녀〉는 오히려 예능 프로그램이라기보다 다큐멘터리에 가깝게 느껴지기도 한다. 이들이 보이는 축구에 대한 진심 어린 태도와 어려움 끝에 결과를 성취해내는 성장 스토리에 시청자들은 공감과 몰입을 하며, 자연스럽게 축구에 관심을 갖게 되었다.

출연자들이 보이는 진정성은 방송에서 그치지 않는다. 축구를 해본 적 없던 출연자들이 개인 연습을 하거나 훈련을 받는 등 열심히 준비하고 성장하는 과정이 개인 SNS나 유튜브 등을 통해서도 드러난다. 연습 과정에서 부상을 입기도 하고, 부상에도 개의치 않고 끊임없이 도전해 실력이 향상되는 모습을 보며 여성들은 '나도 한번 해볼까?' 하며 축구에 긍정적 인식을 갖게 된다. 이러한 계기를 통해 기존에 '축구' 하면 떠올리던 거친 이미지, 남성 스포츠라는 인식의 장벽을 허물고 주변에서 뜻을 함께할 '골때녀'들을 찾거나 동호회에 가입하게 되는 것이다.

SBS 예능 프로그램 〈골때녀〉
(출처: SBS NOW / SBS 공식 채널 유튜브)

낮은 진입장벽

헬스, 요가, 필라테스와 같이 체형을 가꾸거나 다이어트 중심의 운동을 제외하면, 최근 젊은 여성들에게 가장 인기 있는 스포츠는 단연 골프와 테니스다. 골프와 테니스는 특히 인스타그래머블한 스포츠로 여성들에게 관심이 높다. 다른 스포츠에 비해 다양한 운동복 패션을 즐길 수 있다는 점이 SNS를 통해 무엇이든 인증하고 싶은 젊은 여성들의 욕구와 잘 들어맞는다. 하지만 최근 경기 불황의 여파로 골프나 테니스를 즐기는 데 부담을 느끼는 소비자들도 늘고 있다. 그도 그럴 것이 골프를 즐기기 위해서는 고가의 장비와 라운딩 비용이 필요하기 때문이다. 엠브레인이 2022년 실시한 '골프 산업 기획 조사' 결과에 따르면, '높은 그린피', '4인 의무 플레이', '캐디피' 순으로 불만이 높은 것으로 나타났다. 테니스는 그보다 덜하지만 다른 스포츠에 비하면 레슨 비용이 높고, 테니스 라켓 등 용품의 가격도 결코 낮은 편이 아니다.

반면, 풋살은 풋살화와 운동복만 있으면 즐길 수 있어 상대적으로 저렴한 비용으로 시작이 가능하다. 기본을 다지는 데 오랜 시간이 걸리는 골프, 테니스와 달리 레슨의 부담도 덜하다. 골프나 테니스를 시작하고 레슨만 받다가 결국 필드나 테니스장에 발을 딛지 못하는 입문자들도 부지기수다. 풋살도 어느 정도 실력을 갖추기 위해서는 꾸준한 레슨이 필요하지만, 기본적인 규칙만 숙지하더라도 실제 게임에 참여가 가능하기 때문에 상대적으로 진입장벽이 낮다.

스포츠 업종의 결제 금액 변화에서도 풋살의 인기가 드러난다. BC카드가 2023년 상반기 스포츠 업종 이용 고객을 대상으로 결제 금액 증감을 조사한 결과, 골프 관련 결제 금액은 전년 동기 대비 7% 하락한 반면, 축구 관련 결제 금액은 102%가 증가했다. 특히 20~30대 여성 고객이 의류나 장비 등을 구매하는 데 많은 비용을 지출한 것으로 나타났다.

함께하는 즐거움

운동을 하기로 마음 먹었더라도 이를 실천하기는 쉽지 않다. 하버드대학교 인간진화생물학과 교수 다니엘 리버만(Daniel E. Lieberman) 박사의 최근 저서 『왜 건강한 행동은 하기 싫은가*Exercised: Why Something We Never Evolved to Do is Healthy and Rewarding*』에 따르면, 인류의 신체 활동은 '필요'와 '즐거움'에 반응하도록 진화해왔다고 한다. 생존을 위한 활동이나 즐거운 놀이를 제외한다면, 여분의 에너지를 낭비하는 운동과 같은 신체 활동은 진화적으로 거부감이 드는 것이 자연스러운 현상이라는 설명이다. 반대로 이야기하면 운동을 하기 위한 강력한 동기는 운동이 정말 필요하거나 즐겁다고 느껴야 한다는 뜻이기도 하다.

매년 새해 계획으로 운동을 결심하는 것만 봐도 건강한 삶을 유지하기 위해 운동이 필수적이라는 것은 누구나 알고 있는 사실이지만, 그렇다고 운동이 누구에게나 즐거운 행위는 아닐 것이다. 다니엘 리버만은 운동이 즐겁지 않다는 심리적 거부감을 극복하기 위한 방법으로 '사회적 요인'이 중요하다고 말한다. 즉, 여럿이 함께 모여 운동을 하는 것이 강한 동기부여가 된다는 뜻이다. 다수의 사람이 모여 소통하며 관계를 쌓고 소속감을 느끼게 되면 운동은 더욱 즐거운 행위가 될 수 있다. 최근 건강을 위해 러닝을 즐기는 인구가 늘고 있는데, 이들이 러닝을 지속적으로 하기 위한 방법으로 러닝 크루를 결성해 함께 달리는 이유도 여럿이 함께할 때 더욱 즐겁기 때문이다.

풋살을 즐기는 여성들이 증가하는 이유도 이러한 사회적 요인의 맥락에서 해석할 수 있다. 개인 스포츠와 달리 풋살은 다수의 인원이 팀을 이뤄 경기를 치르는 팀 스포츠다. 좋은 플레이에 팀원들의 환호를 받거나, 실수하더라도 격려를 받을 수 있는 경험은 개인 스포츠를 통해서는 느끼기 어려운 매력이다. 마음 맞는 사람들이 함께 패스를 통해 기회를 만들고, 골을 넣었을 때의 짜릿함은 한번 느끼면 쉽사리 끊기 어렵다. 건강을 위해 어쩔 수 없이 해야만 하는 운동이라는 느낌이 강한 개인 스포츠와 달리 놀이에 가까운 즐거움을 느낄 수 있다는 점이 팀 스포츠인 풋살에 빠지는 이유다.

다양한 플랫폼의 등장

다양한 풋살 플랫폼이 생겨난 것도 여성들이 풋살에 쉽게 다가가는 데 한몫했다. 풋살과 같은 팀 스포츠를 시작하고자 할 때 가장 어려운 점은 같이 경기를 즐길 수 있는 사람이나 모임을 찾는 것이다. 실제 커뮤니티, 트위터, 인스타그램과 같은 소셜미디어상에서는 '여자 풋살'의 연관어로 '수업, 동호회, 레슨'과 같은, 입문과 관련한 키워드가 높은 순위로 언급된다. 이처럼 여성들의 풋살 입문에 대한 니즈가 높아지자,

'여자 풋살' 연관어
(출처: 이노션 인사이트전략본부)

(단위: 건)

순위	연관어	버즈량	순위	연관어	버즈량
1	축구	3,127	11	저녁	536
2	운동	1,801	12	수업	506
3	경기	1,290	13	교실	488
4	대회	994	14	동호회	480
5	팀	878	15	공	473
6	선수	752	16	레슨	427
7	친구	675	17	유니폼	404
8	스포츠	602	18	코치	352
9	사진	584	19	실력	342
10	훈련	548	20	취미	334

이들이 좀더 쉽게 풋살을 시작할 수 있도록 도와주는 다양한 플랫폼이 등장했다.

여성 축구선수 출신들이 만든 여성 전용 스포츠 클래스 플랫폼 '위밋업스포츠'는 스포츠에 장벽을 느끼는 여성들이 조금 더 쉽게 다가갈 수 있도록 하겠다는 취지에서 출발했다. 축구, 농구, 배구를 비롯해 수영, 태권도 등 다양한 스포츠 클래스들이 운영되고 있으나 그중 축구의 인기가 가장 높다. 주로 월 단위 클래스, 원데이 클래스 위주로 운영되며, 아마추어 여성 풋살 동호인을 대상으로 '언니들축구대회'와 같은 이벤트도 진행한다.

클래스를 통해 어느 정도 실력이 늘었다면 '플랩풋볼'과 같은 플랫폼을 이용해 쉽게 경기에 참여할 수 있다. 플랩풋볼은 주변의 경기장을 예약하고 같이 경기할 사람을 찾을 수 있는 소셜 풋살 플랫폼으로, 원하는 시간과 장소에서 쉽고 편하게 풋살을 즐기는 데 도움을 준다. 여성들만을 위해 만들어진 플랫폼은 아니지만, 여성 경기와 남성 경기가 나누어져 있기 때문에 여성 이용자들이 참여 가능한 경기를 따로 모아 볼 수 있다. 위치나 시간별로 경기 선택이 가능해 집 근처에서 쉽게 참여 기회를 얻을 수 있다는 장점이 있으며, 경기의 진행을 돕는 매니저가 있어 팀 밸런스 조정, 심판, 경기에 필요한 공과 조끼 등을 지원받을 수도 있다.

위밋업스포츠의 축구 클래스
(출처: 위밋업스포츠 홈페이지)

여성 축구 인기에 대응하는 기업들

커지는 여성 축구용품 시장

여성 축구의 저변이 확대되면서 여성 축구용품 시장도 커지고 있다. G마켓에 따르면 2023년 상반기 여성 고객의 축구용품 구매액은 전년 대비 37% 증가했으며, 이는 남성 구매액 증가율 18%를 두 배 이상 앞지른 수치이다. 무신사에 입점한 축구·풋살 전문 브랜드인 '에프씨엠엠 풋볼(FCMM FOOTBALL)' 제품의 여성 구매 비중도 41%에 달한다고 한다.

국내 유명 스포츠 브랜드들은 늘어나는 여성 축구에 대한 관심에 발맞춰 여성들을 위한 새로운 제품을 개발하고 있다. 그중 나이키는 오랜 기간 여성의 스포츠 참여를 독려하고 꾸준히 지원해온 브랜드다. 나이키는 최근 4년 동안 여성 스포츠 연구에 대한 투자를 두 배로 늘렸다. 여성들의 다양한 체형과 그에 따른 움직임을 연구하고 월경, 임신, 출산 등 모든 생애 단계에 걸쳐 다양한 요구를 만족시키는 제품을 만들고 있다. 축구 유니폼의 경우 남성 선수의 유니폼에서 사이즈만 줄인 기존의 제품과 달리, 여성의 체형 데이터를 반영하고, 월경혈이 새는 것을 방지하기 위한 라이너 기술을 최초로 도입하는 등 여성 선수들이 겪는 고충을 해결했다. 또한 새로 출시한 여성 전용 축구화에는 신소재를 적용하여 남성 선수보다 발이 작은 여성 선수들이 넓은 볼 터치 영역을 확보할 수 있도록 했다. 아디다스, 푸마, 미즈노 역시 이 같은 시장 상황을 고려해 2023년부터는 여성 전용 축구화를 출시하거나 빠른 시일 내에 출시를 계획하고 있다.

나이키의 여성 전용 축구화 '팬텀 루나' (출처: 나이키 홈페이지)

여성 축구를 위해 다양한 지원을 하는 스포츠 브랜드

스포츠 브랜드들은 늘어나는 여성 축구에 대한 관심에 발맞춰 여성들을 위해 새로운 제품을 개발하는 것뿐만 아니라 아마추어 여성 축구의 저변을 확대하기 위한 다양한 활동을 진행하고 있다.

아디다스와 푸마는 각각 여성 풋살 대회를 개최했다. 아디다스는 2023 호주·뉴질랜드 FIFA 여자 월드컵에 출전하는 여자 대표팀을 응원하기 위해 7월 '아디다스 우먼스 서울 풋살컵'을 개최했다. 전국 140여 개의 아마추어 풋살팀이 지원했고, 그중 16개 팀이 선발되어 경기를 치렀다. 이 대회에는 특별히 손흥민 선수가 이벤트에 참여하여 여성 아마추어 선수들을 위해 1:1 원 포인트 레슨을 진행하기도 했다.

푸마는 무신사 플레이어와 함께 여성 아마추어 풋살 대회 '더플레이어 풋살 퀸즈컵'을 2022년부터 개최했다. 건전한 스포츠 문화 확산 및 여성 스포츠의 발전과 활성화를 취지로 시작된 이 대회는 2023년에는 총 24개의 여성 아마추어 풋살팀이 참가했고, 지원팀도 100여 개 팀에 달할 정도로 관심이 뜨거웠다.

아디다스 우먼스 서울 풋살컵
(출처: adidas Korea 유튜브)

더플레이어 풋살 퀸즈컵
(출처: 더플레이어 풋살 퀸즈컵 홈페이지)

나이키는 스포츠를 통해 느낄 수 있는 진정한 가치인 '즐거움'에 주목할 수 있도록 '플레이 뉴(Play New)' 캠페인을 진행하면서 캠페인의 일환으로 여자 축구 국가대표 지소연 선수에 대한 콘텐츠를 제작했다. 최근에는 서울시교육청과 대한축구협회가 여학생의 체육 활동 활성화를 위해 선보인 '공차소서(공을 차자! 소녀들아! 서울에서!)' 프로그램에 참여하여 유니폼과 기타 스포츠 제품 등을 지원했다.

풋살 성지로 떠오른 유통업계

홈플러스는 풋살 성지로 유명해지는 중이다. 2016년 대형마트 최초로 옥상 풋살 경기장을 오픈해 최근까지 업계 최다인 12개 매장에서 풋살 경기장을 운영하고 있다. 롯데마트 또한 2022년 5월 제타플렉스 잠실점 옥상에 약 400평 규모의 풋살 경기장을 오픈했다. 대형마트들이 앞다투어 옥상에 풋살 경기장을 만드는 이유는 남성뿐만 아니라 젊은 여성층까지 풋살을 즐기는 고객들이 늘어나는 트렌드를 반영한 결과다. 홈플러스에 따르면 2023년 5월 기준 여성이 풋살 경기장을 예약한 건수는 2022년 동월 대비 98%, 2021년 대비 390% 증가했다고 한다. 풋살 경기장을 방문한 고객들은 단순히 경기장만 이용한 것이 아니라 점포의 매출에도 기여했다. 홈플러스 점포 중 풋살 경기장이 위치한 곳의 매출액은 적게는 39%에서 많게는 61%까지도 증가한 것으로 나타났다.

홈플러스 매장 옥상의 풋살장
(출처: 홈플러스)

요즘 인스타그램에는 '#오운완*'이라는 해시태그와 함께 헬스나 필라테스와 같은 운동을 마친 후 거울에 비친 자신의 모습을 담은 여성들의 인증샷이 끊임없이 올라온다. 하루의 운동을 기록하고자 하는 의미도 있지만, 잘 가꾸어진 자신의 몸이나 비싼 운동복 등을 자랑하기 위한 의도도 다분히 보인다. 하지만 '#오축완*'이라는 해시태그와 함께 올라오는 인증샷들은 조금 다르다. 경기장에서 풋살을 즐기는 모습이나, 우리가 으레 '축구 단체 사진' 하면 떠올리는, 단체로 유니폼을 갖춰 입고 2열 횡대로 모여 그날의 경기를 기념하는 인증샷들이 대부분이다. 다른 사람의 관심을 끌기보다는 축구나 풋살을 운동으로 혹은 취미 생활로 순수하게 즐기는 모습들이다.

1921년 유럽에서는 "축구는 여성에게 적합하지 않으며 장려되어서는 안 된다"라며 수십 년간 여자 축구 금지령이 내려졌었다. 하지만 시대는 변했고, 이제 여자 축구는 전 세계 사람들이 즐기는 스포츠가 됐다. 특히 이 같은 관심은 젊은 층에서 더욱 높게 나타난다. 디지털 환경을 통해 과거에 비해 폭넓은 문화에 노출되고 개인의 취향과 가치가 중요해진 젊은 층에게, 성별과 같은 조건은 더이상 제한적인 요소가 되지 않기 때문이다. 이들에게 있어 스포츠는 그동안의 고정관념보다 내가 느낄 수 있는 즐거움의 가치가 더욱 중요하게 작용한다. 〈골때녀〉 출연자는 한 인터뷰에서 "이 좋은 걸 여자아이들은 왜 안 했는지 모르겠다"라며 아쉬움을 표현했다. 이제 막 축구의 재미를 느끼기 시작한 '골때녀'들처럼 지금이라도 더 많은 여성이 축구의 즐거움을 느껴볼 수 있기를 기대한다.

★

오운완 '오늘 운동 완료'의 줄임말

오축완 '오늘 축구 완료'의 줄임말

여기 컨셉 어때:

컨셉 여행 어디까지 가봤니

4

코로나19는 사람들의 라이프스타일을 바꾸었고, 여행도 많은 부분이 변화되었다. 2020년은 코로나19로 전 세계가 단절되어 많은 사람들의 여행 계획이 차질을 빚는 등 악몽 같은 해였다. 한국은 2023년 6월부터 코로나19와 관련된 모든 제한이 풀리면서, 더이상 눈치 보지 않고 갈 수 있게 된 해외여행에 대한 기대가 더욱 커지기 시작했다.

하지만 소비자들은 여행 준비가 되어 있을까? 해외여행에 대한 관심이 증가하긴 했으나 터무니없이 상승한 국제 물가와 팬데믹으로 입은 경제적 타격은 여전히 극복해야 할 과제로 보인다. 이러한 현실에서 소비 양극화가 일어남에 따라, 여행 비용이 비싸더라도 코로나19로 인해 잃어버렸던 시간을 만회하고 여행에서 가치를 얻기 위해 기꺼이 소비하려는 여행객과 가성비를 따지는 여행객으로 나뉠 것으로 보인다. 아직 떠나지 못하고 있는 소비자들 중에는 비싼 항공료와 여행 비용을 지불하면서 해외로 떠나기보다는 국내에서 다른 일상을 경험하길 원하는 사람도 있다. 특히 개인의 취향과 표현이 중요시되는 시대이기 때문에 여행 또한 개인화되면서 특별한 경험을 위한 이색적인 숙소와 각자의 라이프스타일과 연계할 수 있는 다양한 액티비티에 관심이 쏠리고 있다.

코로나19는 여행의 구조와 트렌드를 바꿔놓았다. 이제 소비자들은 단순히 짐을 챙겨 일상에서 탈출하는 여행을 추구하지 않는다. 새로운 의미와 이색적인 경험을 찾는 여행객이 증가함에 따라 앞으로는 특별한 경험과 니즈를 충족시키기 위한 기회와 옵션이 다양화될 것으로 보인다.

©Tyler Nix, Unsplash

확장되는 여행 트렌드

살아나는 여행 시장

3년이 조금 넘는 긴 시간 동안 지속되었던 팬데믹을 견뎌내고 여행의 문이 열리기 시작하면서 굶주려왔던 여행에 새로운 열정이 생겨나고 있다. 이노션 인사이트전략본부에서 분석한 2023년 상반기 '여행'에 대한 소셜 버즈량을 살펴보면, 언급량이 약 400만 건으로 코로나19 이전인 2019년 상반기 대비 44% 증가한 것으로 나타났다. 이는 분명히 여행 시장의 회복을 대변하는 수치라 할 수 있다.

그러나 전 세계적으로 겪고 있는 글로벌 인플레이션과 경제적 어려움 때문에 먼 곳으로 떠나기에는 다소 부담스러운 실정이다. 항공사, 호텔, 기타 관광 서비스업체가 팬데믹 위기로 인한 손실, 높게 솟은 물가, 재정 적자, 운영상의 문제들을 해결하기 위해 가격을 올리면서 전반적인 여행 비용이 증가했다. 이러한 현상은 치솟은 물가·환율·항공권 가격 등으로 휴가에 부담을 느낀다는 의미이며, 그것을 뜻하는 신조어 '베케플레이션*'까지 등장했다. 이처럼 장거리와 고비용을 요구하는 해외여행에 대한 부담감은 지속될 것으로 보인다.

경제 불황기에는 소비의 양극화 현상이 자주 발생하곤 한다. 여행산업에서는 비싼 항공권을 구매해서라도 그동안 못 해본 여행을 하려는

★

베케플레이션 '베케이션(Vacation)'과 '인플레이션(Inflation)'이 합쳐진 신조어로 치솟은 물가·환율·항공권 등의 상승으로 느끼는 휴가에 대한 부담감을 의미

심리가 반영된, 이른바 '보복심리'로 해외에 나가는 여행객들이 증가하는 추세다. 특히 일본의 엔화 환율이 15년 만에 최저치를 기록하면서 여행 비용과 접근성을 고려해 일본으로 여행을 떠나는 사람이 증가하고 있다. 다른 한편에서는 부담스러운 해외여행 대신에 쉽고 빠르게 다녀올 수 있는 국내의 근교 여행 또한 늘어나고 있다. 2022년부터 국내여행 경험이 증가하기 시작하여 2023년 1분기에는 전년 대비 7.4% 상승했으며, 이런 추세로 2024년에는 더욱 증가할 것으로 예측해볼 수 있다. 이에 따라 여행사나 호텔에서도 여러 가지 여행 상품과 패키지를 만들어 소비자의 관심을 끌고 있다.

'여행' 연관어 추이 (출처: 이노션 인사이트전략본부)

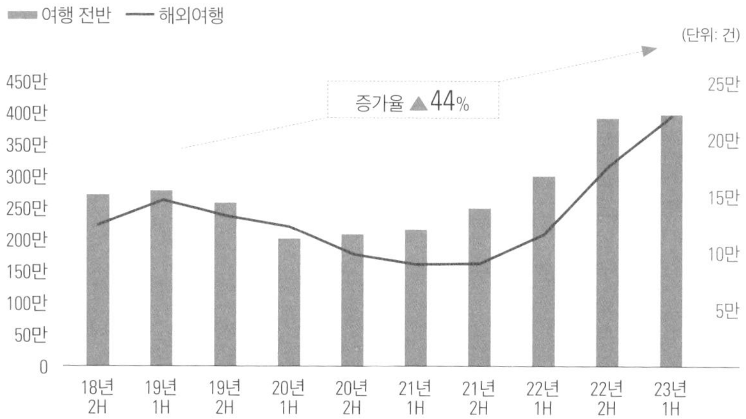

여행 경험의 확장

최근 여행은 단순히 일상에서 벗어나는 것이 아닌 그동안 경험하지 못했던 새로운 경험, 즉 다른 일상을 경험하는 것으로 변하고 있다. 소셜 버즈량 분석을 살펴보면, 최근 여행 카테고리에서 다양한 액티비티 관련 키워드가 부상하는 것을 확인할 수 있다. 특히 2022~2023년에 도출된 소셜 담론에서 나타난 여행 관련 키워드 중 액티비티 관련 연관어인 '풀파티', '트래킹', '위스키', '클라이밍', '골프', '전시', '테니스' 등은 코로나19 이전인 2018~2019년 대비 13%의 증가율을 보였다.

'여행' 키워드 추이 (출처: 이노션 인사이트전략본부)

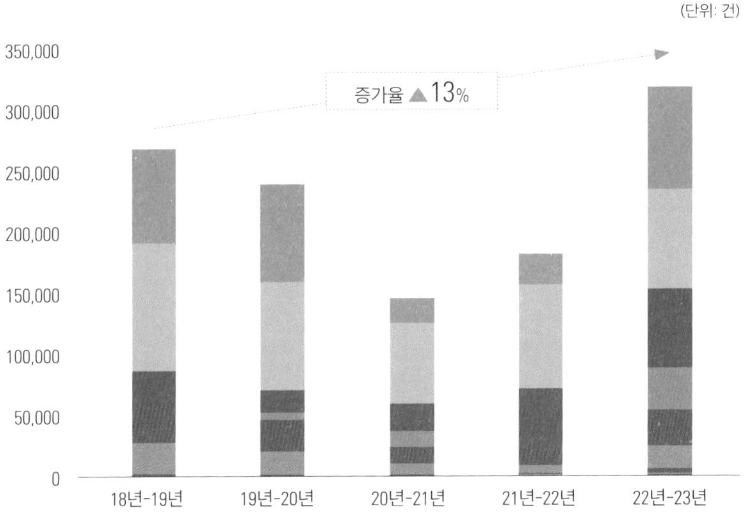

이를 통해 최근 소비자들이 여행을 경험할 때 자주 언급하는 요소가 무엇인지 가늠해볼 수 있다.

여행과 결합된 액티비티는 코로나19 이전부터 유행을 타기 시작했다. 특히 숙박 예약 어플인 '야놀자'와 '여기어때'의 경우, 과거에는 숙소 예약을 중심으로 사업을 했으나 2018년부터 액티비티 카테고리를 생성해 다양한 취미와 연계할 수 있는 워터파크, 테마파크, 수상레저, 축제, 공연, 관람 등의 상품을 출시하기 시작했다. 코로나19 이후 한층 더 나아가 이색 테마 패키지 상품을 개발하고 있다. 또한 여러 여행사에서도 다양한 이색 테마 패키지를 소개하고 있다. 모두투어는 소비자들의 다양한 취미와 관심사를 타깃으로 하여, 단순히 유명 관광지를 다니는 것이 아니라 인플루언서와 여행 계획부터 여행지에서의 다양한 체험까지 함께하고, 유사한 취향을 가진 사람들끼리 모여 함께하는 상품을 출시한 적이 있다. 또한 하나투어는 예술이면 예술, 스포츠면 스포츠, 역사면 역사 등 테마를 정해 전문가와 함께 더 깊이 있는 경험을 하는 상품을 출시했다. 여행 예약 어플인 '와그'는 괌에서 별빛을 구경하는 상품을 냈는데, 사진 전문가가 동행하여 일반인이 쉽게 찍을 수 없는 별빛 하늘과 함께 인스타그램에 남길 인생 스냅사진을 멋있게 찍어주는 패키지가 포함되어 있다. 이제 소비자들은 단순히 외곽의 유명한 곳을 찾아 구경하는 평범한 관광 목적이 주를 이루는 구태의 여행에서 벗어나, 다양한 환경에서 그들의 라이프스타일에 맞는 새로운 경험을 할 수 있는 새로운 테마, 새로운 액티비티, 새로운 여행을 추구한다.

테마여행의 진화

일상에서 즐기는 이국미

장기 여행에 부담을 느껴 해외에 나가지 못하는 소비자들은 접근성이 편한 국내에서 이국적이고 이색적인 느낌을 얻기를 바라고 있다. 이국적인 느낌을 받을 수 있는 공간을 찾아 이색적인 경험을 하는 것이 특별한 가치라고 생각하는 것이다. 해외여행에 쓰일 비용을 국내여행으로 대체하는 것이기 때문에, 이들은 높은 가격도 마다하지 않고 가심비*를 고려해가며 여행에 투자한다. 최근 핫한 서핑 성지인 양양은 캘리포니아의 롱비치 감성으로 여행객들을 맞이하고 있다. 서핑 전문가에게 입문 레슨을 받고 넓은 해변에서 서핑을 즐기는 것은 물론, 이국적인 컨셉의 공간에서 휴양지에 와 있는 듯한 느낌을 즐긴다. 이러한 느낌이 소셜미디어를 통해 공유되면서 점점 핫플레이스가 된 것이다.

이국적인 느낌을 좋아하는 또다른 이유는 이미 해외를 다녀온 사람들의 비중이 증가하면서 해외에 대한 향수를 가까운 근교에서 다시 한 번 느끼고 싶어하기 때문이다. 미국의 유명 햄버거 브랜드 '파이브가이즈'가 2023년 6월 26일 서울 강남에 매장을 오픈했다. 이 매장 또한 미국 햄버거 브랜드 '쉐이크쉑 버거'가 몇 년 전 한국에 론칭했을 때

★

가심비 가격보다 심리적 만족도가 우선이라는 의미

처럼 인기를 끌고 있다. 현장 예약을 하더라도 2~3시간은 걸려야 들어갈 수 있다. 사람들이 이렇게 열광하는 데에는 미국에서 유명한 햄버거 맛을 경험해보기 위한 이유도 있지만, 이미 미국에서 해당 브랜드를 경험했던 사람들이 추억을 회상하며 방문하는 경우도 많다. 쉐이크쉑 버거가 한국에 론칭했을 당시에도 미국에서 먹었던 맛과 한국에서의 맛을 비교하는 글이 다수 보이기도 했다. 캐나다의 국민 도넛 전문점인 '팀홀튼' 또한 국내에 론칭한다는 기사가 뜨면서 캐나다에서 유학을 했거나 캐나다에 방문했던 사람들의 기대를 받았다. 이처럼 해외에서만 갈 수 있었던 레스토랑 및 카페를 국내에서도 쉽게 갈 수 있는 시대가 되었고, 여행에서도 이러한 느낌을 받고 싶어한다.

국내에서 해외여행을 하는 듯한 경험을 할 수 있는 여행지로 동두천에 위치한 '니지모리 스튜디오&료칸'이 대표적인 예다. 이곳은 드라마 세트장으로 쓰기 위해 만들어진, 일본 마을 느낌이 물씬 나는 분위기의 테마파크이다. 일본식 숙소인 료칸에 머무는 동안 숙소 한 곳만 즐기는 것이 아니고, 주변의 마을과 문화도 체험할 수 있어 온전한 일본을 느낄 수 있다. 객실에는 유카타가 준비되어 있고 기모노도 대여해준다. 프라이빗 욕조가 마련되어 있는 객실에서는 일본풍 스파 히노끼탕을 즐길 수도 있다. 또한, 다양한 행사를 진행하여 재미를 더했다. 예를 들어, 사무라이 결투, 미코시 행렬*, 소원등 배 띄우기, 각종 콘테스트 등 일본에서만 느낄 수 있을 법한 다양한 축제를 열어 일본의 느낌을 살렸다. 어설프게 해외를 본떠 만든 게 아니고 실제로 일본 마을의 분위기를 조성해, 일본 현지 관광지에서 경험할 수 있는 일본풍의 기념품숍, 레스토랑, 료칸, 문화 축제 등을 국내에서 경험할 수 있게 한 것이다.

★

미코시 행렬 일본 지역 축제로 그 지역의 불행을 쫓고 행복을 바라는 의미의 가마 행차 일상에서 쉽게 접할 수 있는 바(Bar) 또한 해외 분위기를 느낄 수 있다면 금상첨화다. 특히 위스키, 와인 등의 주류가 인기를 끌면서 다양한 주류와 그 분위기를 살리는 인테리어가 중요해지고 있다. 서울 대학로에 위치한 '수도원'이라는 바는 중세시대의 벽돌과 촛불 등의 인테리어로 유럽에 와 있는 듯한 느낌을 선사한다. 그뿐 아니라 다양한 유럽식 안주와 일반 주류 판매점에서는 찾아보기 어려운 여러 수도원의 와인, 맥주, 칵테일 등을 경험할 수 있는 점이 큰 열광 포인트다. 일상에서 쉽게 접할 수 없는 다른 문화의 특색이 담긴 음식과 해외에 있는 듯한 느낌을 선사하는 인테리어로, 해외로 순간이동하듯 1시간 내 근교에서 이국적인 경험을 할 수 있는 것이다.

동두천에 위치한 일본풍 테마파크
(출처: 니지모리 스튜디오 인스타그램)

라이프스타일 호텔의 등장과 가치 전달

소비자들의 이국적 경험에 대한 니즈가 증가하는 만큼 호텔에서도 인테리어를 통해 소비자의 미적 욕구를 충족시키기를 원한다. 따라서 최고의 호텔은 그 가치를 고객들에게 인정받고 만족도를 높이기 위해 여행객들의 눈길이 닿는 모든 곳에서 그 어디서도 느껴보지 못한 새롭고, 다양하고, 영화 같은 분위기를 만든다. 그리고 그것을 가치로 승화시켜 여행객들의 욕구를 채워주려 노력하고 있다. 여행하는 동안만이라도 이러한 품격을 경험해보고 싶어하는 소비자의 니즈를 충족시키기 위해 '라이프스타일 호텔'이 등장했다. 라이프스타일 호텔은 표준화된 숙박 시설과 서비스에서 벗어나, 독특한 인테리어와 웰빙·미식·모험을 즐기는 고객들을 위해 특별한 시설과 서비스를 제공하는 맞춤형 호텔이다. 이러한 호텔은 여행의 개념과 범주를 넓혀 일반 호텔에서는 느낄 수 없는 다양하고 특별한 가치와 경험을 제공한다.

영국에서는 2006년 런던 혹스턴 지역에서 시작된 더 혹스턴(The Hoxton) 호텔이 컨셉 호텔의 롤모델로 이미 자리잡고 있다. 현재 뉴욕, 파리를 포함하여 미국과 유럽의 주요 11개 도시에 위치한 라이프스타일 호텔로, 로컬 사람들이 모여 새로운 라이프스타일을 즐기도록 하는 방식으로 각 도심지에 세워졌다. 꼭 투숙객이 아니더라도 식당과 바에는 사람들이 북적인다. 여기서는 다양한 콘서트를 열기도 하고, 브랜드 경험을 위해 라운지에서 다양한 컬래버레이션 이벤트를 진행하기도 한다. 지역 아티스트들과 연계하여 만든 컨셉 객실은 창의적인 인테리어로 이목을 끈다. 오래된 책과 골동품으로 꾸며진 고풍스러운 느낌의 로비는 낮에는 카페 분위기를 연출하지만, 밤이 되면 바가 되거나, 클럽을 방불케 하는 힙한 DJ의 음악으로 트렌디한 공간이 되기도 한다. 또한 이 호텔에서는 지역 전문가들을 초청해 다양한 주제의 수업을 진행하는 등 투숙객 외에도 지역 사람들 누구나 동참하여 커뮤니티를 강화하는 데 신경 쓰면서 가장 핫한 호텔로 거듭나게 되었다.

일반 호텔과 다른 가치를 지닌 이러한 라이프스타일 호텔은 서울 중심지인 명동에도 자리잡고 있다. 조선호텔의 독자 브랜드인 '레스케이프 호텔'로, 앤티크한 인테리어의 부티크 호텔이다. 가구와 벽지 모두 실제 19세기 프랑스의 귀족이 썼을 것 같은 고풍스러운 분위기를 자아내고 있어, 투숙객이 프랑스의 귀족이 된 듯한 느낌을 준다. 엘리베이터를 타도 프랑스어로 안내하는 등 현지 느낌을 그대로 전달해 유럽 여행을 온 듯한 기분을 느끼게 한다. 이러한 분위기 때문에 유럽 감성에 맞는 옷을 차려입고 사진을 찍으러 방문하는 사람들도 늘어나고 있다. 호텔 26층에는 럭셔리한 '마크다모르 바'가, 호텔 6층에는 홍콩에 온 듯한 분위기를 자아내는 펍 'Den 1930s'가 자리잡고 있어 호텔 내에서 다양한 이국적인 느낌을 즐길 수 있다.

이처럼 라이프스타일 호텔은 기존 호텔의 숙박이나 서비스에서 얻는 만족감을 넘어, 호텔의 고유한 특징, 분위기, 아키텍처 등의 컨셉과 테마를 통해 고객을 매료하고 시각적으로는 미감을 제공함으로써 더욱 특별한 경험을 전달한다. 이러한 확장된 정체성이 여행객들의 이목을 끌고 있다. 라이프스타일 호텔의 또다른 특징은 도시를 벗어나지 않고 도심에서 특별한 일상을 경험하는 데 있다. 도심지에서의 편리한 이동을 강점으로 하여 그 부가가치를 높이고 새로운 라이프스타일 경험을 즐길 수 있도록 해준다.

19세기 프랑스 컨셉의 부티크 호텔, 레스케이프
(출처: 레스케이프 호텔 홈페이지)

호텔의 역할 변화와 원인

호텔은 이제 숙소만 제공해서는 그 역할을 다했다고 볼 수 없다. 최근 스테이케이션*이 트렌드로 부상함에 따라 여행객들은 호텔에서 머무는 것만으로도 다양한 경험을 할 수 있기를 바라고 있다. 최근 엔데믹으로 인해 대부분 사무실로 복귀하며 이전 대비 시간이 부족해진 현대인들은 근교에서 짧고 굵은 경험이 가능한 가심비 높은 여행을 추구하는 경향을 보인다. 특히, 숙소 관점에서 과거에는 피곤한 투숙객들의 질 좋은 숙면을 위해 매트리스, 이불, 베개, 침대 등 숙박에 신경을 많이 썼지만, 이제 안락한 쉼을 제공하는 요소는 필수가 되었다. 다양하고 새로운 경험을 가치 있다고 여기는 소비자들은 편안한 숙면 외에 이국적 느낌을 얻고, 취미를 즐기며, 해보지 못했던 라이프스타일을 즐기는 데 의미를 부여하고 있다. 일상에서 쉽게 접하지 못하는 라이프스타일을 경험할 수 있는 호텔 자체가 여행지가 된 것이다.

과거에는 조식 뷔페를 즐기고, 풀장에서 수영을 하며, 피트니스 센터에 가서 체력을 다지거나 스파에서 마사지를 받으며 힐링을 하는 등 부대시설을 이용하면서 여행의 만족도를 높이는 '호캉스'가 주류였다. 하지만 점차 개념이 확장되어 '워케이션*'이나 숙박 없이 반나절 동안 호텔에서 제공하는 이벤트를 즐기는 '반캉스', 호텔에서 스포츠를 즐긴다는 의미의 '스포츠케이션(스포츠+베케이션)' 등의 신조어가 등장했다. 이처럼 호텔은 다양한 취미를 즐길 수 있는 공간으로 변화하고 있으며, 이에 따라 부대시설과 이벤트 또한 다양해지고 있다. 예를 들면, 이제 고객들은 호텔의 테니스 코트에서 파트너와 가볍게 랠리를 하고, 맑은 공기를 즐기기 위해 호텔에 마련된 숲에서 트래킹을 하며,

스테이케이션 '스테이(Stay)'와 '베케이션(Vacation)'을 혼합한 신조어로, 호텔·리조트 등 숙소에만 머물며 휴가를 보내는 방식

워케이션 '워크(Work)'와 '베케이션(Vacation)'을 혼합한 신조어로, 회사가 아닌 휴양지 및 호텔에서 비대면으로 업무를 보는 형태

객실에서 넷플릭스를 보고, 수영장에서 플로팅 요가를 배운다. 굳이 호텔에서 숙박하지 않더라도 객실과 시설만을 빌려 개인에게 필요한 취미활동을 할 수도 있다. 다시 말해, 호텔은 취미생활의 장(Field)으로 거듭난 것이다.

호텔에서 고객들의 라이프스타일을 고려하는 이유는 고객들의 생활 방식과 취향이 점차 다양해지고 있기 때문이다. 그리고 소비자들의 다양한 니즈는 호텔마다 차별적으로 구비된 다양한 시설을 통해 충족된다. 예를 들어 해비치, 워커힐, 하얏트, 롯데 등의 호텔에는 테니스장이 구비되어 있어 테니스 관련 라이프스타일을 즐길 수 있다. 최근 뜨고 있는 스포츠인 만큼 테니스장을 갖춘 호텔에서는 테니스 레슨 이벤트를 개최한다. '롯데호텔 제주'는 코로나19 이후 테니스장을 새로 구비하는 등 '테캉스(테니스+바캉스)'를 위한 시설을 마련했다. 파스텔톤의 핑크와 파란색으로 이루어진 코트가 제주 돌담으로 둘러져 있어 인스타그램 감성을 불러일으킨다. 워커힐호텔은 숲 해설가와 함께 숲속을 산책하는 힐링 이벤트와 플로팅 요가 클래스가 포함된 이색 패키지, 빔 프로젝터로 예술작품에 몰입할 수 있는 '시어터'라는 예술 공연 등 색다른 경험을 할 수 있는 이벤트를 펼쳤다.

코로나19로 인한 거리두기가 해제되면서 호텔에서의 풀파티도 핫하게 떠올랐다. '서울드래곤시티'는 스페인의 이비자에서 영감을 받아 이국적인 느낌을 전달하여 MZ세대를 중심으로 인기를 끌었는데, 그 기세를 이어받아 '워커힐', '제주신화월드', '휘닉스 제주' 등 여러 호텔에서 풀파티를 진행중이다. 최근의 풀파티는 코로나19 이전보다 더욱 다양하고 차별화된 테마와 콘텐츠를 앞세우며 브랜드와의 협업을 통해 가치를 더하고 있다. 2023년 7월에는 '반얀트리 클럽 앤 스파 서울

오아시스'에서 운동복 브랜드인 '유피라운지'와 협약을 통해 풀파티를 진행한 바 있다. 앞으로도 많은 호텔이 MZ세대를 타깃으로 독특한 테마와 트렌디한 컨셉을 개발하여 풀파티 및 다양한 이벤트를 더욱 활발히 개최할 것으로 보인다.

액티비티 중심의 테마여행

여행사 또한 색다른 경험을 위한 이색적인 패키지를 출시하고 있다. 패키지는 더이상 중장년층이 주로 이용하는, 여행 가이드만 따라다니는 상품이 아니라 MZ세대의 새로운 경험을 위한 수단이 되었다. 인터파크에서는 전문 일러스트레이터 박인홍 작가와 함께 방콕의 이색적인 건물, 사원, 골목 등을 다니며 멋진 여행지 배경을 그리는 어반스케치 여행 상품을 내놓았다. 전문가와 함께 아름답고 다양한 태국의 풍경을 구경하며 사진이 아닌 그림으로 추억을 남기는 컨셉 여행 상품이다. 할리데이비슨은 출고 고객을 대상으로 추첨을 통해 2023년 7월 미국 시카고에서 LA까지 모터사이클을 타고 횡단하는 여행 상품을 내놓았는데, 연예인 노홍철도 참여했을 만큼 화제가 되었다. 최근 유명 여행 유튜브 채널 빠니보틀에서는 유튜버 빠니보틀과 노홍철이 함께 오토바이를 타고 동남아를 여행하고, 박명수의 유튜브 채널 할명수에서도 오토바이를 타고 제주 반 바퀴를 도는 등 오토바이 여행이 콘텐츠에 자주 등장하기 시작하면서 모터사이클 여행에 사람들이 관심을 갖기 시작했다.

또한 차별적인 여행 경험을 제공하기 위해 다른 기업과 컬래버레이션한 상품을 출시하기도 한다. 예를 들어, 인터파크는 모터사이클 여행의 트렌드에 따라 모터사이클 여행 스타트업 기업인 '클릭앤라이드(CNR)'와 협약을 맺고 다양한 해외 라이딩 상품을 내놓고 있으며, 전문 육상선수 출신의 러닝 코치가 전문적으로 지도하는 러닝 클래스 기업 '런콥'과 협업으로 '괌 코코 로드 레이스'라는 월드런 테마여행 상품을 탄생시키는 등 다양한 소비자 니즈에 부응하기 위한 이색 체험 패키지를 꾸준히 개발하고 있다. 더불어, 하나투어는 여행 커뮤니티인 '여행에미치다'와 협업하여 모델 겸 배우인 길바울과 키르기스스탄의 자연경관을 함께 즐기며 하루 10km 이상 걷는 특별한 패키지를 선보였는데, 하루 만에 매진되며 큰 관심을 끌었다. tvN에서 내세운 고대 문명을 탐사하는 〈형따라 마야로: 아홉 개의 열쇠〉는 배우 차승원과 함께 마야를 체험한다. 배우 차승원이 출연한 것은 그가 고대사에 관심이 많은 덕후이기 때문이다. 그의 관심사를 중심으로 마야 문명을 직접 체험하는 내용을 담고 있다. 시청자들은 이와 같은 미디어를 통해 새로운 방식의 여행에 눈을 뜨기 시작했다. 이런 여행 프로그램과 콘텐츠는 여행의 트렌드를 바꿀 만큼 시청자들에게 영향을 주었으며, 실제로 그런 변화들이 눈에 띄게 나타나고 있다.

미국의 루트 66 국도를 할리데이비슨으로 횡단하는 여행 상품
(출처: 할리데이비슨 코리아 홈페이지)

최근 여행의 목적이 더욱 다양화되고 풍부해지고 있다. 과거에는 많은 사람이 관광지를 방문하거나 단순한 휴식을 위해 여행을 떠났다면, 지난 몇 년간 소비자들은 새로운 것에 도전하고 일상과 다른 라이프스타일을 체험해보는 등 이색 경험을 추구하고 있다. 이로 인해 여행산업은 큰 변화를 맞이하고 있다.

호텔도 예전보다 더 다양한 경험을 제공한다. 이제는 호캉스 개념을 넘어서 요가나 테니스 클래스, 갤러리, 지역 문화 행사, 이색 파티와 같은 다양한 활동을 통해 고객에게 더욱 풍부한 경험을 제공하고 있다. 여행사들도 마찬가지로 변화에 발맞추고 있다. 단순히 유명한 장소를 방문하는 것이 아니라 개인의 관심사나 취향에 맞춘 테마여행을 제공하는 것이다. 이러한 트렌드에 맞춰 여행산업은 더 다양한 상품, 이벤트, 공간을 선보일 것으로 보인다.

이제 여행은 더 개인화되어 고객들이 자신만의 특별한 경험을 즐길 수 있을 것이다. 고객들은 라이프스타일에 따라 선택할 수 있는 다양한 옵션들을 찾을 수 있으며, 여행을 통해 자신의 경험을 더욱 풍부하게 할 수 있는 기회를 갖게 될 것이다. 이러한 변화에 맞춰 여행산업은 앞으로 더욱 새로운 경험과 기억을 만들기 위해 끊임없이 노력할 것으로 예상된다.

일상

Part 2

비즈니스 현장의 마케팅 전문가들이 주목한
라이프스타일 인사이트

모두의 동네:

걸어서 로컬 속으로

1

강원도 양양 서피비치와 제주도 해녀의부엌 등 지역 콘텐츠, 성수동, 북촌 등 힙 플레이스의 공통점이 있다면 고유의 지역성이 뚜렷하다는 점이다. 요즘은 상품 또는 콘텐츠에 특정 지역이 붙으면 그 자체로 소비자들에게 매력 포인트가 된다. 왜냐하면 고유의 지역성은 그 지역의 문화와 라이프스타일을 함축하기 때문이다.

지난 몇 년 동안 팬데믹으로 생활 행동반경이 줄어듦에 따라, 소비자들은 동네 단위의 삶을 살아가면서 자연스럽게 더 좁은 지역의 매력을 알아가기 시작했다. 특히 MZ세대를 중심으로 지역에서의 경험이 SNS에 공유 또는 확산되면서 로컬 트렌드가 더 다양해지고 있다는 점은 주목할 만하다.

로컬 트렌드가 주목받는 이유는 지역 요소를 적극적으로 활용하여 부가 가치를 창출해 내려는 로컬 크리에이터의 역할 또한 크다고 할 수 있다. 이들은 지역 문제를 비즈니스 관점에서 기회로 접근하고, 브랜드의 존재 이유를 지역 가치와 연계한다. 지역에서 비롯되는 고유의 가치는 소비자 입장에서는 해당 브랜드를 선택해야 할 보다 뚜렷한 이유가 될 수 있다. 앞으로 로컬 크리에이터의 다양한 시도와 이색적인 로컬 가치를 추구하려는 소비자들이 증가하면서 로컬 콘텐츠는 더욱 다양해질 것이다.

©Priscilla Du Preez, Unsplash

일상에서 더 다양해지는 로컬

로컬에 대한 관심 증가

최근 '지역' 또는 '현지의'라는 뜻을 지닌 로컬이 일상의 새로운 트렌드로 부상하고 있다. 물론 기존에도 로컬이 마케팅에서 중요하지 않았던 것은 아니다. 지역 정보를 내세우면 해당 제품 또는 서비스의 품질을 보증하는 수단이 되기 때문이다. 대표적으로 식품의 지역 원산지 정보는 품질을 판단하는 데 중요한 역할을 한다. 오늘날의 로컬은 엔데믹 이후 관심이 더 커지며, 기존의 기능적 역할을 넘어 보다 다양한 콘텐츠로 파생되고 있다는 점이 주목할 만하다. 과거의 로컬이 지역 특산품 중심이었다면, 요즘의 로컬은 MZ세대가 중심이 되어 세분화된 지역만의 다양한 콘텐츠로 나타나고 있는 것이다.

'로컬' 버즈량 추이 (출처: 이노션 인사이트전략본부)

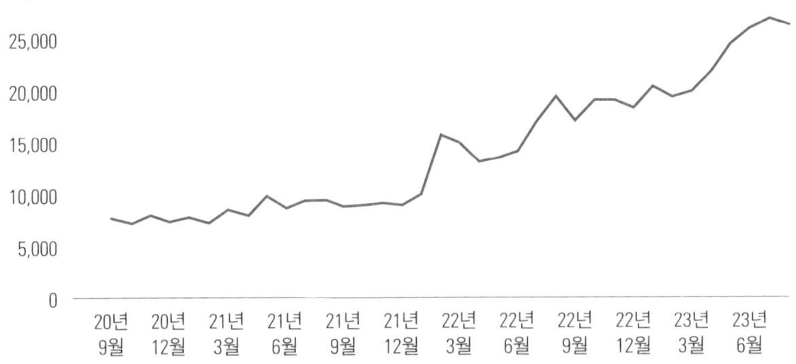

팬데믹 기간 동안 이동이 제한되면서 우리는 머무르고 있는 지역 또는 동네의 소중함을 깨달았고, 더 가까워진 지역의 매력을 새롭게 느낄 수 있었다. 지난 3년간 트위터, 블로그, 커뮤니티, 카페 등의 온라인 채널 내 '로컬' 언급량의 추이를 살펴보면 로컬에 대한 관심이 지속적으로 증가하는 것을 확인할 수 있다. 특히, 최근 로컬 관련 연관어에서도 '동네'의 언급량이 지속적으로 함께 증가하고 있다는 점이 눈에 띈다.

'로컬' 버즈량 내 '동네' 언급량 추이
(출처: 이노션 인사이트전략본부)

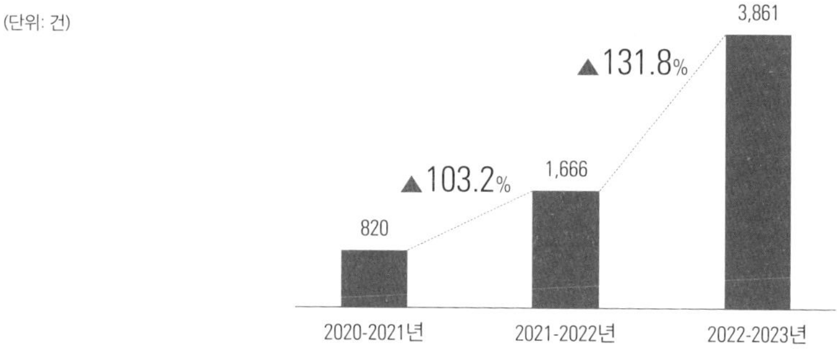

지역 가치를 연계한 로컬 브랜드의 성장

로컬 브랜드는 지역 정체성을 통해 차별화된 브랜드 가치를 전달한다. 대표적인 사례는 강원도의 카페 '감자밭'이 출시한 춘천 감자빵이다. 감자밭은 1991년생인 이미소 대표가 창업한 베이커리 카페다. 이미소 대표는 강원도 춘천에서 생산되는 감자의 다양한 품종을 알리기 위해 감자들을 배합하여 감자의 모양과 똑같은 모양의 빵을 출시했다. 감자빵은 크기와 모양 자체는 물론이고 겉면에 흑임자와 콩가루가 입혀져 있어서, 감자밭에서 막 캐낸 감자와 착각할 정도로 유사하다. 감자빵 출시 이후 해당 카페는 연간 80~100만 명이 다녀가는 지역 명소가 되었다고 한다.

경북 칠곡의 로컬 브랜드 '므므흐스 부엉이버거' 사례도 주목할 만하다. '모든 날 매 순간 행복한 사람들'의 초성을 따서 만든 브랜드인 므므흐스 부엉이버거는 해당 지역에서 생산하는 식재료를 사용하는 것은 물론이고, 지역의 문제를 적극 해결했다는 점이 특징이다. 수입산 패티에 의존해 원가를 낮추는 대신 칠곡산 돼지고기의 뒷다리살을 원료로 사용해 가격 경쟁력을 확보했다. 사실 뒷다리살은 좋지 않은 식감 때문에 앞다리살보다 수요가 적어 축산업계에서는 재고 부담을 겪는다고 한다. 므므흐스는 이러한 축산업계의 고충을 비즈니스의 기회로 접근했다. 오히려 뒷다리살로 식감이 뛰어난 둥근 베이컨을 개발하여 활용한 것이다. 또한 일반적으로 가공육에는 인공적으로 만든 방부제 첨가물을 사용하는데, 므므흐스는 이러한 방부제 사용을 거부하고 칠곡에서 생산된 미나리에서 추출한 천연 소재를 활용했다. 이로 인해

소화가 잘되는 수제버거를 지향하는 므므흐스 부엉이버거 (출처: 네이버 플레이스)

가격 경쟁력은 물론이고, 소화가 잘되는 수제버거라는 컨셉도 내세울 수 있었다. 매장이 위치한 경북 칠곡의 매원마을은 버스가 하루에 두 번 정도밖에 다니지 않을 정도로 외진 곳이지만, 므므흐스 효과로 해당 지역의 한 해 방문객이 8만 명에 이른다고 한다.

그렇다면 최근 소비자들의 로컬 식품에 대한 인식에는 어떠한 변화가 있었을까? 실제로 엠브레인 트렌드모니터에서 진행한 '로코노미 활용 식품 관련 U&A 조사'에 따르면, 전체 응답자 중 81.6%가 로컬 식품을 구매한 경험이 있다고 응답했다. 구매 이유로 '원산지가 확실하다'고 응답한 비중은 상대적으로 고연령층인 40~50대가 20~30대보다 높았다. 하지만 '특별한 가치(한정판 등)가 있는 제품이다'라고 응답한 비중은 20~30대가 40~50대보다 상대적으로 더 높게 나타났다. 이는 MZ세대에게 로컬 식품이 단순히 안전성 및 신뢰를 의미한다기보다 로컬 식품 그 자체로 차별화된 경험의 가치로 인식되고 있다는 것을 의미한다.

로코노미 식품을 구매하는 이유 (출처: 엠브레인 트렌드모니터 홈페이지)

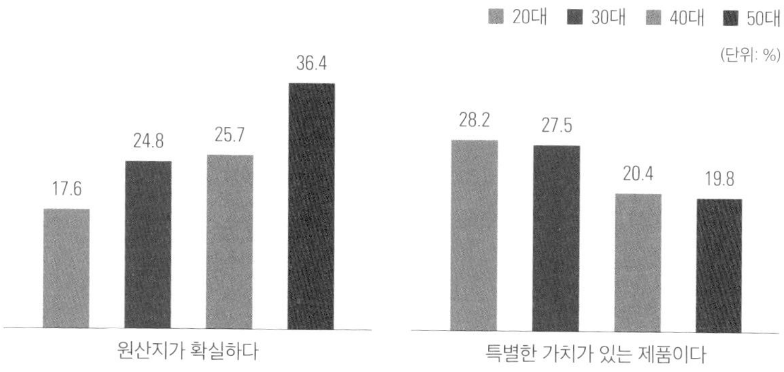

지역만의 경험이 중요해지는 여행

문화체육관광부와 한국관광공사가 공동으로 수행한 '2023 국내 관광 트렌드' 조사 결과, 엔데믹으로 여행 수요가 정상화되면서 '로컬 관광(Meet the local)'이 주요 트렌드 키워드로 선정되었다. 로컬 여행은 단순히 지역의 유명한 관광 명소를 방문하여 인증샷을 찍는 것이 아니다. 특정 지역에 머무르면서 지역 문화를 경험하는 것이 로컬 여행만의 특징이라고 할 수 있다. 실제로, 한국문화관광연구원의 「관광 트렌드 분석 및 전망 2023-2025」 보고서 내 '선호 여행 유형에 대한 조사 결과'에 따르면, 관광객들이 선호하는 1순위 여행 형태로 '자연경관 감상(17.3%)'보다 '현지투어를 통한 현지문화 접하기(27.5%)'가 더 높게 나타났다. 특히 경제활동 인구 중 MZ세대에게서 이러한 현상이 더욱 부각되었다. 최근 MZ세대가 지역 문화를 경험하기 위해 가장 많이 찾는 대표적인 여행 지역이 양양의 서피비치다. 서피비치는 적은 비용으로 서핑 강습을 받고 직접 체험해볼 수 있다는 것이 특징이다. 서핑뿐 아니라 이국적인 해변에서 매주 제휴사가 여는 파티 또한 경험할 수 있다. 실제로 양양 바닷가는 연간 80만 명이 넘는 사람들이 방문하며, 일몰 후 서피비치 선셋바에서 열리는 파티에는 무려 1,500명이 참여한다고 한다. 양양 서피비치가 MZ세대 사이에서 여전히 열기가 식을 줄 모르는 이유는 다른 지역이 모방할 수 없는 강원도 양양만의 서핑 문화가 존재하기 때문일 것이다.

서핑 문화를 경험할 수 있는 양양 서피비치
(출처: 서피비치 홈페이지)

일상 속 더 다채로워지는 동네 라이프

팬데믹이 우리에게 남긴 것이 있다면, 이전에 놓치고 있던, 내가 살고 있던 동네의 재발견이다. 이제 사람들에게는 기존의 '지역' 개념보다 더 좁은 '동네' 생활권이 중요해지기 시작했다. 코로나19 기간에는 생활 행동반경이 줄어들면서 동네 생활권이 '얼마나 편의성을 잘 갖추었는지'가 중요했다. 그래서 우리는 스타벅스가 있는 동네를 가리키는 '스세권', 슬리퍼를 신고 각종 편의시설을 이용할 수 있는 '슬세권'에 큰 가치를 부여했다. 하지만 오늘날 동네 생활권의 가치는 거주의 편의성뿐 아니라, '얼마나 일상을 다채롭게 하는지' 또한 중요해지고 있다.

대표적으로 서울 동작구 상도동은 맛있는 빵집과 이색적인 디저트집이 집중되어 있어, 빵을 좋아하는 사람들에게 '빵도동'이라 불린다. 실제로 상도동의 대표적인 베이커리 카페 '부강탕 더플라잉팬'은 단순한 제과점 형태를 넘어 주요 상권 속 독특한 컨셉으로 동네 주민들에게 큰 호응을 얻고 있다. 사실 부강탕은 1973년에 건축된 대중목욕탕이다. 하지만 코로나19의 영향으로 목욕탕 유지에 큰 타격을 입게 되자 최근 베이커리 카페로 변화를 시도한 것이다. 일반적으로 새로운 업종으로 전환할 때는 옛 건물을 부수고 다시 짓거나, 리모델링을 하더라도 관련 업종만의 분위기 조성을 위해 외관을 대대적으로 바꾸곤 한다. 하지만 부강탕은 목욕탕이라는 장치를 오히려 이색적인 베이커리 카페를 위한 컨셉으로 활용했다. 낡은 목욕탕 욕조와 실내 벽돌 등의 인테리어는 최대한 유지하였고, 굴뚝에는 여전히 '목욕탕'이라는 하얀색 페인트 글자가 보란 듯이 새겨져 있다. 누구나 어릴 적 가족들과 함께 동네 목욕탕을 방문해본 적이 있을 것이다. 부강탕은 상도동

동네 주민들 누구나 추억으로 간직하고 있는 대중목욕탕이라는 상징을 통해 노스탤지어 감정을 자아내고, 차별적인 베이커리 공간 경험을 전달했다. 실제로 빵을 좋아하는 사람들이 모인 온라인 커뮤니티 '빵소담'에서는 상도동은 이색적인 빵집이 많기 때문에 날을 잡고 빵지순례★ 해야 하는 필수 장소라고 언급된다. 이처럼 동네만의 특색은 일상을 다채롭게 채울 수 있는 또다른 매력적인 요소가 될 수 있다.

'목욕탕'이라고 새겨진 부강탕의 외관
(출처: 네이버 플레이스 업체 등록 사진)

부강탕의 내부 전경
(출처: 초현실부동산 홈페이지)

★

빵지순례 전국의 유명한 빵집을 찾아다니는 일을 '성지순례'에 빗대어 이르는 말 대표적인 하이퍼로컬★ 플랫폼 중 하나인 '당근'도 달라지는 고객 니즈에 적극적으로 대응하고 있다. 최근 '당근'은 중고거래를 넘어, 동네를 중심으로 취미생활 등을 공유하는 커뮤니티 기능을 강화하고 있다. 특히, 동네 온라인 및 오프라인 활동을 연결하는 모임 서비스를 시작했다. 스터디, 가족·육아, 봉사활동, 투자·금융 등 실제 만남을 통해 서로의 취향과 경험을 공유할 수 있도록 기능을 더 강화한 것이다. 추가된 동네생활 탭에는 '30대 후반 테린이 모집', '40대 아재 러닝 크루 모집', '대학생 고양이 집사 모임' 등이 활발하게 개설되어 있다. 과거 '당근'이 중고 거래 등과 같은 기능적 편의성에 초점을 두었다면, 이제는 일상을 다채롭게 하기 위해 동네 안에서 사람과 사람 사이의 연결성의 가치를 강화하고 있는 것이다. 앞으로 동네를 중심으로 한 이색적인 콘텐츠는 더 다양해질 것으로 전망된다.

★

하이퍼로컬 기존의 '지역' 개념보다 더 좁은 동네 생활권을 뜻하는 의미

다양한 로컬이 주목받는 이유

소비자 관점: 로컬만의 희소한 경험 가치

소비자 관점에서 MZ세대가 로컬에 열광하는 이유는 로컬 콘텐츠만의 희소한 경험 가치 때문이다. 이들은 기성세대와 다르게 지역 문화를 지방이나 변두리의 문화라고 인식하지 않는다. 오히려 로컬을 지역만의 특색을 드러내는 힙한 콘텐츠라 생각한다. 다시 말해, 로컬을 전형적이지 않은 것에서 비롯되는 이색적인 경험이라고 생각하는 것이다. 대표적으로 최근에 사업가 백종원이 프로젝트를 주도해 화제가 된 충남 예산시장을 생각해볼 수 있다. 보통 많아야 하루 200여 명 정도가 방문하는 한적한 시장이었으나, 백종원이 주도한 '예산시장 살리기 프로젝트' 이후 두 달 만에 약 18만 명이 다녀갔다고 한다. 그렇다면 MZ세대는 어떠한 지점에서 차별적인 경험을 느꼈던 것일까? 우선 예산시장은 옛 모습인 과거 영업점 간판 그대로의 로컬힙 감성을 살렸다. 이에 더해, 가운데 넓은 마당을 만들고 사람들이 예산시장만의 분위기를 충분히 모여 즐길 수 있도록 환경을 조성했다. 기존의 전통시장은 대부분 통로 형태로 판매만을 위한 장소의 느낌이 강했다. 하지만 예산시장은 로컬힙 분위기를 자아내는 장터광장을 통해 예산시장만이 제공할 수 있는 차별적인 경험 가치를 놓치지 않았던 것이다. 실제로 이러한 열풍에 힘입어 충남 예산 전통시장의 MZ세대 방문은 코로나19 이전 기간인 2019년 초 대비 2023년에 934% 증가했다고 한다.

지역이 축적한 문화는 그 자체로 소비자들이 경험하고 싶은 또 하나의 콘텐츠가 될 수 있다. 대표적으로 제주도만의 로컬 콘텐츠인 해녀의부엌을 주목해볼 만하다. 해녀의부엌은 제주도 해녀의 삶을 체험할 수 있는 대표적인 여행 액티비티 상품이다. 해녀들이 잡은 해산물로 만든 식사가 연극의 일부가 되고, 연극 내내 해녀 문화를 오감으로 경험할 수 있는 것이 특징이다. 최근 1년 동안 해녀의부엌에 대한 검색량은 지속적으로 증가하고 있다. 특히 20대(28.7%)와 30대(37.5%)의 관심 비중이 40대(22.5%), 50대(10.4%)보다 현저하게 높게 나타났다. MZ세대에게는 지역만의 이색적인 경험이 해당 지역을 방문해야 할 뚜렷한 이유가 될 수도 있는 것이다. 해녀의부엌이 MZ세대에게 지속적으로 관심을 받는 이유가 여기에 있다.

로컬힙 분위기가 느껴지는 충남 예산시장
(출처: 예산군청 홈페이지)

해녀들이 요리한 음식으로 구성된 '해녀의 밥상'
(출처: 해녀의부엌 홈페이지)

로컬 크리에이터 관점: 상대적으로 낮아진 진입장벽

지속적으로 관심을 끌고 있는 양양의 서피비치, 제주도의 해녀의부엌 등은 처음에는 지역의 콘텐츠로 시작했으나 지금은 지역의 대표 비즈니스로 자리잡은 사례들이다. 이처럼 로컬 비즈니스가 각광받게 된 배경에는 생산 주체라고 할 수 있는 로컬 크리에이터가 중심에 있다. 최근에는 지역별로 차별화된 로컬 콘텐츠를 생산하려는 로컬 크리에이터가 증가하고 있다고 한다. 로컬 크리에이터는 지역의 문화 요소를 기반으로 각종 콘텐츠를 창출할 수 있는 역량을 보유하고 있는 것이 특징이다. 그렇기 때문에 단순 비즈니스 목적의 소상공인과는 다르다.

이들이 로컬 콘텐츠에 관심을 갖고 비즈니스를 시작하는 이유는 진입장벽이 상대적으로 낮아졌기 때문이다. 우선, 디지털 기술이 발전하면서 마케팅 비용에 대한 부담이 감소했다. 전통적으로 오프라인 비즈니스는 고객을 유치하는 데 있어 주변 상권이 중요했다. 하지만 디지털 기술의 발전으로 플랫폼 내 위치 기반 서비스가 가능해지면서 입지 경쟁력이 낮은 매장도 고객을 상대적으로 쉽게 유치할 수 있게 되었다. 진입장벽이 낮아진 또다른 배경으로는 지역 산업 강화를 위한 정부 기관의 활발한 투자 지원도 있다. 대표적으로 중소벤처기업부는 지역경제 활성화를 위해 로컬 크리에이터 양성 사업을 지원한다. 농수산물을 활용한 로컬 푸드, 지역 특색을 반영한 제조업, 지역만의 콘텐츠, 지역 특화 관광, 로컬과 관련된 거점 브랜드, 디지털 문화 체험, 자연 친화 기반 체험활동 등 대표적으로 7개 비즈니스 모델을 분류하여 지원중이다. 최근 지원 사업의 경우 15.4 대 1의 높은 경쟁률을 보였다고 하는데, 해당 지원자 중 청년층인 30대 이하의 연령층이 무려 61.7%였다고 한다.

로컬 트렌드에 대응하는 기업

지역 콘텐츠로 팬덤을 강화하는 재주상회

지역만의 콘텐츠에 집중하여 팬덤을 강화해나가는 플랫폼이 있다. 대표적인 사례가 '재주상회'다. 재주상회는 제주 지역만의 콘텐츠그룹을 지향하는 기업으로, 로컬 콘텐츠 매거진 〈인iiin〉 발행을 시작으로, 로컬 푸드와 굿즈 제작, 편집숍과 클래스 운영 등 다양한 사업을 운영하고 있다. 특히 최근에는 '한림수직 재생 프로젝트'를 통해 추억 속의 브랜드를 되살려 이목을 끌었다. 한림수직은 1959년부터 2005년까지 성이시돌목장에서 기른 양의 털을 활용해 니트와 담요 등을 만들었던 제주의 로컬 브랜드다. 하지만 값싼 중국산 양모의 수입과 달라진 시대 변화를 이겨내지 못하고 결국 2005년 문을 닫았다. 한림수직이 특별한 이유는 제주 4·3 사건과 6·25 전쟁을 겪으며 빈곤에 시달리던 제주민을 돕기 위해 시작했다는 지역의 역사가 고스란히 반영되어 있기 때문이다. 재주상회는 돈으로는 살 수 없는 한림수직만의 브랜드 가치에 주목하고, 전시회를 진행하여 소비자들과 공감대를 형성했다. 그뿐 아니라 재주상회는 제주만의 이야기가 담긴 다양한 브랜드의 상품을 판매하기도 한다. 예를 들면, 제주의 파치귤을 통해 탄생한 손 세정제 브랜드

'코코리', 제주 약초 성분의 개운함을 담은 '1950 치약' 등이 있다. 이처럼 재주상회는 제주 지역만의 콘텐츠로 고객과의 공감대를 형성하고 지역 가치가 연계된 다양한 상품을 선보이는 중이다.

재주상회에서 판매중인 매거진 〈iiin〉 (출처: 재주상회 홈페이지)

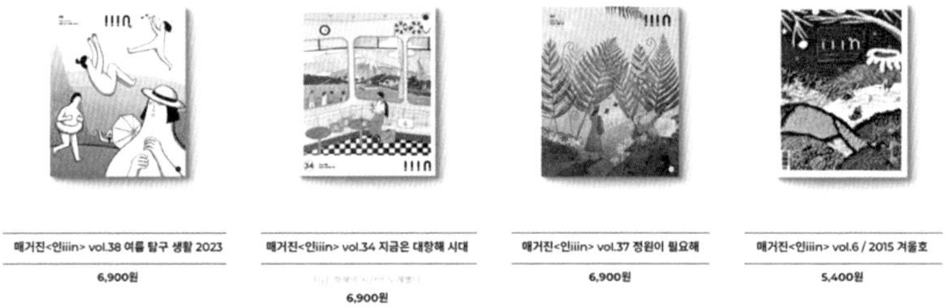

지역 특색을 활용한 플래그십 스토어, 설화수

지역의 특색은 차별화된 고객 경험에 중요한 역할을 한다. 따라서 지역만의 특색을 활용해 고객 경험을 차별화한 브랜드의 행보에 주목할 필요가 있다. 대표적인 예로 '북촌 설화수의 집'이 있다. 북촌 설화수의 집은 설화수의 두번째 플래그십 스토어로, 1930년대 한옥과 1960년대 양옥을 연결하여 하나의 공간으로 구성한 것이 특징이다. 일반적으로 플래그십 스토어는 경쟁 브랜드 대비 압도적인 규모감을 전달하기 위해 유동 인구가 많은 강남 및 홍대와 같은 입지 좋은 곳이 우선 선정 기준이 된다. 하지만, 설화수는 지역의 문화를 브랜드에 활용하기 위해 북촌을 택했다. 북촌은 다른 힙플레이스와 다르게 전통 한옥, 국립현대미술관, 전통 공예 등 한국의 전통과 예술이라는 지역 문화가 활성화되어 있는 곳이다. 설화수는 북촌이라는 지역 특색을 활용하여, 한옥에서 양옥 정원까지 약 300m에 이르는 공간에서 도슨트 투어를 통해 설화수만의 역사와 전통을 체험하도록 하고, 설화수만의 안목으로 재해석된 공간의 아름다움을 오감으로 느낄 수 있도록 하였다. 매장 안에서는 '설화수의 가치관과 취향을 섬세하게 담은 집'이라는 정체성에 기반하여, 제품 원료로 사용되는 다양한 식물, 설화수가 선정한 글과 오브제, 분위기에 맞는 음악을 즐길 수 있다. 최근에는 설화수의 글로벌 앰배서더인 블랙핑크의 로제가 광고를 촬영하여 장소 자체가 화제가 되기도 했다. 브랜드 철학과 스토리가 접목된 오프라인 공간은 차별적인 고객 경험 전달에 중요한 역할을 할 수 있다. 이처럼 지역의 특색을 활용한 고객 경험은 브랜드의 존재감을 더 효과적으로 전달할 수 있다.

북촌만의 지역 특색을 활용한 플래그십 스토어 북촌 설화수의 집
(출처: 설화수 홈페이지)

로컬 프로젝트를 통해 주변과 상생하는 현대그린푸드와 컬리

특정 지역 맛집에 대한 소비자의 관심이 증가하면서, 이러한 트렌드에 민첩하게 대응하여 성장하고 있는 기업의 사례 또한 주목할 만하다. 대표적인 사례가 지역 맛집과 협업하여 레스토랑 간편식(RMR) 브랜드를 선보이는 현대그린푸드의 지역 상생 브랜드, '모두의 맛집'이다. 모두의 맛집은 지역 맛집을 발굴 및 육성하여 현대그린푸드와 지역 맛집이 서로 윈윈할 수 있게 하는 지역 상생 프로젝트라고 할 수 있다. 이 프로젝트는 2021년 11월에 처음으로 시작되었으며, 2023년 세번째 프로젝트가 진행되었다. 2023년 프로젝트에서는 서울시와 함께 전국 전통시장 음식점을 대상으로 총 여덟 곳의 맛집을 최종 선발했다. 이번 프로젝트의 특징은 식사류뿐만 아니라 전통시장에서만 맛볼 수 있는 간식류까지 제품군을 확대한 것이다. 대기업이 소상공인과 상생하려는 시도는 소비자들에게 해당 제품의 품질을 보증하는 수단을 넘어, 사회적인 기업으로서의 긍정적인 이미지를 형성할 수 있게 한다. 실제로 모두의 맛집은 소비자들에게 호응을 받으며 2023년 상반기 매출이 전년 동기간 대비 약 85% 성장했다고 한다.

상품 큐레이션에 진심인 '컬리'의 지역 상생 행보 또한 주목할 만하다. 컬리는 샛별배송 서비스뿐 아니라, 다양한 상품 큐레이션을 차별적인 경쟁력으로 강조해왔다. 최근 컬리는 디지털이 아닌 오프라인에서 큐레이션 역량을 전달했는데, 서울숲 인근 로컬 레스토랑을 선정하여 '서울숲 로컬 탐방' 이벤트를 진행한 것이다. 특히 컬리는 이번 행사가 진행된 서울숲에 '샛별정원'을 조성하는 데 직접 기여했다고 한다. 컬리가 배송 과정 중에 발생한 종이박스를 재활용해 공원 조성을 위한 기부금을 마련했다는 점에서 지속가능성이라는 의미 또한 더했다. 서울숲 일대는 지역 문화가 힙하다는 이유로 MZ세대가 자주 방문하는 지역이다. 컬리는 서울숲을 중심으로 지역 상생이라는 가치를 더해, 단순히 신선 식품 배송 업체라는 이미지를 넘어 착한 기업 이미지를 한층 더 강화했다고 볼 수 있다.

지역 상생 프로젝트
'모두의 맛집'을 진행한
현대그린푸드
(출처: 현대그린푸드 홈페이지)

팬데믹 기간에는 동네의 가치를 판단할 때 기능 중심의 편의성이 중요했다. 하지만 팬데믹 이후로는 사람들이 더 세분화된 지역만의 경험에 의미를 부여하기 시작했다. 사람들이 몰리는 유명한 관광지를 찾기보다는 지역 고유의 문화를 경험하기 위해 여행하고, 동네 골목 문화에 주목하기 시작한 것이다. 일반적으로, 로컬의 가치는 고유의 지역성이 반영되어 있다는 점에서 누군가 쉽게 모방할 수 없다는 특징을 지닌다. 그렇기 때문에 지역과 연계된 다양한 콘텐츠는 소비자에게 이색적인 경험 수단이 될 수 있다.

특히, 지역의 가치를 비즈니스와 연결하려는 로컬 크리에이터만의 다양한 시도는 이러한 로컬 트렌드를 더 가속화하는 중이다. 이들은 젊은 시각과 남다른 안목으로 기존에는 없던 로컬 콘텐츠를 발굴하고, 고객들이 열광하는 로컬 브랜드를 탄생시킨다. 오프라인 고객 경험이 중요해지는 시대에 로컬은 브랜드 경험을 차별화하기 위한 강력한 수단일 수 있다.

이전보다 지역 고유의 가치를 추구하는 소비자들이 증가하면서, 기업이 로컬을 마케팅에 더 적극적으로 활용하려는 움직임 또한 눈여겨볼 만한 지점이다. 대기업 브랜드는 소규모 로컬 브랜드의 비즈니스 모델을 모방하거나 경쟁을 하기보다는 협업과 상생을 통해 서로 윈윈하는 전략으로 브랜드 가치를 강화해나가고 있다. 과거 로컬 비즈니스가 지역의 균형 발전이라는 목표 아래 정부 중심으로 전개됐다면, 이제는 로컬 고유의 가치가 중요해지면서 기업이 이를 더 적극적으로 활용하려 할 것이다. 앞으로 로컬을 중심으로 어떤 비즈니스와 마케팅이 파생될지 기대된다.

“

MZ세대가 **로컬**에 열광하는 이유는

전형적이지 않은 것에서 비롯되는

이색적인 경험이라고 생각하기 때문이다.

”

톡뮤니티:

관심사로 연결된 대화의 장

2

소위 트렌드가 시작되는 곳은 온라인 커뮤니티라고 한다. MZ세대가 생각하는 트렌드의 시작점으로 소셜미디어와 함께 온라인 커뮤니티가 주로 언급된다. 온라인 커뮤니티는 공통의 관심사나 목적을 지닌 사람들이 모여 서로의 취향이나 의견, 지식과 정보를 공유하며 소통하는 온라인 공간이다. 국내에서는 주로 디시인사이드, 에펨코리아와 같은 자체 웹사이트 커뮤니티, 네이버 카페, 다음 카페와 같은 포털 사이트 기반의 카페 커뮤니티가 가장 대표적인 온라인 커뮤니티라고 할 수 있다.

시대마다 트렌드를 이끄는 온라인 커뮤니티는 다양하게 변화해왔다. 온라인 커뮤니티 초창기에는 자체 웹사이트를 기반으로 한 커뮤니티가 트렌드를 선도했다면, 이후에는 포털 사이트를 기반으로 한 카페 커뮤니티가 큰 인기를 끌며 새로운 트렌드를 만들어나갔다.

그렇다면 스마트폰이 중심이 된 모바일 퍼스트 시대인 요즘에는 어떤 특성을 지닌 온라인 커뮤니티가 주목받고 있을까? 그리고 사람들은 어떤 방식으로 온라인 커뮤니티에서 소통하고 있을까? 개인의 관심사와 취향을 중심으로 한 커뮤니티가 보다 많아지고, 텍스트, 이미지, 영상 등 커뮤니케이션의 형태 또한 멀티미디어로 다양해진 오늘날, 온라인 커뮤니티에서 어떻게 트렌드가 시작되는지 궁금해지는 시점이다.

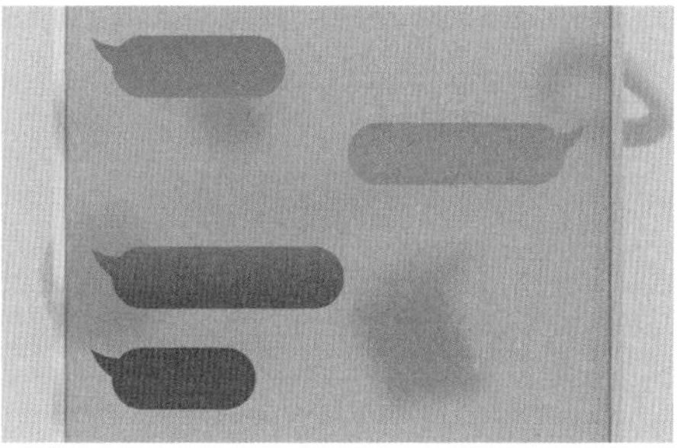

©Kuu akura, Unsplash

새로운 온라인 커뮤니티가 된 오픈채팅

실시간 소통이 가능한 커뮤니티

2017~2023년의 기간 동안 소셜미디어상에서 온라인 커뮤니티에 대한 연관어가 어떻게 변화했는지 분석해본 결과, 상위 20위 내에 '카페'가 계속해서 1~3위 키워드로 언급되고 있는 중에 '오픈채팅'이 새롭게 부상한 것으로 나타났다. 오픈채팅의 언급량은 2017~2018년에는 1만 1,215건으로 56위였으나, 2019~2020년에는 1만 9,661건으로 20위에 진입하였고, 2022~2023년에는 2만 3,700건으로 7위에 올랐다. 이제는 사람들이 온라인 커뮤니티에 대해 이야기할 때, 포털 사이트의 카페만이 아니라 오픈채팅도 함께 이야기하는 것이다.

'온라인 커뮤니티' 상위 20위 내 연관어 (출처: 이노션 인사이트전략본부)

(단위: 건)

2017-2018 (5년 전)			2019-2020 (3년 전)			2022-2023 (최근 1년)		
순위	연관어	언급량	순위	연관어	언급량	순위	연관어	언급량
1	정보	68,213	1	카페	87,224	1	정보	110,787
2	활동	54,534	2	회원	77,057	2	카페	82,881
3	카페	51,547	3	활동	75,303	3	공부	80,088
4	사이트	41,963	4	의견	64,623	4	온라인	64,557
5	회원	31,220	5	목적	61,441	5	유튜브	25,485
6	유머	28,694	6	정보	48,543	6	인터넷	25,474
7	쇼핑	28,268	7	후기	48,298	7	오픈채팅	23,700
8	직구	27,639	8	인테리어	45,897	8	사이트	22,680
9	익명	25,665	9	콘텐츠	45,541	9	SNS	21,125
10	공유	22,464	10	플랫폼	40,046	10	영상	20,867
11	의견	21,279	11	투자	37,495	11	관심	20,571
12	목적	19,632	12	강의	37,136	12	지역	18,690
13	온라인	18,579	13	유튜브	30,107	13	이야기	18,257
14	인터넷	17,134	14	온라인	27,579	14	댓글	18,053
15	육아	16,245	15	사이트	27,352	15	사회	18,030
16	결혼	15,980	16	가입	24,031	16	경험	16,771
17	요리	14,787	17	영상	23,354	17	서비스	16,741
18	살림	14,229	18	공간	22,313	18	공간	16,202
19	인테리어	14,125	19	인터넷	21,195	19	프로그램	16,058
20	DIY	14,021	20	오픈채팅	19,661	20	플랫폼	15,786

오픈채팅은 공통의 관심사나 목적을 지닌 사람들의 온라인 소통 공간이라는 측면에서는 커뮤니티와 유사하나, 소통의 방식이 채팅이라는 점에서 기존 게시판 형태의 웹사이트나 포털 카페의 커뮤니티와 다르다고 볼 수 있다. 게시판 기반 커뮤니티는 일반적으로 회원가입을 하고 나서 게시물을 작성하고, 해당 게시물에 댓글이 달리면 게시자가 해당 댓글을 확인하는 것까지 일련의 과정이 다소 길기에 소통까지 어느 정도 시간이 소요된다. 반면, 오픈채팅은 실시간 대화를 기반으로 하기 때문에 보다 빠른 소통이 가능하다. 즉 번거로운 회원가입 절차 없이 자신이 원하는 프로필로 보다 쉽고 빠르게 대화에 참여할 수 있으며, 별도의 게시글을 작성하지 않고 자신이 이야기하고 싶거나 공유하고 싶은 내용이 있다면 바로 채팅을 시작하면 된다. 오픈채팅에 대한 2022~2023년의 연관어 및 감성어 분석 결과에서 '실시간'과 '빠르다'가 상위의 주요 키워드로 나타났다는 점에서도 오픈채팅이 실시간 소통이 중심이 되는 커뮤니티라는 사실을 알 수 있다.

'오픈채팅' 상위 10위 내 연관어 및 감성어 (출처: 이노션 인사이트전략본부 / 2022년~2023년)

(단위: 건)

순위	연관어	언급량	순위	감성어	언급량
1	소통	6,731	1	좋다	3,206
2	문의	6,210	2	빠르다	2,032
3	프로필	5,392	3	가능하다	1,320
4	실시간	5,338	4	원하다	1,200
5	카카오톡	5,271	5	다양한	1,010
6	일상	4,466	6	성공	948
7	데일리	3,053	7	잘하다	894
8	상담	2,899	8	편리한	734
9	링크	2,063	9	안전한	586
10	채팅	1,517	10	어렵다	512

커뮤니케이션을 넘어 커뮤니티로

초기의 오픈채팅은 온라인 커뮤니티가 아닌 커뮤니케이션 차원에서 시작되었다. 즉 나의 가족, 친구 등 지인이 아닌 낯선 사람들과 관심사를 주제로 대화할 수 있는 새로운 커뮤니케이션 방식으로 시작된 것이다. 그렇게 시작된 오픈채팅은 시간이 지나면서 점차 커뮤니티로 발전하였다. 방장과 부방장 등 커뮤니티 관리자가 생기고, 관심사를 주제로 자유롭게 대화하되 서로가 지켜야 할 에티켓이 생기는 등 관계를 지속하기 위한 역할과 규칙이 만들어지기 시작한 것이다.

이러한 오픈채팅 트렌드는 국내에서는 2015년 8월 카카오톡을 중심으로 시작되었다. 당시 카카오는 일반채팅과 비밀채팅에 이어 오픈채팅을 카카오톡의 세번째 대화 방식으로 선보였다. 일반채팅과 비밀채팅이 친구로 등록된 사람들과 대화하는 지인 간 커뮤니케이션이라면, 오픈채팅은 친구로 추가하지 않은 사람들과 대화할 수 있는 비지인 간 커뮤니케이션이다. 이후 2023년 5월 카카오는 기존까지 카카오톡 채팅 탭 안에서 일반채팅, 비밀채팅과 함께 있었던 오픈채팅을 별도로 분리해 카카오 뷰가 있던 세번째 탭으로 옮겼다. 이를 기점으로 카카오는 오픈채팅을 통해 카카오톡을 커뮤니케이션 메신저를 넘어 커뮤니티 플랫폼으로 성장시킬 것임을 밝혔다.

오픈채팅을 관심사 기반 커뮤니티로 구축하고자 하는 기업에 카카오만 있는 것은 아니다. 네이버 또한 오픈채팅을 통한 커뮤니티 구축을 미래 성장 전략의 핵심 축으로 보고 있다. 네이버는 2022년 9월 말 오픈채팅 서비스인 '오픈톡'을 론칭하였다. 네이버 오픈톡은 론칭 한 달여 만에 스포츠팬 커뮤니티로 구성된 채팅방만 2,000여 개가 개설되고, 2022년 12월 카타르 월드컵 기간 동안 오픈톡 사용자가 278만여 명에 이르면서 성공적인 시작을 알렸다. 이후 네이버는 2023년 상반기부터 스포츠 외에 드라마, 날씨, 게임, MBTI 등 다양한 주제의 오픈톡 커뮤니티를 시범적으로 운영하면서 본격적인 확장을 추진하였다.

오픈채팅 커뮤니티를 찾는 이유

무한한 다양성

사람들이 오픈채팅 커뮤니티를 찾는 첫번째 이유는 무엇이든 대화 가능한 다양성이 있기 때문이다. 오픈채팅의 '오픈'은 단순히 누구나 쉽게 참여할 수 있는 개방형 커뮤니티만을 뜻하는 것이 아닌, 내가 관심 있는 것이라면 어떤 주제든 자유롭게 대화 가능하다는 뜻도 지니고 있다.

오픈채팅에는 셀 수 없을 정도로 많은 커뮤니티가 존재하고 있으며, 지금도 끊임없이 새로운 커뮤니티들이 생겨나고 있다. 내가 찾는 관심사나 주제와 관련된 오픈채팅방이 없다면 새로 만들어 같이 이야기할 사람들을 모집할 수 있으며, 동일한 영역의 주제더라도 세부적으로는 다른 오픈채팅방들이 다양하게 존재하기에 나의 니즈에 최적화된 커뮤니티를 찾아 대화할 수 있다. 이처럼 무엇이든 대화 가능한 오픈채팅의 무한한 다양성에 사람들이 매력을 느끼고 있기에, 기업들도 이를 주요 소구 포인트로 마케팅 커뮤니케이션 중이다. 카카오는 2023년 6월 "세상의 모든 관심, 카카오톡 오픈채팅"이라는 메시지를 중심으로 카카오톡 오픈채팅 캠페인을 시작하며 대대적인 마케팅 활동을 전개하고 있으며, 네이버도 "모든 검색어의 커뮤니티화"를 외치며 어떤 관심사든 모여서 대화할 수 있는 커뮤니티라는 점을 소구하고 있다. 또한 일본, 대만, 태국을 중심으로 운영되고 있는 라인에는 오픈채팅 서비스인 '오픈챗' 내 '서브토크룸'이라는 기능이 있다. 라인은 하나의 오픈채팅방 안에서도 다양한 세부 주제로 대화하는 사람들이 늘어나고 있음을 발견하고, 하위 오픈채팅방을 별도로 만들어 원하는 주제에 세부적으로 딱 맞는 오픈채팅을 할 수 있도록 하였다.

카카오톡 오픈채팅, 네이버 오픈톡, 라인 오픈챗
(출처: 각 브랜드 홈페이지)

집단지성과 공감

집단지성과 공감 또한 사람들이 오픈채팅 커뮤니티를 찾는 이유라 할 수 있다. 오픈채팅에서는 비슷한 관심사를 지닌 다른 사람들과 다양한 정보와 의견을 실시간으로 공유함으로써 빠르게 문제를 해결할 수 있으며, 나의 감정을 보다 자유롭게 표현하고 공감받을 수 있다.

오픈채팅방에서 가장 많이 볼 수 있는 유형은 바로 정보 공유 방이다. 학업, 직장, 결혼, 육아, 재테크, 여행 등의 카테고리에서 주로 볼 수 있다. 주제는 모두 다르지만, 궁금하거나 알고 싶은 내용을 채팅방에 있는 사람들에게 문의하고 답을 구한다는 공통점이 있다. 오픈채팅에서는 네이버 카페, 지식iN 등보다 빠른 실시간 집단지성을 경험할 수 있다. 특정 관심사와 목적을 가지고 모인 커뮤니티이기에 해당 분야에 대해 보다 전문적인 최신 정보를 공유하고, 실시간으로 서로의 의견을 이야기하며 대화를 통해 답을 찾아가는 과정은 오픈채팅의 특장점이다. 이를테면 해외여행을 갔는데 긴급 상황이 발생했거나 현지 사정을 잘 알고 있어야만 문제 해결이 가능한 경우, 오픈채팅방을 통해 빠르게 문제를 해결할 수 있는 것이다.

해외여행 정보를 공유하는 오픈채팅방
(출처: 카카오톡 오픈채팅)

힘듦, 괴로움, 우울, 짜증, 분노 등의 부정적 감정을 표출하고 공감과 위로를 받을 수 있는 오픈채팅방도 인기다. 일명 '감정쓰레기통', 줄여서 '감쓰방'으로도 불리는 오픈채팅방이 다양하게 존재한다. 예를 들어, 우울한 은둔형 백수들의 방이나 직장인 또는 수험생들의 스트레스를 푸는 방 등이 있다. 이용하는 방법은 매우 간단하다. 자신의 감정 상태와 상황에 가장 잘 맞는 채팅방을 찾아 들어가서 그냥 말하면 된다. 해당 채팅방이 지향하는 방식에 따라 어떤 방은 대화를 하며 서로 공감과 위로를 해주고, 또 어떤 방은 아무 말 없이 조용히 들어주기만 하기도 한다. 카카오는 이러한 오픈채팅방들의 공감 문화에 아이디어를 얻어 2023년 5월 '마음날씨' 오픈채팅방을 운영하기도 하였다. 마음날씨는 카카오의 사회공헌 플랫폼 '카카오같이가치'에서 서울대 행복연구센터와 협업하여 만든, 심리 상태를 진단할 수 있는 테스트다. 카카오는 이를 활용해 사람들이 마음날씨 테스트 결과를 오픈채팅방에 공유하고 서로 공감과 위로를 건넬 수 있도록 하였다.

마음날씨 테스트 결과를 공유하는 오픈채팅방
(출처: 카카오톡 홈페이지)

새로운 놀이 문화

오픈채팅 커뮤니티는 새로운 놀이 문화의 장이 되고 있기도 하다. 최근에는 이른바 '거지방'으로 통용되고 있는 절약방이 인기를 끌며 빠르게 확산되고 있다. 절약방은 서로의 지출 내역과 계획을 공유하고 칭찬과 충고를 해주면서 절약을 잘 해보자는 취지로 만들어진 오픈채팅방이다. 표면적으로는 무지출 챌린지, 짠테크 등과 같이 고물가 시대에 생존하고자 하는 노력의 모습으로 보일 수도 있다. 그러나 실제로 자세히 들여다보면 절약이라는 목표 달성을 위한 진지한 분위기보다는 재미를 추구하는 유쾌한 분위기가 중심에 있음을 느낄 수 있다. 거지방이라는 명칭에서도 알 수 있듯이 오픈채팅방에 참여한 사람들은 모두 스스로를 '거지'라 부르며 일종의 컨셉 놀이를 한다. 상대방의 지출 내역과 계획에 대한 칭찬과 충고도 진지한 화법보다 소위 말하는

거지방으로 불리는 절약방
(출처: 카카오톡 오픈채팅)

'드립 개그'를 주고받는 방식이다. 심지어 절약방에서 언급된 대화들이 재미있어 밈이 된 사례도 많다.

드라마, 예능, 영화, 스포츠 등의 콘텐츠를 같이 보면서 대화하는 오픈채팅도 새로운 놀이 문화가 되고 있다. 오픈채팅방에서 사람들과 함께 콘텐츠를 즐기면서 등장인물이나 특정 장면에 대한 의견을 공유하거나, 이후 전개가 어떻게 될지 서로 예측하며 노는 것이다. 드라마와 예능을 주제로 한 채팅방에서는 주로 본방송을 함께 보면서 대화를 하거나, 본방송 전후로 해당 콘텐츠와 관련된 수다를 떨며 논다. 스포츠 관련 채팅방에서는 경기 생중계를 같이 보면서 응원하는 문화가 생겨났다. 특히 네이버 오픈톡은 '중계 같이 보기' 기능을 제공하여 오픈채팅방 자체에서 함께 경기를 시청하며 대화를 나눌 수 있도록 해 스포츠 팬들의 큰 호응을 얻고 있다. 이러한 놀이 문화는 카카오톡이나 네이버의 오픈채팅뿐만 아니라 OTT 플랫폼에서도 확산되고 있다. 왓챠에는 함께 콘텐츠를 보며 채팅할 수 있는 '왓챠파티'라는 서비스가 있다. 영화, 드라마 등 같이 보고 싶은 콘텐츠를 정해서 공개 파티로 설정하면, 친구나 지인뿐 아니라 모르는 사람들과 함께 콘텐츠 시청과 채팅을 동시에 하며 놀 수 있다.

오픈채팅 커뮤니티의 향후 전망

AI도 함께 대화하는 오픈채팅의 성장

앞으로는 AI도 커뮤니티 구성원으로 함께하는 오픈채팅이 보다 성장할 것으로 보인다. 기존의 자동 응답이나 부적절한 대화 내용 감지 및 필터링 기능만 하는 챗봇이 아닌, 생성형 AI 기술이 적용된 챗GPT와 같은 인공지능이 함께 대화하는 오픈채팅이 더 많아질 것으로 예상된다.

전 세계적으로 오픈채팅에서 가장 앞서 있는 커뮤니티 플랫폼인 '디스코드'는 2023년 3월부터 생성형 AI를 본격적으로 도입하였다. 오픈AI의 챗GPT 기술을 적용해 기존의 챗봇 '클라이드'를 업그레이드하고 베타테스트를 시작한 것이다. 챗GPT에서는 나와 AI 간의 1:1 대화지만, 디스코드에서는 생성형 AI 클라이드도 커뮤니티 구성원으로서 함께 대화할 수 있다. 이를 통해 디스코드 오픈채팅에서는 대화중 궁금한 것이 있다면 클라이드에게 물어보는 것은 물론, 같이 퀴즈나 게임, 농담 주고받기 등의 놀이도 가능하다. 디스코드는 오픈AI의 생성형 이미지 인공지능인 '달리' 기술도 클라이드에 적용하였다. 현재 디스코드에서는 오픈채팅을 하면서 클라이드에게 요청하면 움직이는 이미지(GIF), 이모지, 아바타를 만들 수 있다. 심지어 오픈채팅방에 참여하고 있는 사람들의 공통 취향을 파악해 구성원이 좋아할 만한 이미지를 만들어달라고 요청할 수도 있다. 예를 들어, 오픈채팅을 하다가 클라이드에게 “모두가 신날 수 있는 GIF를 만들어줘”와 같은 요청을 하면, 클라이드가 커뮤니티의 카테고리, 구성원 및 최근 채팅 기록에 대한 지식을 바탕으로 알아서 GIF를 만들어준다.

카카오 또한 기본적인 챗봇을 넘어 특정 인물의 성격과 말투를 지닌 AI를 오픈채팅에 도입할 예정이다. 특히 카카오톡과 별도의 앱으로 출시 예정인 글로벌 오픈채팅 플랫폼 ‘오픈링크’에 다양한 인격을 갖춘 AI를 적용할 것으로 보인다. 예를 들어, 케이팝이나 한국 드라마 등 한국 문화를 좋아하는 팬들이 모여 있는 오픈채팅방에서는 자신들이 좋아하는 뮤지션이나 드라마 속 주인공의 성격과 말투를 닮은 AI와 함께 대화할 수 있다. 또한 카카오는 여러 국가의 언어를 학습한 AI를 도입함으로써 커뮤니티 구성원이 언어의 장벽 없이 보다 원활한 오픈채팅을 할 수 있는 플랫폼을 구축할 예정이다. 가령 국내 팬뿐 아니라 다양한 국적의 외국인 팬도 함께 있는 채팅방일 경우, 구성원이 오픈채팅 중에 사용하는 다양한 언어를 AI가 동시통역함으로써 보다 막힘 없는 소통을 할 수 있게 해주는 것이다.

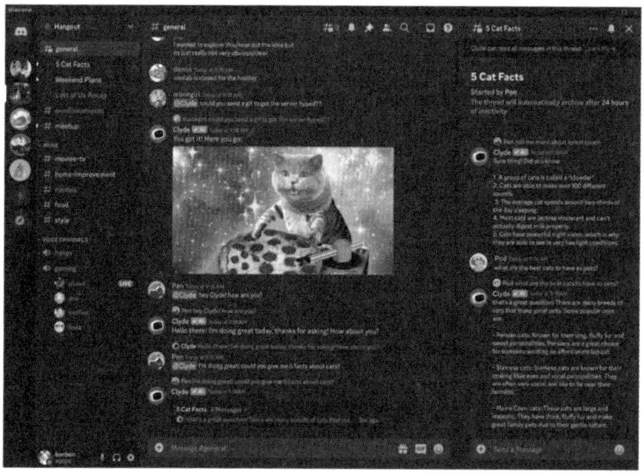

오픈채팅에 생성형 AI를 도입한 디스코드
(출처: 디스코드 홈페이지)

브랜드 자체 오픈채팅 커뮤니티의 증가

현재는 카카오와 네이버, 두 빅테크를 중심으로 오픈채팅 커뮤니티가 성장하고 있고 그들의 플랫폼을 타 브랜드들이 이용하고 있으나, 향후에는 더 다양한 영역의 브랜드들이 자체적으로 오픈채팅 커뮤니티를 구축할 것으로 예상된다.

토스는 2020년 11월 시범적으로 도입한 연락처 기반 일반채팅에 이어, 2021년 9월 오픈채팅을 선제적으로 도입하였다. 카카오가 소셜 플랫폼에서 금융 플랫폼으로 확장했다면, 토스는 금융 플랫폼에서 소셜 플랫폼으로 확장해 금융 슈퍼앱으로서의 위상을 보다 강화하겠다는 취지다. 2023년 2월 초, 토스는 오픈채팅 이용자 수가 타 플랫폼 대비 높지 않고 익명성 관련 부작용 이슈가 발생할 수 있다는 점을 고려해 서비스를 잠정 종료하였으나, 토스증권의 커뮤니티 서비스를 통해 고객들이 오픈채팅처럼 서로 의견과 정보를 공유하고 소통할 수 있도록 하였다.

커리어 플랫폼 '사람인' 또한 2023년 5월 자체 오픈채팅 서비스 '커리어챗'을 출시했다. 커리어 플랫폼답게 직무 및 커리어에 대한 관심사와 고민, 취업 준비를 중심으로 오픈채팅이 가능하다. 커리어챗에서는 직군별 오픈채팅만이 아닌 기업별 오픈채팅 커뮤니티도 제공하고 있다. 커리어챗은 실시간 오픈채팅이기에 기업들의 라이브 채용설명회, 온라인 직무 교육과 컨퍼런스, 현직에 있는 실무자 멘토링 등 다양한 프로그램과 연계가 가능하다.

하나투어도 2023년 8월 자체적으로 개발한 사용자 위치 기반 오픈채팅 서비스 '하나오픈챗' 앱을 선보였다. 기존 하나투어 앱이 아닌 별도

앱을 구축한 사례로, "전 세계 여행 경험은 하나오픈챗, 하나로 통해요"라는 핵심 메시지와 함께 여행 전문 오픈채팅 플랫폼으로의 도약을 목표로 하고 있다. 하나오픈챗은 크게 '일반 오픈채팅'과 '내 주변 오픈채팅'으로 구분되어 있다. 일반 오픈채팅에서는 여행 전 단계에서 여행 예정 국가와 도시를 설정해 채팅방에 참여하거나 만들어서 오픈채팅을 할 수 있으며, 내 주변 오픈채팅에서는 자신의 위치로부터의 반경을 옵션별로 설정할 수 있게 하였다. 따라서 내 주변 오픈채팅에서는 여행중 자신의 현 위치와 상황에 최적화된 정보를 주고받거나 커뮤니티 구성원끼리 동행을 구하는 오픈채팅이 가능하다.

자체 오픈채팅 커뮤니티를 구축한 사람인과 하나투어
(출처: 각 브랜드 홈페이지)

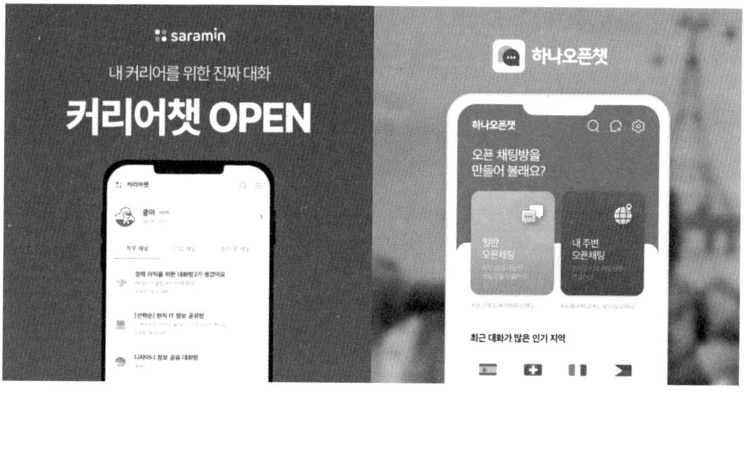

소셜미디어의 일상화로 인해 관심사와 취향으로 연결된 느슨한 연대가 익숙해진 시대다. 사람들에게 오픈채팅방은 단순히 모르는 사람들과 특정 관심사를 주제로 채팅하는 공간 이상의 의미를 지닌 곳이 되었다. 내가 원하는 주제로 대화할 수 있는 사람들과 연결되고 관계가 형성되는 커뮤니티의 세계가 된 것이다.

오픈채팅의 세계에서는 모든 관심사가 곧 하나하나의 커뮤니티가 될 수 있다. 사람들은 쉽고 빠르게 내가 원하는 커뮤니티를 찾거나 직접 만들 수 있고, 관심사를 공유하는 사람들과 실시간으로 대화할 수 있다는 점에서 오픈채팅에 매력을 느낀다. 오픈채팅 커뮤니티로 만들어진 집단지성을 통해 문제를 해결하고, 커뮤니티 구성원으로부터 공감과 위로를 받거나 서로의 유머와 위트를 공유하며 놀 수 있기 때문이다.

앞으로의 오픈채팅 커뮤니티는 인공지능 기술의 발전으로 더욱 진화할 것이다. 기본적인 수준의 챗봇이 아닌 보다 다양한 능력을 지닌 AI가 커뮤니티 구성원으로서 함께 어울리게 될 것으로 예상된다. 또한 카카오와 네이버와 같은 빅테크 기업만이 아닌 다양한 영역의 브랜드들이 자체적으로 만든 오픈채팅 플랫폼이 증가할 것으로 예상되기 때문에, 앞으로 소비자들은 보다 전문화되고 특색 있는 오픈채팅을 경험할 수 있을 것으로 기대된다.

“

오픈채팅방은 단순히 모르는 사람들과
특정 관심사를 주제로 **채팅하는 공간**
이상의 의미를 지닌 곳이 되었다.
내가 원하는 주제로 대화할 수 있는
사람들과 연결되고 관계가 형성되는
커뮤니티의 세계가 된 것이다.

”

제로는 못 참지:

뺄수록 더해진다

3

어릴 적 반찬 투정을 하다보면 늘 듣던 말이 있었다. "몸에 좋은 게 입에 쓰다." 그때마다 자연스럽게 '건강하면서 맛있을 수는 없는 걸까?' 하는 생각이 떠올랐다. 아마도 누구나 한 번쯤은 해본 질문일 것이다. 최근 '제로 트렌드'의 성공에는 이런 원초적인 니즈가 깔려 있다. 맛있는 걸 먹으면서도 건강을 챙긴다는 생각에서 시작된 제로 트렌드는 가치 소비에 이르기까지 그 범위를 확장중이다.

제로 트렌드는 이미 일상에서 강력한 입지를 확보하고 있다. 패스트푸드점부터 패밀리레스토랑, 심지어 인스타그램 맛집까지 이제는 제로 음료가 구비되어 있지 않은 곳을 찾기가 어려울 정도다. 종종 술자리에서 제로 슈거 소주와 일반 소주의 칼로리를 비교하거나 제로 알코올 맥주의 맛이 실제 맥주와 얼마나 유사한지 이야기를 나누기도 하며, 마트에서 새롭게 출시된 제로 슈거 젤리나 아이스크림을 보고 놀라기도 한다. 신상이라는 말에 저절로 손이 가게 되는 것은 덤이다.

건강한 삶의 즐거움을 추구하는 헬시 플레저★가 단지 일시적인 유행이 아닌 삶의 방식으로 자리잡으면서, 제로 트렌드는 단순히 컨셉이나 유행을 넘어서 독자적인 소비 트렌드로 자리매김하고 있다. MZ세대를 중심으로 '제로슈머★'와 같은 새로운 소비층이 형성되었으며, 이제는 '빼기'가 '더하기'보다 더 큰 가치를 지닌다고 여기기도 한다.

©Jan Böttinger, Unsplash

★

헬시 플레저(Healthy Pleasure) '건강(Health)'과 '기쁨(Pleasure)'의 합성어로, 건강과 쾌락을 함께 추구하는 지속가능한 건강의 개념을 나타냄

제로슈머(Zerosumer) '제로(Zero)'와 '소비자(Consumer)'의 합성어로, '평소 먹고 마시는 식음료도 설탕 0%나 0칼로리를 선호하는 소비층'을 가리키는 용어

코로나19와 함께 떠오른 제로 트렌드

제로 트렌드의 시작

사실 제로 제품의 출시는 2021년 훨씬 이전부터 시작되었지만, 시장의 선택을 받지 못하는 상황이었다. '코카콜라 제로'는 2006년에 출시되어 명맥을 유지해왔고, 펩시에서는 제로 칼로리 제품이 2007년부터 '펩시 MAX'나 '펩시 NEX' 등의 이름으로 출시됐다가 모두 단종되었다. '칠성사이다 제로' 또한 2011년 출시 후 2015년 생산을 중단하였다. 이 외에도 다양한 제로 칼로리 탄산음료들이 출시되었음에도 본래의 음료나 설탕의 맛을 충실히 재현하지 못했다는 이유로 소비자들로부터 외면받고 단종되거나 그 명맥만을 겨우 유지해온 것이 비교적 최근의 일이다.

하지만 놀랍게도 요즘 단종되었던 제로 상품들이 재출시되면서 소비자들의 환대를 받고 있다. '펩시 제로슈거 라임향'은 2021년 1분기 출시 이후 코카콜라 제로가 독점하던 제로 탄산 시장을 양분하면서 최고의 히트 상품으로 자리잡았다. 소비자들이 거부감을 느끼던 인공감미료 특유의 끝맛을 과일 향으로 대체하고 아이유와 아이브를 전속 모델로 앞세우면서, 부동의 1위였던 코카콜라 제로의 위치를 넘볼 만큼 큰 성공을 거둔 것이다. 칠성사이다 제로 또한 같은 시기에 맛을 바꾸어 재출시한 뒤 9개월 만에 누적 판매량 1억 캔을 돌파하는 대박을 터뜨렸고, 연이은 성공에 힘입어 '탐스 제로'나 '815콜라 제로'와 같이 제로 탄산이 아니었던 제품까지 제로로 재출시했다.

지난 10여 년간 트위터, 블로그, 커뮤니티 등에서 '제로'라는 키워드 언급량 추이를 살펴보면, 7년간 언급량이 50~60만 건으로 유지되다가 2020년 8월부터 최근 3년간 연평균 21% 이상 급성장한 것을 확인할 수 있다. 실질적으로 제로 트렌드가 표면으로 드러난 것이 2020년 하반기라는 뜻이다.

'제로' 키워드 언급량 추이 (출처: 이노션 인사이트전략본부)

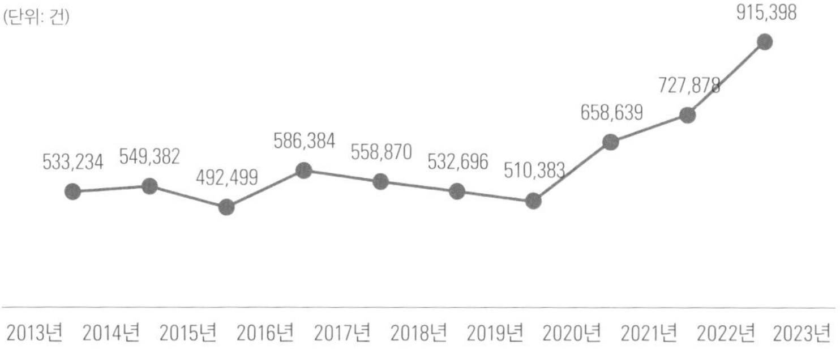

펩시 제로슈거 라임향 지하철 옥외광고 이미지 (출처: 펩시코리아 페이스북)

제로 트렌드가 부상한 이유

그렇다면 그 시기에 무슨 일이 있었기에 제로 탄산음료를 외면하던 소비자들의 마음이 돌아서기 시작한 것일까? 이 시기는 바로 온 국민이 코로나19라는 전 세계적 팬데믹에 서서히 적응하던 시점이었다. 2020년 3월 전국적인 거리두기 정책이 시행되면서 대다수의 국민이 유리된 형태의 삶을 경험하게 되었다. 외출이나 다른 사람과의 접촉을 피하면서 배달 음식 소비가 많이 늘고, 덩달아 탄산음료의 소비도 함께 늘어났다. 코로나19로 인해 건강에 대한 우려와 관심이 높아진 상태에서 평균적으로 높은 칼로리의 배달 음식을 계속해서 먹는 것은 소비자들에게 '찔리는' 일이었다. 이때 제로 탄산이 마음의 안정을 주는 장치로 작용한 것이다.

'0'이라는 숫자가 주는 힘은 강력하다. 아무리 더해도 합이 늘어나지 않는 이 마법의 숫자는 배달시키거나, 메뉴를 하나 더 추가할 때도 '음료는 제로 칼로리니까 괜찮다'는 위안을 주었다. 점심을 든든하게 먹은 날, 후식으로 '마지막 양심' 아메리카노를 챙겨 마음의 평안을 찾는 것과 같은 맥락이다. 제로 슈거, 제로 칼로리는 스스로에게 주는 면죄부로서 사람들이 탄산음료를 마시고 싶다는 욕구를 억제하던 길티 센스를 제거하는 역할을 하였으며, 자연스럽게 제로 제품 소비량이 급등하는 결과를 낳았다. 최근 코카콜라 제로의 "이 순간, 자유로운 짜릿함"이라는 캠페인 슬로건은 제로 슈거 제품을 통해 소비자가 느끼는 해방감을 구체적으로 묘사하고 있다.

또한, 기존의 '건강과 맛은 반비례한다'는 공식이 깨지면서 소비자들은 거리낌 없이 건강과 맛의 즐거움 둘 다 추구할 수 있게 되었다.

기존에는 건강을 지키기 위해서는 맛이 주는 즐거움을 포기하고 유혹을 견뎌내야만 한다는 인식이 강해, 지속적인 건강관리의 난도가 더 높아지는 것을 경험하였다. 그 결과, 건강과 맛을 동시에 추구하는 것이 손쉽게 스스로를 관리하고 현 상태를 유지하는 비결이라는 가치관이 성립하게 되었다.

영역을 확장하고 있는 제로 트렌드

제로 트렌드는 초기에는 탄산음료의 성분에 기반한 저칼로리 제품 선호 현상을 의미했지만, 점차 헬시 플레저에 기반한 식품산업의 패러다임 변화를 상징하는 개념으로 확장됐다. 이제는 '일상생활에서 불필요한 것들을 덜어낸다'는 가치 소비 트렌드의 상징으로도 사용되고 있다. 예를 들어, 설탕이나 칼로리를 줄인 제로 칼로리 탄산음료와 알코올을 제거한 무알코올 주류는 맛만이 아닌 소비자들의 건강과 웰빙에 대한 관심을 반영하고 있으며, 무라벨 제품은 불필요한 포장재를 최소화하거나 재활용 가능한 제품을 선호하는 소비자들의 요구에 부응하고자 하는 업계의 노력을 투영하고 있다고 할 수 있다.

제로 트렌드의 확산은 단순한 식음료 선택의 문제를 넘어 이제는 우리의 삶의 방식과 가치관에 영향을 미치고 있다. 소비자들은 자연스럽게 조금이라도 더 건강과 환경에 도움이 되는 제품을 선택하고 있으며, 이에 따라 기업을 포함한 시장마저 변화하고 있다.

제로 트렌드가 가져온 변화

이제는 제로가 자연스러운 식음료업계

제로 트렌드가 가장 큰 변화를 일으킨 카테고리는 명실상부 음료 시장이라 할 수 있다. 앞서 언급되었듯 탄산음료 시장 내 두 거대 브랜드인 코카콜라와 펩시 간에 다시 경쟁의 불이 붙은 것도 있지만, 그보다 돌파구를 찾던 탄산음료 시장에 날개를 달아주었다는 점이 뜻깊다. 시장조사기관 유로모니터에 따르면 2022년 전체 탄산음료 매출인 3조 8,160억 원 중 24.9%인 9,500억 원을 제로 탄산음료가 차지하였다고 한다. 2019년에는 제로 탄산음료의 매출액이 1,900억 원에 지나지 않았다고 하니, 3년 만에 매출이 5배나 성장한 것이다. 제로 트렌드라는 복덩이가 탄산음료 시장의 앞길을 터주고 있는 셈이다.

주류 시장에서는 이미 무알코올 맥주가 성행하는 가운데, 2022년 9월 제로 슈거를 앞세운 '처음처럼 새로'의 출시를 시작으로 '진로이즈백' 또한 제로 슈거로 리뉴얼 되는 등 본격적인 제로 트렌드에 불이 붙었다. '파워에이드 제로'나 '실론티 제로'와 같이 이온음료나 RTD 차 등 예상치 못했던 다양한 음료 제품들 또한 제로 슈거로 출시되고 있으며, 스타벅스나 메가커피 등의 대형 커피 프랜차이즈에서도 스테비아 등 대체당을 이용한 제품 및 옵션을 제공함으로써 더 건강한 커피를 마시고자 하는 소비자들의 니즈를 충족시키고 있다.

식품 시장에서도 제로 트렌드가 이어지고 있다. 롯데웰푸드는 무설탕 디저트 브랜드 '제로(ZERO)'를 통해 일반 제품에 비해 칼로리를 25~30%가량 저감한 젤리, 과자, 아이스크림 등의 다양한 제로 슈거 제품들을 출시했다. 그 밖에도 기름을 줄인 저지방 참치나 탄수화물을 배제한 두부면 등 건강을 생각한 무첨가물·저칼로리 제품들이 계속해서 출시되면서 우리 일상의 곳곳을 제로가 채워나가고 있다. 최근 열풍의 중심인 탕후루마저 '제로 탕후루'를 파는 업체가 일찌감치 생기다보니, '제로 치킨'은 언제 나오냐는 소비자들의 농담 섞인 볼멘소리마저 나오는 상황이다.

제로슈거 소주 열풍의 시작, 진로이즈백 제로
(출처: 진로 인스타그램)

롯데웰푸드에서 출시한 무설탕 디저트 브랜드, 제로
(출처: 롯데웰푸드 인스타그램)

달라진 제로 웨이스트 운동을 보여주는 라벨프리 제품

제로 트렌드는 제로 웨이스트 운동 또한 변화시켰다. 오늘날 소비자는 다양한 사회 문제에 민감하게 반응하며, 자신이 옳다고 생각하는 것을 지지하는 하나의 방법으로 소비를 활용한다. 2022년 4월 대한상공회의소가 발표한 설문 결과에 따르면, 응답자의 약 65%가 비싸더라도 ESG 실천 기업의 제품을 구매할 의사가 있다고 밝혔다고 한다. 여기에 ESG 경영 확산 기조가 얹히면서, 소비자의 가치 소비 성향에 맞추어 제품이나 캠페인을 내놓는 경우가 늘고 있다. 기존의 제로 웨이스트 운동이 소비자 중심으로 전개된 것과는 사뭇 다르다.

대표적으로 무라벨 제품을 예시로 들 수 있다. 무라벨 제품을 통해 기업의 친환경성도 강조하고 소비자 선호도 상승 또한 동시에 노릴 수 있기 때문에 기업들은 잇따라 관련 제품을 확대하고 있다. 롯데마트에 따르면 2022년 이미 생수 매출에서 무라벨 제품이 차지하는 비중이 절반을 넘어 62%에 달했으며, 이마트와 홈플러스도 무라벨 비중

롯데칠성음료의 무라벨 생수 판매량 추이
(출처: 롯데칠성음료)

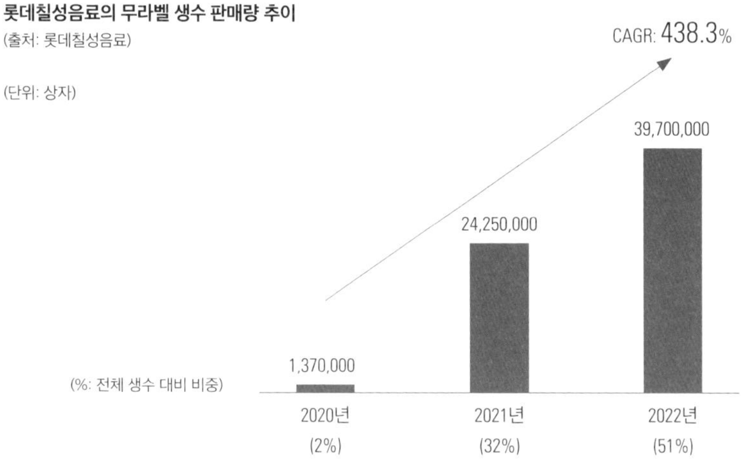

이 30%를 넘어섰다고 한다. 롯데칠성음료의 무라벨 생수인 '아이시스 8.0 ECO'는 출시 당시 첫 달 판매량이 4,000상자에 불과했지만, 바로 다음 달 10만 상자로 판매량이 급증하면서 첫해인 2020년에만 137만 상자가 판매됐다. 2년 후인 2022년에는 3,970만 상자가 판매되었다고 하니 그 상승세가 놀라울 정도다.

시장의 반응이 성공적인 만큼 기업들은 커피, 탄산 등 다양한 음료의 패키징에도 무라벨을 확장할 예정이다. 무라벨 생수, 음료 제품은 비닐 폐기물을 근본적으로 줄이는 동시에 폐페트병의 재활용률을 높이는 효과가 있다. 실제로 무라벨 제품으로 인한 플라스틱 사용량 저감 효과는 연간 수백 톤에 달할 것으로 추정된다.

화장품업계의 제로 트렌드, 클린 뷰티

제로 트렌드와 이름은 달라도 그 의미는 동일하게 적용되는 경우도 존재한다. 화장품업계의 '클린 뷰티(Clean Beauty)'가 대표적인 예시다. 클린 뷰티란 '신체에 해를 끼치거나 피부를 자극할 수 있는 합성 화학 성분을 사용하지 않고 만든 화장품'으로, 무독성이고 환경친화적이며 윤리적으로 공급되는 제품을 뜻한다. 미국에서 유행된 개념이 전 세계로 뻗어가면서 우리나라에도 안착하였는데, 건강에 유해한 특정 성분을 배제하고, 친환경 및 윤리적인 생산 과정을 존중한다는 점에서 제로 트렌드와 그 궤를 같이하며 최근 몇 년간 국내 뷰티업계를 관통한 메가 트렌드가 되고 있다.

국내에서는 올리브영에서 2020년부터 오프라인 매장에 따로 '클린뷰티 존'을 마련하여 해당 트렌드에 힘을 실어왔으며, 쿠팡에서도 최근 온라인 쇼핑몰 뷰티 카테고리에 클린·비건뷰티 탭을 신설하는 등 그 영향력이 적지 않다. 실제로 '올리브영 클린뷰티' 선정 브랜드인 '라운드랩'과 '토리든'은 2022년 매출이 2021년 대비 각각 2.6배, 3.3배가량 늘었으며, 2023년 5월에는 올리브영 클린뷰티 선정 브랜드의 누적 매출이 5,000억 원을 넘겼다는 성과 또한 발표되었다.

모바일 뷰티 플랫폼 '화해' 또한 클린 뷰티 덕분에 빠르게 성장한 케이스다. 뷰티 산업이 급성장하면서 각종 화장품이 홍수처럼 쏟아지는 동안, 브랜드의 좋고 나쁨을 평가할 수 있는 명확한 기준이 부족했다. 이때 뷰티 시장에 성분을 화장품을 평가하는 기준으로 제시한 화해가 등장하였다. 이제 성분은 좋은 화장품 브랜드를 가늠하는 지표로 자리매김하였고, 화해 역시 클린 뷰티의 구심점과 같은 역할로 도약할 수 있었다. 2023년 화해에서 선정한 '2023 화해 뷰티 트렌드' 세 가지 중 첫번째가 바로 'Aware Beauty(지속가능성, 의식 있는 소비)'로, 이는 클린 뷰티의 좀더 확장된 개념에 가까우며, 클린 뷰티가 여전히 유효한 트렌드임을 입증한다.

올리브영 클린뷰티에 대한 설명
(출처: 올리브영 홈페이지)

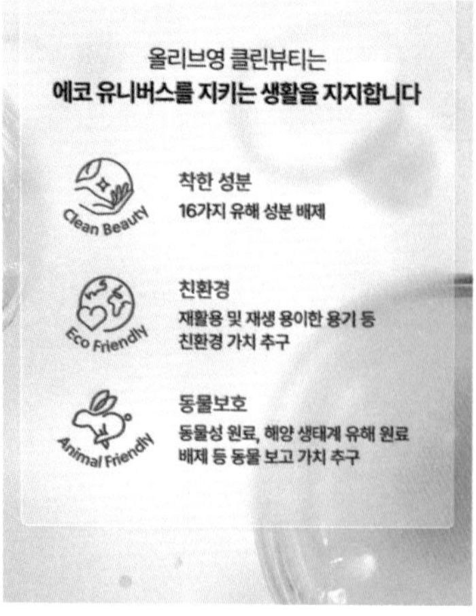

클린 뷰티 트렌드로 성장한 모바일 뷰티 플랫폼 화해
(출처: 화해 페이스북)

제로 트렌드에 대한 기업의 대응과 그 의미

MZ를 겨냥한 기업별 제로 트렌드 대응 사례

기업들이 이러한 거대한 조류를 놓칠 리 없다. 제품 출시 외에 캠페인이나 브랜딩에서도 제로 트렌드를 적극 반영함으로써 소비자들의 마음을 사로잡기 위해 다방면으로 노력중이다.

농심의 '웰치스 제로' 캠페인은 MZ세대를 제대로 저격했다. '영앤리치(0&Rich)'라는 소비자에게 익숙하고 쉬운 워딩으로 '칼로리는 0이면서 과일 맛은 풍부하다'는 제품의 핵심 소구 포인트를 명쾌하게 짚어주었을 뿐 아니라, 웰치스 특유의 진한 과즙과 제로로 가능해진 칼로리 관리를 통해 둘 다 놓칠 수 없는 MZ세대의 심리를 제대로 읽어냈다. 드라마 〈더 글로리〉의 라이징 스타 신예은이 뱉는 "뭘 고민해 다 가지면 되는데"나 "다른 건 다 참아도 신상은 못 참지"와 같은 TVC 속 멘트는 MZ세대 특유의 성향을 절묘하게 녹여내면서 웰치스 제로만의 상큼한 매력을 한껏 끌어올렸다.

MZ세대를 저격한 웰치스 제로 샤인머스캣 캠페인
(출처: 농심 인스타그램)

천연 유기농 화장품 브랜드인 '아로마티카'는 지속가능성에 대한 진정성을 중심으로 MZ세대의 가치 소비 성향을 자극한다. 제품의 재료가 순한 것은 물론이고, 화장품 용기 또한 100% 재생 플라스틱과 90% 재생 유리 용기를 사용하여 재활용을 용이하게 하였다. 신사동 가로수길에 위치한 하우스 오브 아로마티카는 외벽 벽돌부터 매장 가구, 카페 유리잔에 이르기까지 모든 인테리어를 재활용 소재를 활용하여 구현하였다. 또한 아로마티카 제로 스테이션에서는 아로마티카 제품 외 다양한 친환경 생활용품도 접할 수 있으며, '리필 스테이션', '무한 플라스틱 사이클 존', '티 카페' 등 친환경과 관련된 체험 활동이 가능하다. 방문자가 쇼핑, 카페, 친환경 체험 활동 등 여러 가지 활동을 한번에 소화할 수 있도록 하여 MZ세대의 적극적 참여를 유도하고 있다.

롯데백화점은 2023년 4월 지구의 날을 맞아 플로깅 캠페인을 진행하였다. 플로깅은 이삭 등을 줍는다는 뜻의 스웨덴어 '플로카 업(plocka upp)'과 달리기를 뜻하는 '조깅(Jogging)'의 합성어로 산책 또는 조깅을 하면서 쓰레기를 줍는 봉사활동을 뜻한다. 롯데백화점은 자체 ESG 프로그램인 '리얼스(RE:EARTH)' 캠페인의 일환으로, 2022년 여름에는 제주도, 강원도 양양 등의 해수욕장을 찾아 해안가에 버려진 쓰레기, 떠밀려 온 표류물 등을 정화하는 비치코밍(Beachcombing) 활동을 진행하였고, 가을에는 도심에서 시티 플로깅을 진행하여 총 2만 3,000리터가량의 쓰레기를 수거하였다. 플로깅 참여자의 85%가 MZ세대였을 만큼 젊은 층의 반응이 뜨거웠으며, 플로깅의 대중화를 선도하는 행사로서 의미 있는 성과를 거두었다. 2023년에는 '역사'를 테마로 경희궁 공원 일대에서 올해 첫 플로깅 행사를 진행하여 뜻깊은 행보를 이어나갔다.

지속가능성에 대한 진정성을 담은
아로마티카 제로 스테이션 (출처: 아로마티카 인스타그램)

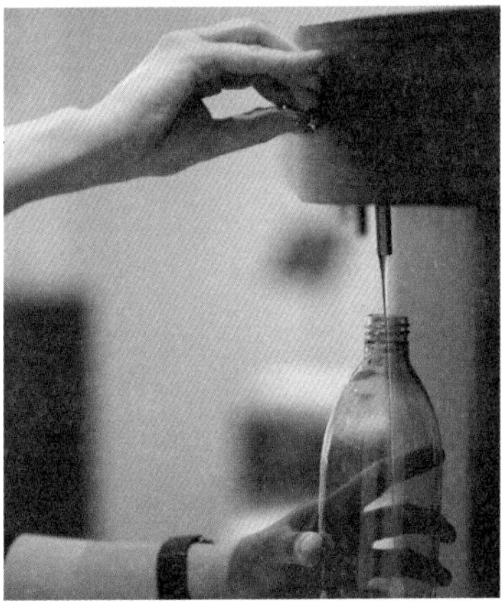

리필 스테이션의 실제 이용 모습
(출처: 아로마티카 페이스북)

2022년 리얼스 캠페인의 일환이었던 비치코밍
(출처: 롯데백화점 홈페이지)

제로 트렌드가 갖는 의미와 과제

술에서는 알코올, 커피에서는 카페인, 음식에서는 열량, 포장에서는 라벨이 빠지고 있다. 기존의 관점에서 생각한다면, '팥 빠진 붕어빵'이 저절로 떠오를 만한 상황이다. 하지만 붕어빵을 팥이 아니라 겨울 정취를 즐기기 위해 먹는다면, 붕어빵에 슈크림이나 누텔라가 들어가도 괜찮다. 식음료의 목적에 대한 규정이 시대의 변화에 따라 달라지면서 소비자가 식음료를 섭취하는 목적이 변하고, 그에 따라 배제할 수 있는 요소 또한 변화하였다고 해석할 수 있다.

모임에서의 대화, 즐거운 분위기, 좋아하는 맛, 먹는다는 느낌 그 자체를 새로운 식음료의 목적으로 받아들이게 되면 다음 날의 숙취가 부담되지 않는 술, 많이 마셔도 쉽게 잠들지 못할까 걱정할 필요가 없는 커피, 일상에서 환경보호를 실천하는 패키징으로서 제로는 소비자에게 가치를 더해주는 근거가 된다. 겉으로는 제로가 설탕, 알코올, 카페인과 같은 물성적 요소의 배제를 의미하지만, 실질적으로 제로라는 단어가 빼는 것은 소비자의 마음속 불편함이다. 얼핏 봐서는 달라 보이는 제로 식음료와 가치 소비가 하나로 묶일 수 있는 것은 그런 속사정이 있기 때문이다.

따라서 우리가 앞으로 주목해야 할 것은 일상 속 머뭇거림이나 고민이다. 그 속에서 나타나는 불편함의 정체에 대해 명확히 규명할 수 있다면, 넥스트 제로 트렌드의 실마리까지도 찾아낼지 모를 일이다.

무알코올 맥주는 미국의 금주법으로 처음 생겼고, 제로 웨이스트 운동은 21세기 이전부터 시작되었으며, 앞서 언급되었듯 국내 첫 제로 탄산음료인 코카콜라 제로는 2006년에 출시되었다. 서로 다른 시기에 나왔던 다양한 제품과 사회적 운동이 팬데믹을 통해 제로 트렌드라는 하나의 흐름을 낳았고, 이러한 트렌드는 우리 일상을 조금씩 바꿔가고 있다.

제로 트렌드는 좋은 제품이나 아이디어도 대중의 니즈와 만날 때 그 가치를 인정받을 수 있다는 사실을 시사할 뿐 아니라, 소비자의 니즈를 온전히 이해할 때 제품에 무언가를 더하는 것이 아닌 빼는 방식으로도 새로운 가치를 제공하고 새로운 시장을 형성할 수 있다는 점에서 주목할 가치가 있다.

제로 칼로리를 통해 건강과 즐거움 중 어느 하나 포기하지 않듯 한 번에 여러 가지 욕구를 동시에 추구하고, 스스로 옳다고 믿는 바를 위해서는 더 많은 비용을 지불할 용의가 있다고 말하는 오늘의 소비자들. 넥스트 제로 트렌드를 주도하기 위해서는, 그들의 소비 방식을 오롯이 이해하고 그들이 말하지 않는 불편함을 발견하기 위해 고민해야 한다.

갓생 충전소:

지속가능한 갓생을 위하여

4

시대적 상황에 따라 우리 삶의 이정표가 되어주는 다양한 가치관과 그것을 대변하는 라이프스타일 키워드가 등장했다가 사라지는 일이 반복되고 있다. 아마도 최근 10년 동안 우리 곁을 지나간 라이프스타일 키워드 몇 가지가 방금 머릿속을 스쳐 지나갔을 것이다.

『친절한 트렌드 뒷담화 2023』의 「나의 갓생일지」에서는 단순한 자기 계발을 넘어 스스로를 아끼고 챙기는 '자기 돌봄'을 위해 성실한 생활 습관을 실천하는 '갓생'에 대해 살펴보았다. 코로나19가 시작되며 MZ세대를 중심으로 매일 스스로 세운 계획을 실천하는, 생산적이고 성실한 생활을 추구하는 갓생 열풍은 굉장했으며, 갓생을 인증하는 콘텐츠와 관련된 마케팅 사례들을 주위에서 쉽게 찾아볼 수 있었다.

이제 본격적인 엔데믹 시대를 맞이하여, 갓생을 사는 동시에 휴식을 통해 본인 내면의 행복에 집중하는 삶을 살고자 하는 새로운 트렌드가 포착되고 있다. 장기간 이어진 코로나19로 겪은 일상의 무력감, 온·오프라인을 넘나들며 계속되는 비교와 경쟁에서 오는 스트레스 등이 쌓여 번아웃을 호소하는 사람들이 늘어났기 때문이다. 갓생을 수행하느라 정작 본인의 마음을 챙기는 일은 뒤로 미뤄두었던 MZ세대는 이제 그들만의 방식으로 스스로를 재충전하는 일에도 관심을 기울이기 시작했다.

©Sincerely Media, Unsplash

Post-갓생, 휴식에서 답을 찾다

욜로에서 갓생까지

2010년대 중후반, '욜로(YOLO, You Only Live Once)'라는 키워드가 등장하여 전 세계적으로 유행했다. '한 번뿐인 인생, 하고 싶은 대로 살자'라는 의미를 좇아, 많은 이들이 다니던 직장이나 학업을 중단하고 장기 여행을 떠났다. 욜로에 이어, 자기만족과 과시의 수단으로 '플렉스(Flex)'를 즐기는 사람들이 늘어나기도 했다. 힙합 문화에서 온 플렉스는 자신의 성공이나 부를 뽐낸다는 의미다. 2020년대 초반만 해도 본인의 수입이나 재정 상태보다 과분하게 비싼 명품 가방이나 차를 사면서도, "플렉스해버렸지 뭐야"를 외치며 별일 아니라는 듯 으쓱거리는 것이 쿨하게 받아들여졌다.

언제까지 욜로를 외칠 줄 알았지만, 코로나19와 함께 찾아온 저성장, 고물가 시대는 '욜로 하다가 골로 간다'는 마냥 웃을 수 없는 교훈을 남기고 욜로족을 점점 사라지게 했다. 과거 욜로족으로 살던 사람들이 만든, 본인의 선택을 뒤늦게 후회한다는 내용의 영상들이 유튜브와 SNS에 올라오기 시작했다. 자기만족이라는 명분하에 죄책감 없이 즐기던 플렉스도 더이상 선망의 대상이 아니다. 코로나19로 인한 불안한 국제 정세는 자산 시장의 양극화와 고용 불안정을 야기했고, 많은 이들이 위기에 대응하기 위한 자기 계발에 관심을 쏟기 시작하며 갓생이 새로운 키워드로 떠올랐다.

욜로족으로 살던 것을 후회하는 영상
(출처: 박괜찮 유튜브)

『친절한 트렌드 뒷담화 2023』의 「나의 갓생일지」에서 다룬 바와 같이, 갓생은 신을 뜻하는 'God'과 인생을 뜻하는 '생(生)'의 합성어로, 매일 스스로 세운 계획을 실천하는 생산적이고 성실한 생활을 통해 타인에게 모범이 되는 삶을 의미한다. 언제 직장을 잃을지 모른다는 불안감과 우울함을 극복하고 또다른 위기가 와도 살아남을 수 있는 생존력을 키워야 한다는 생각을 바탕으로, 자기 계발에 시간과 노력을 쏟는 사람들이 늘어나며 욜로와 플렉스의 자리를 갓생이 대체하기 시작했다.

이노션 인사이트전략본부의 키워드 언급량 분석 결과에 따르면, 갓생은 2019년 후반부터 본격적으로 언급되기 시작하여 2020년 이후 대중적으로 사용되었다. 2020년 2분기 코로나19로 인한 사회적 거리두기가 시작된 시점부터 언급량이 급속도로 늘어나기 시작했고, 2020년 3분기부터는 욜로와 플렉스의 언급량을 초월했다. 코로나19로 이전에는 겪어보지 못한 제약적인 일상생활을 견뎌내기 위한 수단으로 갓생이 메가 트렌드로 자리잡은 것은 키워드 언급량 분석 결과에서도 확인할 수 있다. 갓생은 신년이나 개학 시즌에 맞춰 언급량이 더 늘어나는 추세를 보이며 장기적으로 높은 언급량을 유지하였지만, 2022년 2분기 사회적 거리두기 해제에 이은 2023년 2분기 엔데믹 선언 시점과 맞물려 언급량이 줄어들기 시작하였다.

'욜로', '플렉스', '갓생'의 언급량 추이 (출처: 이노션 인사이트전략본부)

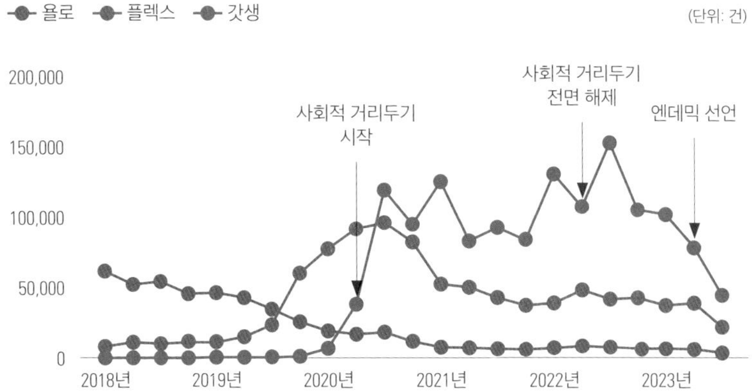

갓생 대신 휴식

MZ세대는 태어나면서부터 치열한 경쟁에 익숙한 세대다. 교육 수준의 상향 평준화로 단군 이래 최고의 스펙을 가졌음에도, 저성장 시대의 경제 불황에 직면하여 학점 관리, 공인 인증 영어 점수나 자격증 취득은 기본이고, 대외 활동이나 수상 이력까지 요구하는 사회에서 살아남기 위해 하루하루 치열하게 살고 있다. 기성세대가 아날로그 세상의 '엄친아', '엄친딸'과 비교를 당했다면, MZ세대는 디지털 세상에서 수많은 타인과의 자기 비교에서 오는 열등감이나 패배감을 안고 산다. 장기간 이어진 팬데믹 기간에는 제약적인 일상에서 오는 무력감을 떨치기 위해 많은 MZ세대가 갓생을 외치며 하루하루를 생산적이고 알차게 보냈고, 거기서 오는 작은 성취감을 통해 일상의 활력을 얻었다.

하지만 자기 계발과 삶의 만족을 위해 수행하던 갓생이 균형을 잃고 강박관념이 되거나 생산성에만 치우쳐 '오늘도 갓생 사느라 힘들었다'는 고충을 토로하는 사람들이 생겨났다. 사회적인 갓생 열풍 속에, 남들에게 뒤지지 않고 대세를 따르고 있다는 동질감을 얻고자 하는 군중심리에서 비롯된 비자발적 갓생러들이 탄생하기도 했다. 갓생이 추구하는 원래의 목적이 변질되어 갓생마저 경쟁이 된 부작용이 발생한 것이다. 결국 현실 세계의 치열한 경쟁 상황, 소셜미디어로 연결된 타인의 전시된 행복과의 비교에서 오는 열패감, 팬데믹으로 인한 무력감, 무리한 갓생에서 오는 피로감 등이 켜켜이 쌓여 MZ세대에게 번아웃 증후군이 생겨나고 있다.

2022년 〈동아일보〉가 20~60대 남녀 1,542명을 대상으로 설문조사를 진행한 결과, 응답자의 34.7%가 '번아웃 증후군을 경험한 적이 있다'고 응답했다. 특히 MZ세대에 해당하는 20~30대 응답자의 절반에 가까운 43.9%가 번아웃 경험이 있다고 응답하여, 다른 세대보다 번아웃 증상이 심각한 것으로 나타났다. 번아웃 증후군 극복을 위해 가장 필요한 것으로는 휴가·휴식(51.5%), 적성에 맞는 일 찾기(30.5%), 상담 기회(25.7%) 순으로 응답한 것으로 나타나, 휴식을 통한 재충전이 지친 일상에서 회복탄력성을 기르는 데 가장 큰 도움이 된다는 인식을 확인할 수 있었다.

최근 틱톡에서 화제가 되고 있는 '베드 로팅(Bed rotting)' 트렌드에서도 휴식을 중요하게 생각하는 MZ세대의 모습을 볼 수 있다. 베드 로팅은 우리말로 번역하면 '침대에서 썩어가기'로, 침대에 누워 아무것도 하지 않는 상태, 바쁜 일상에서 벗어나 '칩콕'하며 재충전 시간을 갖는다는 뜻으로 사용되고 있다. 주로 대학생이나 젊은 직장인들이 과제나 업무를 미루고 침대에서 하루 종일 휴식을 취하는 영상을 틱톡에 공유하면서 빠르게 번지고 있다. 꿈을 이루기 위해 바쁘게 열심히 살아가는 것을 가장 가치 있게 여기던 기성세대와 달리, 치열한 일상과 스트레스에서 벗어나 충분한 휴식을 취하고 싶어하는 MZ세대의 가치관이 반영된 유행으로 보인다.

틱톡을 중심으로 새로운 트렌드가 된 베드 로팅
(출처: 틱톡 홈페이지)

기성세대와는 달리 MZ세대에게 평생 직장과 사회 주류라는 개념은 거의 사라졌다. 본인의 커리어를 위해 이직을 하는 것도, 필요하다면 장기적인 휴식기를 가지는 것도 다양한 라이프스타일을 인정하는 MZ세대에게는 자연스러운 일이다. 번아웃을 피하기 위해 자발적으로 갭이어*나 갭먼스를 가지면서 본인의 일이나 삶에 대한 가치관을 들여다보고, 진짜 원하는 일을 찾아 삶의 방향성을 재정비하고자 하는 청년들도 늘어나고 있다. 이를 지원하기 위한 갭이어 프로그램들이 하나둘 등장하고 있는 것을 보면 휴식에 대한 사회적 인식도 바뀌고 있는 것으로 보인다. 바쁘게 열심히 살면서도 잘 놀고 잘 쉬는 일상의 균형을 통해 자신을 돌보고 나다움을 유지하려는 MZ세대에게서 Post-갓생이 추구하는 핵심 가치가 휴식이 될 것임은 분명해 보인다.

★

갭이어(Gap year) 학업이나 업무를 잠시 중단하고 자신이 하고 싶은 일을 하면서 흥미와 적성을 찾고, 앞으로의 진로를 설정하는 기간

MZ세대의 휴식을 채우는 Old & New

고전의 재해석, MZ세대의 트렌디한 휴식 문화가 되다

레트로 열풍이 MZ세대의 휴식 트렌드에도 찾아왔다. 정적인 문화 체험으로 여겨지던 템플스테이나 트렌디한 방식으로 재해석된 다도가 새로운 휴식 문화로 자리잡은 것이다.

템플스테이는 사찰을 일반인들에게 개방하여 불교문화 체험 기회를 제공하는 프로그램이다. 몇 년 전만 해도 불교 신자나 나이가 지긋한 어르신들이 주로 참여하였다. 하지만 코로나19를 기점으로 템플스테이 참가 양상이 달라졌고, MZ세대를 중심으로 인기가 늘어나는 추세다. 템플스테이는 크게 체험형과 휴식형 두 가지 타입으로 나누어져 있다. 체험형 템플스테이는 발우공양, 108배, 문화 유적 탐방 등 다양한 불교문화 체험 콘텐츠를 제공하며, 사전에 짜인 일정에 따라 모든 체험이 진행된다. 체험 몰입을 위해 체험자들의 휴대폰을 압수하는 등 다소 엄격하게 운영된다. 반면, 휴식형은 체험자들이 사찰 안내 및 사찰 예절 교육, 최소한의 공양이나 예불 등만 체험하고, 사찰의 고요한 분위기 속에서 혼자만의 시간을 보내며 휴식하는 것에 초점이 맞춰져 있다. 불교문화사업단에 따르면, 코로나19 이전인 2019년 템플스테이

전체 참가자의 37% 정도만 휴식형 템플스테이에 참가했으나 2022년에는 63%로 비중이 늘어났다고 한다. 이러한 결과를 볼 때, 이제 템플스테이의 대세가 체험형에서 휴식형으로 전환되었다고 할 수 있다.

템플스테이 유형별 이용률 (출처: 한국불교문화사업단)

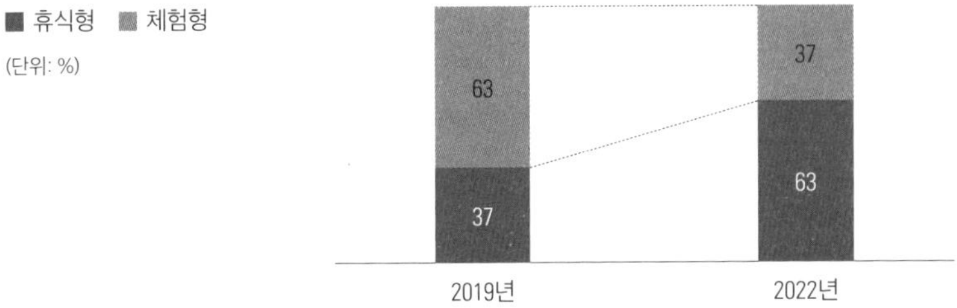

또한 체험 참가자의 연령 측면에서는 2019년 32%였던 20~30대 참가자 비율이 2022년 40%로 증가하여, 템플스테이에 대한 MZ세대의 관심이 늘어난 것을 확인할 수 있다. 고민과 경쟁에 치여 사는 MZ세대에게 템플스테이가 치유와 위로의 아이콘이라는 인식이 높아진 것이다. MZ세대의 특성을 고려해 템플스테이가 변화하고 있는 것도 MZ세대의 관심을 끄는 이유 중 하나로 보인다. 사찰 버스킹, 캠프파이어, 스님과 함께하는 사찰 음식 만들기 등 이색적인 체험을 제공하고, 새로운 경험을 SNS에 공유할 수 있다는 점에서 템플스테이는 MZ세대의 힐링 놀이로 각광을 받고 있다. 템플스테이에 대한 MZ세대의 관심이 증가한 것은 블로그나 유튜브의 템플스테이 관련 후기나 브이로그에서도 쉽게 찾아볼 수 있다.

템플스테이 체험 인증 브이로그 (출처: 유튜브)

최근 MZ세대에게 새롭게 주목받고 있는 티 살롱은 다양한 차를 코스로 즐기는 티 오마카세다. 20~30대를 중심으로 확산된 오마카세의 유행이 전통적인 다도 문화와 결합되어 티 오마카세로 재탄생한 것이다. 티 오마카세는 여러 종류의 차뿐 아니라 각 차와 궁합이 잘 맞는 디저트류를 함께 제공하며 차 마시는 경험이 낯선 MZ세대에게 쉽게 다가갔다. 개인의 기분과 취향에 맞는 차를 추천받거나 다도 프로그램을 체험하며 새로운 경험과 힐링을 동시에 누릴 수 있기에, 이러한 차 체험 역시 MZ세대의 새로운 휴식 문화로 떠오르고 있다. 북촌 한옥마을뿐 아니라 핫플의 성지인 성수동, 연남동, 해방촌 등에도 티 오마카세와 다도 체험을 즐길 수 있는 티 살롱이 늘어나고 있어, MZ세대 사이에서 힙한 휴식 문화로 자리매김한 것으로 보인다.

새롭고 차별화된 휴식 경험을 제공하는 경험 큐레이션 플랫폼

요즘 MZ세대의 일상은 플랫폼을 중심으로 돌아간다고 해도 과언이 아니다. 여행, 숙소, 음식점 예약 등은 기본이고, 최근에는 다양한 경험 큐레이션 플랫폼들이 의미 있는 휴식 시간을 보내고 싶어하는 MZ세대에게 관심을 받고 있다.

국내 최대 규모의 호스트 기반 취미 여가 플랫폼 '프립'은 최근 경험 큐레이션 서비스 '시퀀스(SEQUENCE)'를 론칭했다. 2022년 말 기준 프립의 누적 회원 수는 140만 명에 달하고, 회원의 95%가 20~30대인 만큼, 차별화를 원하는 MZ세대의 소비 특성을 반영해 본 서비스가 기획되었다. 각 분야별 전문가들이 엄선한 경험 상품의 '미쉐린 가이드'를 지향하며, 1차 라인업으로 한국 전통 티 오마카세, 250여 개의 향수 시향 클래스, 세계 최대 규모의 개인 LP 감상실 등 총 11개의 상품을 출시했다. '좋은 공간이 주는 힐링 체험'이라는 호평을 받으며 일부 상품은 매진을 기록하였다.

'블림프(Blimp)'는 소형 비행선이라는 뜻으로, 일상에 지친 현대인들이 블림프에 올라 복잡한 세상에서 잠시 떨어져 휴식과 사색을 즐길 수 있는 시간을 제공하는 것을 모토로 만들어진 큐레이션 서비스다. 일상에서 잠시 벗어나 자신만의 쉼을 누리는 것이 좋은 여행이라 여기며, 사람들이 이런 여행을 할 수 있도록 돕는 문화, 예술, 공간, 사운드 관련 콘텐츠를 제공하고 있다. 블림프는 크게 두 종류의 서비스를 제공한다. 첫번째는, 일상에서 벗어나 몸과 마음, 정신까지 회복할 수 있도록 쉴 수 있는 공간을 소개하는 장소 큐레이션 서비스다. 깊은 자연, 아늑한 스테이, 영감 가득한 뮤지엄, 도심의 숨겨진 카페와 같이 휴식을 위한 다양한 장소를 소개하고 이용할 수 있는 서비스를 제공한다. 두번째는 당장 떠날 수 없는 사람들의 휴식을 위한 사운드 큐레이션 서비스다. '홋카이도에 펼쳐진 설국', '아프리카 세렝게티 초원의 밤', '24시간 돌아가는 초대형 데이터센터' 등 스토리가 있는 공간의 소리와 휴식을 돕는 다양한 오디오 콘텐츠를 통해, 잠시 현실과 떨어져 편안한 휴식을 즐길 수 있는 청각적 힐링을 제공하고 있다.

이러한 경험 큐레이션 플랫폼이 인기를 얻는 이유는 무엇일까? 대중적 취향보다는 개개인의 취향에 맞춘 특별한 경험에 더 큰 가치를 부여하고, 휴식 시간마저도 의미 있게 보내고 싶어하는 MZ세대의 니즈에 부합하기 때문이다. 또한 일상의 경험을 온라인상에 기록하고 타인과 공유하는 것을 즐기는 MZ세대에게 이와 같은 인스타그래머블한 경험은 매력적으로 느껴질 수밖에 없다. 휴식 시간을 채워줄 엄선된 경험 리스트를 제시하고 마음에 드는 콘텐츠는 바로 이용할 수 있도록 예약 서비스를 제공해주는 것도, 효율성을 추구하는 MZ세대의 관심을 높이는 데 기여한 것으로 보인다.

스토리가 있는 여가활동, 프립의 시퀀스
(출처: 프립)

세상의 모든 안식처로 안내하는 블림프 (출처: 블림프)

브랜드가 제공하는 휴식 경험

최근 브랜드 아이덴티티에 맞는 휴식 경험을 제공하며 MZ세대에게 다가가는 브랜드가 늘어나고 있다.

삼진제약은 2023년 5월 '뷰티풀 민트 라이프 2023'과 8월 '펜타포트락페스티벌'에서 브랜드 체험관 '게보린 휴게소'를 열었다. 장시간 진행되는 뮤직 페스티벌의 특성상 피로를 느낄 수 있는 관객들에게 '축제 속 쉼'이라는 주제 아래 다양한 이벤트와 체험존을 제공한 것이다. 특히, '빈백 Zone'은 게보린의 다양한 상품 라인업의 각 제형을 빈백으로 형상화해 만든 1인 착석 공간으로 관객들의 가장 큰 호응을 얻었다. 또한 부스를 찾은 관객들이 SNS에 올린 다양한 인증샷을 통해 홍보 효과를 거둘 수 있었다.

유한킴벌리는 휴식도 필요하고 놀고도 싶은 청년들을 위해 세상에서 가장 조용한 페스티벌, '숲속 꿀잠대회'를 기획했다. 2022년 참가자 30명 모집에 약 6,600명의 지원자가 몰릴 정도로 큰 화제가 되었으며, 2023년에는 참가자 규모를 100명으로 확대하여, 대학생과 청년을 대상으로 참가 신청을 받았다. MZ세대의 관심을 끌기 위해 피톤치드가 가득한 서울숲에서 조용한 휴식을 취하는 동시에 페스티벌을 즐길 수 있도록 미니콘서트와 다양한 이벤트도 함께 열었다. 빡빡한 일상에서 번아웃과 스트레스에 시달리는 청년들에게 숲속에서 꿀잠을 잘 수 있는 독특한 힐링의 시간을 제공함과 동시에, 브랜드의 비전에 맞게 숲의 중요성도 함께 알리는 행사로 평가받고 있다.

액티브웨어 브랜드 젝시믹스는 서울웨이브 아트센터에서 '선셋 요가 클래스'를 개최했다. '아름다운 한강 석양을 바라보며 몸의 흐름을 찾고 호흡한다'는 주제로 열린 이 행사는 사전 신청으로 모집한 100명의 고객을 대상으로 진행되었다. 기존에 플래그십 스토어에서 진행했던 소규모 오픈클래스가 고객들의 많은 관심과 성원을 받은 것에서 착안하여, 좀더 많은 고객과 함께할 수 있는 대규모 클래스를 추진한 것이다. 음악과 함께 긴장을 해소하는 비트 스트레칭, 요가, 싱잉볼 명상 순서로 프로그램이 구성되었는데, 노을이 어우러진 멋진 한강뷰를 배경으로 한 체험으로 호평을 받았다.

펜타포트락페스티벌 기간 중 운영된 게보린 휴게소
(출처: 삼진제약)

한강의 노을을 보며 요가중인 선셋 요가 클래스 참가자들
(출처: 브랜드엑스코퍼레이션 홈페이지)

숲속에서 숙면중인 숲속 꿀잠대회 참가자 모습
(출처: 유한킴벌리)

최근 해외에서는 번아웃을 호소하는 MZ세대를 중심으로, 퇴사한 후에도 새로운 일자리를 찾지 않고 아예 일하지 않는 '안티 워크(Anti-work)'나 '조용한 퇴직(Quiet quitting)'이 사회적 문제로 대두되고 있다. 국내에서도 2023년 통계청의 '경제활동인구조사' 결과에 따르면, 일하지 않고 쉬는 20~30대가 66만 명에 육박한다고 한다. 경제 불황으로 인한 취업 시장의 위축과 번아웃을 겪은 MZ세대의 증가로 인해 그냥 '쉬는 청년'의 규모가 점점 늘어나고 있는 것이다. 우리 곁을 지나간 욜로도 플렉스도, 현재 진행중인 갓생도 모두 개인의 행복을 위한 몸부림이었고, 시대 상황에 따라 그 방향성이 수정에 수정을 거듭하고 있다. 최근 휴식에 대한 관심이 높아진 것도, 결국 지속가능한 갓생을 위한 MZ세대의 새로운 몸부림이라 할 수 있다. 바쁜 일상과 경쟁 상황으로 지친 몸과 마음을 외면하다가 번아웃으로 인해 영구 정지 상태가 되지 않기 위해, 일상에서 적극적으로 휴식을 취하여 회복탄력성을 유지하려는 것이 갓생을 지속가능케 하려는 MZ세대의 노력 중 하나일지도 모른다. 이들을 응원하는 휴식과 관련된 다양한 서비스와 콘텐츠가 향후 몇 년간 마케팅 시장의 핵심이 될 것으로 전망된다.

"

일상에서 적극적으로 휴식을 취하여

회복탄력성을 유지하려는 것이

갓생을 지속가능케 하려는

MZ세대의 노력 중 하나일지도 모른다.

"

Part 3 세상

비즈니스 현장의 마케팅 전문가들이 주목한
라이프스타일 인사이트

언프리티 인스타:

있는 그대로의 나

1

2023년 7월, 메타(Meta)에서 트위터 대항마로 출시한 '스레드(Threads)'는 출시 후 최단 시간에 가입자 1억 명을 달성하며 시작부터 화제가 되었다. 〈파이낸셜 타임즈〉의 한 테크 전문가는 스레드의 인기 이유에 대해 깨끗했던 초기 트위터에 대한 향수가 깔려 있다고 설명했다. 한때 전 세계 사람들과 생각을 공유할 수 있는 SNS였던 트위터는 허위 정보, 혐오 표현과 같은 자극적이고 선동적인 글들에 점령당하며 점점 초기의 매력을 잃었다. 다시 새롭게 시작할 수 있다는 기대감 속에 사람들은 스레드에 가입했다.

소셜미디어가 처음 등장했던 시대에 대한 향수는 트위터에 한정된 것이 아니다. 인스타그램의 원래 모습을 그리워한 사람들이 '인스타그램을 다시 인스타그램답게(Make Instagram Instagram Again)'라는 게시글을 동시에 올리며 항의하기도 했다. 이목을 끌기 위한 자극적인 콘텐츠, 제품 홍보로 상업화된 게시글, 최고의 모습을 보여주기 위해 보정된 사진들이 점점 피드를 도배하며 사람들은 피로감을 느끼기 시작했다. 이에 대항하여 디지털 네이티브인 Z세대는 새롭고 재미있는 소셜미디어 사용 양상을 보이고 있다. 개인의 정체성을 숨김없고 자유롭게 표현하고자 하는 이들의 행보는 미래 SNS의 지형이 어떨지 엿볼 수 있게 한다.

©Vanessa Garcia, Pexels

본질 잃은 SNS를 회복시키고 개선하는 Z세대

소셜 기능이 약해진 소셜미디어

페이스북이 처음 출시된 2004년 당시, 소셜미디어는 사람 간 친목을 지원하는 것이 주 기능이었다. 소위 '흑역사'가 될지도 모르는 사진이라도 눈치 보지 않으며 자유롭게 올렸다. 19년이 지난 지금, 소셜미디어 플랫폼은 '소셜' 기능을 넘어서 무한한 콘텐츠의 장이 되었다. 재미있는 콘텐츠의 집합소이며, 최신 뉴스를 가장 빠르게 접할 수 있는 채널이고, 수많은 브랜드의 광고판 역할을 수행중이다. 이렇게 변화된 소셜미디어 플랫폼에서 소비자들은 정보 탐색, 일상 공유, 쇼핑 등 폭넓은 활동을 즐기고 있다.

이처럼 소셜미디어가 무한한 콘텐츠의 장으로 변신할 수 있었던 이유 중 하나는 소셜미디어가 수익을 창출할 수 있는 기회의 공간으로 변했기 때문이다. 초기에 주력했던 SNS에서의 친한 사람 간 네트워킹은 오히려 부수적인 역할이 되었다. 이제 소셜미디어 기업들은 브랜드 및 인플루언서와 소비자를 연결하는 데 더 큰 초점을 맞추기 시작하였고, 그 결과 소비자의 이목을 끄는 홍보 목적의 상업적 콘텐츠가 피드를 점령하게 됐다. 이제 알고리즘의 정교화로 인스타그램의 '피드', 틱톡의 '포 유(For You)'에는 사람들의 개인 취향이 반영된 맞춤형 광고 콘텐츠가 일반 콘텐츠와 명확한 경계 없이 보여지고 있으며, 이로써 소비자는 자연스럽게 광고에 노출된다. SNS 피드 속 광고는 소비자의 SNS 사용을 방해하지 않고 자연스럽게 콘텐츠와 융화되기 때문에 효과적이다. 영국의 시장조사업체 GWI의 「글로벌 미디어 랜드스케이프 2023」에 따르면, MZ세대 틱톡 사용자의 약 46%가 2~3주에 한 번씩 온라인에서 충동구매를 한다고 조사되었으며, 틱톡의 광고가 점점 더 개인화되면서 이 수치는 점차 증가할 것이라고 예측했다.

상업화된 SNS의 위력을 보여주듯, 2023년 초 경제적 불황이 대두되면서 가장 빠르게 변화가 보인 곳이 SNS였다. 고물가와 경제난의 영향으로 SNS 계정 또는 게시물을 정리하거나 사용 빈도를 줄이는 '온라인 미니멀리즘' 현상이 젊은 층 사이에 확산되고 있다. 알고리즘이 제안하는 무한한 광고 콘텐츠로부터의 노출을 피해 불필요한 소비를 줄이고자 하는 것이다. 또한 경제 상황 악화에 따라 콘텐츠를 소비하고 제작하는 모든 측면에서 소비가 동반되는 것을 사람들이 더욱 크게 체감하게 된 것도 원인이라 할 수 있다. SNS에 '있어빌리티*' 있는 콘텐츠를 올려야 한다는 압박을 받으며 흥미진진한 일상을 업로드하기 위해 사람들의 지출이 늘어나면서, 어느 순간 자신의 SNS에 올라갈 콘텐츠를 제작하는 데 소요되는 지출에 허망함을 느끼게 된 것이다. 경제 불황 속 이러한 '보여주기'를 위한 지출보다는 건실한 생활에 대한 니즈가 떠오르고 있다.

★

있어빌리티 '있어 보인다'와 능력을 뜻하는 영단어 '어빌리티(Ability)'를 결합한 신조어. '있어 보이게', '그럴듯하게' 사진 또는 영상을 포장하는 능력을 표현하는 말

진정성을 찾아 소셜미디어 지형을 바꾸는 Z세대

광고성 콘텐츠의 성행으로 소셜미디어는 포토샵과 필터로 조작되고 전문가가 찍은 듯한 정돈된 콘텐츠로 채워졌다. '예쁜' 사진의 향연에 사람들은 점차 SNS에는 완벽한 모습만을 보여줘야 한다는 압박감을 느끼기 시작했고, 인플루언서처럼 '좋아요'를 받을 수 있는 멋진 사진을 올려야 한다는 암묵적인 분위기가 형성되었다. 인스타그램은 사진 공유 앱보다는 일상에서 '화보처럼 완벽한' 하이라이트 신(Scene)을 공유하는 공간으로 자리잡았다는 비판을 받고 있다. 이런 사회적 분위기가 조성되면서 소셜미디어 이용자들은 사진 하나 업로드하는 것도 과제처럼 느끼기 시작했다. 완벽한 사진을 건지기 위해 어디서 어떤 사진을 찍을지 미리 계획하고, 사진을 올렸을 때 피드 분위기가 어떻게 보일지 확인하며, 사진의 오점을 포토샵으로 보정하고, 어렵게 올린 사진에 반응이 예상보다 적으면 삭제하는 등 완벽한 사진 한 장을 건지기 위한 수고로움이 더해졌다. 2019년 인스타그램은 타인의 반응에 대한 부담을 줄일 수 있는 방안으로 '좋아요' 수를 숨길 수 있는 기능을 선보였다. 게시글의 '좋아요' 수보다 공유하는 콘텐츠 자체에 집중할 수 있도록 하여 재미있는 플랫폼을 만드는 것이 목적이었지만, 분위기는 쉽게 바뀌지 않았다.

이렇게 꾸며진 콘텐츠에 대한 반감은 특히 Z세대를 중심으로 나타났다. 디지털이 없는 세상을 경험해본 적 없는 Z세대는 온라인 소통의 달인으로, SNS상에서 자신의 정체성을 드러내는 법을 통달했다. 따라서 이들은 꾸며진 모습이 아닌 진정한 자기표현 수단으로서의 SNS 공간을 열망하기 시작했다. 이런 변화의 기반에는 진정성을 최우선의 가치로 여기는 Z세대의 특성이 있다. 화보처럼 완벽하게 포토샵으로 작업된 사진들이 매력적이기보다는 오히려 억지스럽다고 생각하며 진실을 원한다. 2022년 12월 EY(Ernst & Young)의 조사 결과, Z세대의 92%는 진실된 것이 매우 중요하다고 이야기하며, 진정성 있는 삶을 부유해지고 유명해지는 것보다 더 중요하게 여기는 것으로 나타났다.

온라인 공간에서 자란 Z세대에게 SNS 속 세계는 현실 세계에 막강한 영향력을 행사한다. Z세대는 소셜미디어의 부정적 영향을 인지하였고, 대다수는 이제 소셜미디어를 긍정적인 환경으로 조성하고자 한다. 자신이 공감할 수 있는 솔직한 모습의 인플루언서와 자신의 가치관과 맞는 브랜드를 팔로우하고, 자신에게 맞지 않는 계정들은 망설임 없이 언팔로우하거나 차단한다.

긍정적인 소셜미디어 (©pikisuperstar, Freepik)

Z세대는 어렸을 때부터 인터넷상에서 온갖 논란과 조작을 경험하였기에, 세상에 대한 불신이 다른 세대보다 더 뿌리 깊다. 직접 사용하지도 않는 제품을 홍보하는 인플루언서들과 상업적인 메시지를 숨긴 콘텐츠들을 접하면서 그들은 무엇이 진짜이고 거짓인지를 감지하는 예리한 감각을 갖게 되었다. 그렇기에 투명성을 중시하고 솔직함을 우선적으로 추구하기 시작하였다. 틱톡과 같은 영상 중심 SNS가 인기를 끌게 된 것도 인위적인 조작이 어렵다는 이유 때문이라고 할 수 있다. Z세대는 '보여주기'를 위한 이상적인 모습보다는 진정성 있는 자연스러움을 더 높이 산다. 그러기에 소셜미디어를 다시 편한 모습을 자유롭게 보여주며 네트워킹할 수 있는 공간으로 만들려는 움직임을 보이고 있는 것이다. 진정성 있고 의미 있는 온라인 상호작용에 대한 니즈를 바탕으로, 인위적인 것을 피해 편안함과 자연스러움을 추구하는 새로운 미적 기준이 트렌드로 자리잡게 되었다. 이에 따라 소셜미디어를 다시 긍정적인 공간으로 만들어가거나, 자신의 니즈를 충족시켜줄 수 있는 새로운 플랫폼으로 이동하고 있다. 기업들은 이런 움직임을 포착하여 새로운 기능을 선보이거나 새로운 소셜미디어 플랫폼을 출시하며 소셜미디어의 지형을 바꿔놓고 있다.

꾸미지 않는 자연스러움의 매력

소셜미디어 콘텐츠의 변화

완벽한 모습이 아닌 자연스러운 포스팅을 추구하는 '캐주얼 포스팅'이 트렌드를 넘어서 하나의 문화로 자리잡기 시작했다. 필터링과 편집 없는 사진처럼 다른 사람 눈치를 보지 않고 자유롭게 콘텐츠를 업로드하던 인스타그램의 초창기를 지향하는 새로운 분위기가 형성되고 있다. 미적 완성도를 중심으로 꾸며진 것과는 반대인 캐주얼 포스팅은 인플루언서들의 큐레이션된, 완벽하게 포즈를 취하고 본질적으로 비현실적인 하이라이트 신을 거부하는 것을 목표로 한다. 궁극적으로 캐주얼 포스팅을 통해 필터링되지 않은 날것 그대로의 진짜 정체성과 성격을 나누고자 한다.

'포토 덤프*' 트렌드는 캐주얼 인스타그램으로 향하는 또 하나의 문화다. 인스타그램에 #Photodump 해시태그를 사용한 게시글이 2023년 10월 기준 359만 개나 업로드되었을 정도로 화제가 되고 있다. 한국에서는 '짤털*'로 번역되는 이 트렌드는 사진 여러 장을 한 게시글에 업로드하는 일을 뜻한다. Z세대는 사진첩의 여러 사진 중 남들이 보기에 잘 나온 A컷 한 장을 성심성의껏 올리는 것이 아니라, 남들이 보기에는 독특해 보이고 이상해 보일지라도 개인적으로 마음에 들고, 일상을

★

포토 덤프(Photo Dump) 하나의 게시글에 사진 여러 장을 한꺼번에 첨부하여 올리는 업로드 방식

짤털 '짤 털기'의 줄임말로, 모아둔 사진을 한 번에 업로드하는 일

생생하게 보여줄 수 있는 여러 장을 모아서 업로드한다. 보통 캡션은 매우 짧으며, 필터나 편집 없이 일상을 담은 사진들의 모음을 올린다. 꾸미지 않는 모습을 추구하고, 주위 풍경이나 지극히 일상적인 모습의 사진들이 모인 포토 덤프가 더 매력적이라고 여긴다. 편안하게 있는 그대로의 모습을 보여주는 것이 목적이기에 하나의 완벽한 사진을 업로드해야 한다는 부담 또한 줄일 수 있다.

자유로운 모습을 보여주기 위한 또 하나의 방법으로, 흔들리거나 번진 사진을 업로드하는 행위도 대중화되고 있다. 흐릿한 사진은 삶의 솔직한 순간들을 포착한 것처럼 보이며, 움직여서 흐릿한 사진은 각 잡고 포즈를 취하는 것과 반대되는 느낌을 준다. 현재의 순간을 즐기고 있음과 포즈를 취하려고 멈추지 않는 자연스러움을 흐릿함을 통해 보여주는 것이다. 한국에서는 사진이 뿌옇게 나올 수 있도록 일부러 카메라에 핸드크림 또는 아이섀도를 발라 비슷한 감성을 연출하는 촬영법이 인기를 끌고 있다.

자연스럽고 생생한 일상을 보여주는 포토 덤프

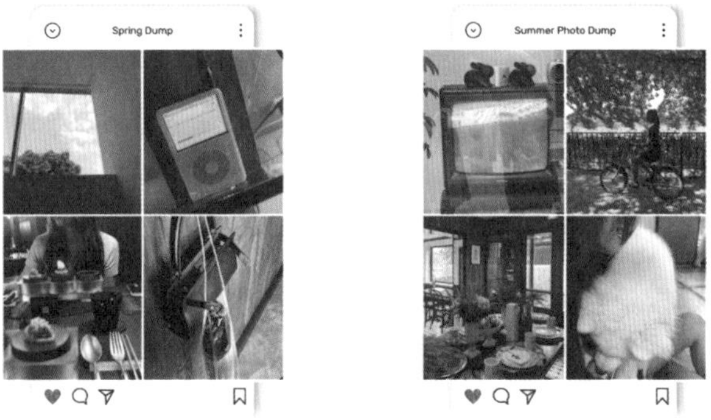

"이거 사지 마세요"—Z세대를 사로잡은 솔직한 후기

캐주얼하고 재미있는 플랫폼으로 Z세대 사이에서 인기를 끌고 있는 틱톡에서도 진정성 있는 콘텐츠가 유행하기 시작했다. 가장 대표적인 사례는 2023년 1월부터 틱톡을 중심으로 화제가 되고 있는 #디인플루언싱(#Deinfluencing)이다. 틱톡이 Z세대를 타기팅하기 좋은 플랫폼으로 자리잡으면서, 틱톡에는 인플루언서들과 협업한 마케팅 콘텐츠가 쏟아지기 시작했다. 소비자들은 기하급수적으로 증가한 상업적인 제품 홍보 콘텐츠에 피로를 느끼고 허위 및 과대광고에 반발하기 시작했다. 디인플루언싱 콘텐츠를 제작하는 크리에이터들은 마음에 들지 않는 제품을 비판하는 것뿐 아니라 유행하는 제품에 대해 의문을 제기하기도 하며, 돈을 많이 지불할 가치가 없다고 생각되는 럭셔리 제품의 대안을 추천한다. 제품을 홍보하고 구매를 유도하는 인플루언서와는 반대되는 개념으로, 소비자가 더 신중하게 쇼핑할 수 있도록 진실된 리뷰를 제공하기 때문에 소비자들은 이전과 다른 신선함을 느낀다.

일상 기록 플랫폼의 유행

꾸며진 콘텐츠를 피해, 소소한 일상 경험들을 기록하며 기억에 남길 수 있는 플랫폼들이 생겨나고 있다. 요즘에는 진정성이 느껴지는 현실적인 콘텐츠를 업로드하는 것은 물론 소통할 수 있는 장을 제공하는 플랫폼들이 관심을 끈다. 2021년 설립된 '닷슬래시대시(Dot Slash Dash)'는 인류의 기억 저장소를 미션으로 개인의 의미 있는 기억들을 저장하고 공유할 수 있는 영상 기반 플랫폼이다. 일상을 짧은 영상으로 기록하고, 취향과 경험이 중심이 되는 콘텐츠를 공유할 수 있어 MZ세대에게 공감을 얻고 있다.

2023년 5월, LG U+는 MZ세대를 위한 일상 기록 플랫폼 '베터(Better)'를 선보였다. 베터는 '더 나은 나를 만드는 기록의 공간'을 컨셉으로 사용자들이 꾸준한 기록을 통해 자신을 알게 되고 비슷한 결을 지닌 타인에게 긍정적인 영향을 주며, 보다 단단한 자신을 쌓아가게 되는 것을 지향점으로 삼고 있다.

소소한 일상을 기록하는 데 초점을 둔 애플리케이션 닷슬래시대시, 베터
(출처: 각 브랜드 구글 플레이)

10대 사이 칭찬하는 앱의 열풍

긍정적인 소셜미디어 공간을 만들어가고자 하는 Z세대의 열망을 보여주듯, 전 세계적으로 10대를 타깃으로 한 칭찬 앱이 유행이다. 국가마다 칭찬 앱이 등장하였는데, 미국의 '가스(GAS)'를 시작으로 독일의 '슬레이(Slay)', 한국에서는 '하입(Hype)' 등 비슷한 서비스를 제공하는 익명 칭찬 앱이 학생들의 입소문을 타면서 인기를 끌었다. 이 앱들은 사용자들이 서로 칭찬과 긍정적인 메시지를 보낼 수 있는 투표 기반의 SNS다. 사용자들은 앱 내에서 자신의 학교를 등록한 후 익명으로 설문조사에 참여한다. '가장 아름다운 사람은 누구?', '가장 DJ를 잘할 거 같은 사람은 누구?'와 같은 랜덤한 칭찬 질문에 가장 잘 어울리는 친구를 고른다. 누군가가 나를 칭찬하면 알람이 뜨며, 칭찬해준 사람이 누구인지 알고 싶다면 포인트를 사용해 힌트를 얻으면 된다. 자존감을 높이고 선한 영향력을 확산시키는 긍정적인 플랫폼의 인기는 진정성 있고 건강한 상호작용을 추구하는 Z세대의 니즈를 보여준다.

폐쇄형 네트워킹 애플리케이션의 유행

개인적 공간에서 네트워킹을 선호하기 시작한 사람들

인스타그램에 게시물을 업로드하며 느끼는 피로와 상업화된 알고리즘을 피해 사용자들은 좀더 프라이빗하고 폐쇄된 그룹에서 활동하기 시작했다. 인스타그램의 대표인 애덤 모세리(Adam Mosseri)는 2023년 8월 인터뷰에서 사용자들이 이전처럼 개인적인 일상의 순간들을 피드에 업로드하지 않고 스토리나 메시지로 공유한다고 이야기했다. 10대들이 인스타그램에서 어떻게 시간을 보내는지 살펴보면, 피드보다 스토리, 스토리보다 DM(Direct Message, 인스타그램의 메신저 서비스)에서 더 많은 사진과 영상을 공유하며 시간을 보낸다고 밝혔다. 모든 사람이 볼 수 있는 공개적인 공간보다 DM, 익명 온라인 커뮤니티와 같이 자유롭게 더 깊은 대화를 나눌 수 있는 폐쇄형의 서비스와 소셜 플랫폼을 더 적극적으로 사용하기 시작한 것이다. 인스타그램에 꾸준히 콘텐츠를 게시하는 사람들은 크리에이터와 인플루언서에 국한되고 있으며, 일반인들은 비공개 계정 안에서 소수의 사람들을 대상으로 삶의 일부를 공유하는 방식으로 인스타그램을 이용하는 추세다.

이렇듯 젊은 세대가 더욱 직접적인 공유를 선호하고 폐쇄적인 공간을 찾기 시작하자, 이를 기회로 삼아 새로운 앱들이 등장하고 있으며, 소셜미디어 공간에도 세분화가 일어나고 있다. 또한 자신의 취향과 관심사에 맞는 커뮤니티를 찾아가면서 취향을 더 깊이 있게 공유할 수 있는 온라인 커뮤니티 플랫폼들이 무서운 성장세를 보인다.

취향과 관심사가 기반이 되는 네트워킹 장의 활성화

하나의 SNS 플랫폼에서 다양한 서버 및 커뮤니티를 제공하여 자신에게 맞는 주제에 참여할 수 있도록 하는 앱들이 있다. 이런 유형 중 가장 큰 인기를 끌고 있는 SNS가 디스코드이다. 디스코드는 2021년 기준 등록 사용자 3.5억 명, 월간 활성 사용자(MAU) 1.5억 명을 보유하고 있다. 익명으로 활동할 수 있는 게임 전용 메신저로 시작한 디스코드는 음성 채팅뿐 아니라 점차 화상 채팅, 화면 실시간 공유 같은 기능을 추가하였다. 이용자가 증가하면서 이제는 게임을 넘어서 NFT, 우주, 코딩 등 다양한 관심사를 공유하는 커뮤니티가 형성되고 있다.

해외에서 Z세대 여성들에게 핫한 커뮤니티 기반 플랫폼은 '제네바(Geneva)'다. 제네바 협약에서 브랜드의 영감을 받은 제네바 앱은 인터넷을 더 좋은 공간으로 만들자는 야심 찬 미션을 갖고 있다. 사람들이 모여 건강한 대화를 나눌 수 있는 장소의 형성을 지원하고 육성하고자 하며, 로컬 사람들과 연결해주거나 비슷한 관심사를 가진 사람들이 대화할 수 있는 장을 제공하고 있다.

디스코드와 제네바처럼 다양한 주제의 세부적인 커뮤니티의 집합소 역할을 하는 대형 커뮤니티 플랫폼보다 더 한정적인 사용자 대상 또는 하나의 취미 또는 이슈에 집중된 폐쇄형 SNS 앱의 사용자도 증가하고 있다. '아티팩트(Artifact)'는 2023년 2월 인스타그램 창업자들이 새로 출시한 앱으로, 관심사를 기반으로 뉴스를 추천해준다. 뉴스 항목에 댓글을 달고 다른 사람이 남긴 댓글에 찬반 투표를 할 수 있어 뉴스 관련 소통을 할 수 있는 공간으로 입소문이 나고 있다. '넥스트 도어(Next Door)'는 지역 기반 소셜미디어로 이웃과 소통하고 지역 소식, 생활 정보를 공유하는 커뮤니티다. 이 앱은 미국에서 세 가구 중 한 가구가 사용할 정도로 큰 인기를 끌고 있다. 국내의 '당근'과 비슷하지만, 커뮤니티와 소통 기능이 중심이라는 차이가 있다. 동네에서 열리는 행사를 홍보하거나 잃어버린 반려견을 찾는 글, 범죄 및 사고 안내 게시글이 올라오는 등 진짜 이웃과의 소통을 강화해주는 폐쇄형 커뮤니티다. 하

아티팩트, 넥스트 도어, 레터박스의 소셜 기능을 설명하는 화면
(출처: 각 브랜드 구글 플레이)

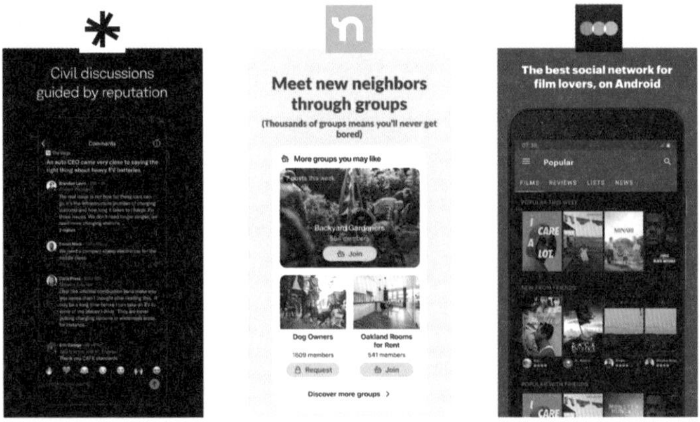

나의 관심사를 중심으로 하는 네트워크 커뮤니티의 예시로는 영화 평론 앱 '레터박스(Letterboxd)'가 있다. 레터박스는 독특하고 개인화된 네트워킹 방식을 제공하여 팬데믹 기간 동안 MZ세대 사이에서 화제가 되었다. 영화를 좋아하는 사람들이 의견을 나눌 수 있고, 위트 있는 영화 리뷰를 볼 수 있는 공간으로 자리잡았다.

이처럼 많은 사용자가 폐쇄적인 커뮤니티 공간으로 이동함에 따라 인스타그램과 같은 대기업들도 신기능을 도입하고 있다. 인스타그램은 크리에이터와 팔로워가 조금 더 폐쇄적인 성격을 띠는 커뮤니티 공간에서 실시간 소통을 할 수 있는 '공지 채널' 기능을 2023년 6월에 도입하였다. 또, 업로드하는 게시글 콘텐츠를 볼 수 있는 대상을 사용자가 한정할 수 있는 기능도 도입했다. 지금까지 '스토리'에서 '친한 친구'를 정하여 특정 사람들에게만 콘텐츠가 노출되게 했다면, 이제는 일반 게시물에도 이 기능이 적용 가능하도록 시범 운영중이다.

Z세대는 인플루언서와 마케팅을 피해서 깊이 있는 대화를 나누고, 취향과 관심사에 따라 최신의 정보를 얻기 위해 사용하는 플랫폼이 다르다. 미래 소셜미디어 플랫폼의 승자는 가능한 한 자유로운 소통이 가능한 공간을 제공하는 기업이 될 것으로 예측된다.

완벽히 꾸며진 게시글과 상업적인 콘텐츠를 피해 Z세대는 더욱 진정성 있는 소셜미디어 플랫폼 문화를 형성하고 있다. 이런 변화는 소셜미디어 속 콘텐츠는 물론 사람들이 찾게 되는 소셜미디어 플랫폼의 유형 자체에 영향을 주었다. 남들에게 더 좋은 모습을 보여주고 싶은 것이 인간의 본성이기에 본연의 자연스러운 모습을 보여주려는 트렌드가 오히려 역설적이라는 비판론자들도 있다. 하지만 캐주얼한 포스팅의 핵심은 다른 사람의 눈치를 보지 않고 자유롭게 올리고 싶은 것을 올리는 데 있다. 이런 콘텐츠는 Z세대의 호응을 불러일으키고 있으며, 각자의 개성을 존중하는 긍정적인 변화가 소셜미디어상에서 일어나고 있다. 완벽한 사진 한 장을 꾸며내 올리기보다 일상적이고 꾸밈없는 모습을 공유함으로써 SNS는 각자의 개성을 펼칠 수 있는 공간으로 거듭나는 중이다. 깊이 있는 소통을 위해 취향과 관심사를 기반으로 한 익명 또는 소규모 커뮤니티가 인기를 끌고 있는 것도 같은 이유다. 자신이 열정을 갖고 있는 분야에 대해 전 세계 사람들과 소통하며 배울 수 있다는 점이 '소셜'미디어로서의 순기능을 하는 것으로 보인다. 젊은 층은 이렇게 여러 방법을 시도하며 기존의 SNS를 좀더 소통과 표현이 자유로운 공간으로 변화시키고 있다. 앞으로 Z세대가 만들어갈 긍정적인 소셜미디어 지형이 어떨지 기대된다.

“

Z세대는 ‘보여주기’를 위한
이상적인 모습보다는
진정성 있는 자연스러움을 더 높이 산다.
그러기에 **소셜미디어**를
다시 **편한 모습**을 자유롭게 보여주며
네트워킹할 수 있는 공간으로 만들려는
움직임을 보이고 있다.

”

유튜버 폼 미쳤다:

좋댓구알이 새로 쓰는 미디어판

2

2005년 동영상 공유 플랫폼으로 등장한 유튜브가 이제는 명실상부 기존 주류 미디어를 뒤흔드는 강력한 존재로 부상했다. 과거에는 뉴스, 드라마, 예능과 같은 TV 미디어가 주요 정보 채널이었다면, 최근에는 유튜브를 통해 사람들이 자신의 취향에 맞는 콘텐츠를 찾으며 보다 능동적으로 미디어를 소비한다. 변화한 미디어 소비 패턴에 맞춰 전통 미디어의 영향력은 줄어들고 유튜브가 새롭게 미디어의 중심에 자리하고 있다.

이러한 트렌드 변화의 중심에는 유튜버(Youtuber)의 역할 변화가 있다. 유튜버는 더이상 영상을 제작하고 업로드하는 개인이 아니라, 자신만의 아이덴티티를 구축하여 여러 분야에서 활동하는 멀티테이너로 진화했다. 『친절한 트렌드 뒷담화 2021』의 「부캐의 세계」에서는 예능이나 유튜브 콘텐츠들이 '부캐'를 내세워 캐릭터를 확장하고, 나아가 특색 있는 콘텐츠로 팬덤을 형성하여 새로운 브랜드를 론칭하거나 다양한 컬래버레이션을 통해 새로운 비즈니스 기회를 모색하는 모습을 다뤘다.

이제 유튜버들은 '부캐'로 캐릭터를 확장하는 것을 넘어서, 서로 간의 유튜브 채널을 누비고 나아가 TV에서까지 활약한다. 더이상 유튜버는 유튜버로만 존재하려 하지 않는다. 그들이 스스로를 '유튜버'가 아닌 '크리에이터'로 칭하는 것도 전혀 이상하지 않다. 유튜버들은 본인들의 채널로 전통 미디어를 대체하고, 전통 미디어의 전문가들을 흡수하기도 한다. 이와 같은 변화는 기존 미디어 권력이 새로운 주체들로 이동하는 시대가 열린 것을 보여준다.

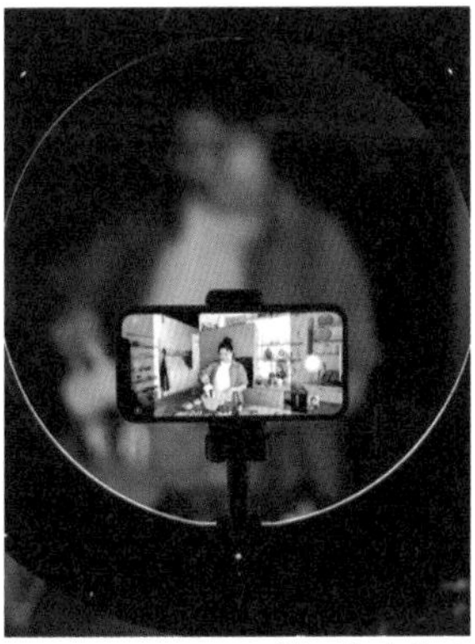

©Anna Shvets, Pexels

크리에이터 이코노미 시대, 유튜버의 등장

뉴미디어 시대를 대표하는 유튜브

오늘날의 미디어 환경은 다양한 콘텐츠 플랫폼과 소셜미디어를 통해 더 많은 사람들에게 다채로운 정보와 엔터테인먼트를 제공하고 있다. 가장 대표적인 플랫폼은 무엇일까? 몇 년 전까지만 해도 TV, 신문, 검색엔진, 책을 떠올렸겠지만 최근에는 이 자리를 유튜브가 대체하고 있다. 유튜브는 지식과 정보를 얻기 위해 가장 선호되는 플랫폼으로 부상하고 있으며 대중의 관심 역시 전통적인 미디어 플랫폼에서 유튜브로 이동하고 있다. "요즘 누가 TV 예능 보냐?"라는 말이 심심찮게 들릴 정도로, 유튜브 때문에 다른 미디어가 사양산업이 되었다고 해도 과언이 아니다.

이러한 변화는 디지털 네이티브 세대뿐만 아니라 중장년층 및 노년층에게도 적용된다. 앱·리테일 분석 서비스 와이즈앱·리테일·굿즈에 따르면, 유튜브는 2023년 상반기 한국인이 가장 오래 사용한 앱으로 월평균 사용 시간이 971억 분에 달했다. 카카오톡, 네이버가 그 뒤를 이었는데, 사용 시간 2, 3위 앱과 비교했을 때에도 유튜브가 압도적으로 높은 이용 시간을 보인다. 유튜브는 시청자가 언제 어디서나 원하는 시간에 접속하여 콘텐츠를 즐길 수 있도록 유연한 환경을 제공하는 대표적인 미디어다. 이러한 특성 덕분에 유튜브는 이제 사람들의 일상이자 습관으로 자리잡았고, 유튜브의 큰 인기와 더불어 유튜버들이 새로운 스타로 떠오르고 있다.

교육부와 한국직업능력연구원이 발표한 「초·중등 진로교육 현황조사」(2022)에 따르면 크리에이터가 초등학생 희망 직업으로 '전통적 유망 직업'인 의사를 제치고 3위로 올라섰다. 10년 전에는 존재하지도 않았던 크리에이터라는 직업이 이제는 초등학생이 꿈꾸는 직업 TOP3에 들게 된 것이다.

한국인 Android와 iOS 앱 기준 월평균 앱 사용 시간 순위
(출처: 와이즈앱·리테일·굿즈)

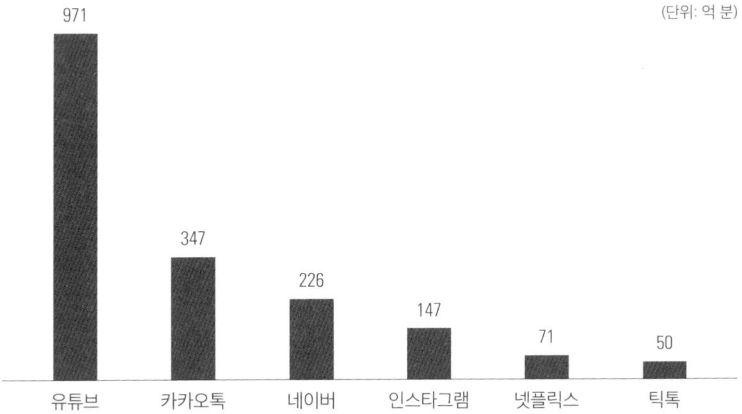

크리에이터 이코노미가 촉발한 유튜버 중심의 미디어 권력

'크리에이터 이코노미(Creator Economy)'란 개인 창작자, 다시 말해 크리에이터가 자신의 창작물을 기반으로 수익을 올리는 비즈니스 생태계를 의미한다. 유튜브뿐만 아니라 틱톡, 인스타그램, 트위치 등 개인이 콘텐츠로 수익을 창출할 수 있는 플랫폼이 대거 등장한 2010년대부터 쓰이기 시작한 개념이다. 어도비가 2022년 8월에 발간한 보고서 「크리에이티브의 미래Future of Creativity」에 의하면 전 세계 크리에이터는 3억 3,000만 명에 달하며 2020년 이후 1억 6,500만 명이 늘었다고 한다. 이 중 한국에서 활동하는 크리에이터는 1,759만 명으로, 전체 인구의 30%가 넘는 비중이다. 이렇듯 크리에이터 이코노미가 빠르게 성장하면서 유튜브는 크리에이터 이코노미의 대표 플랫폼으로 자리잡고 있다.

과거 유튜브는 지금처럼 일반인, 연예인, 방송사, 엔터테인먼트사, 언론사가 모두 뛰어들어 치열한 각축전을 벌이는 플랫폼은 아니었다. 날것의 영상을 있는 그대로 업로드하고 비슷한 취향을 가진 이들이 그것을 감상하는 동영상 커뮤니티에 가까웠다. 시간이 지나면서 구글 애드센스*와 연동해 조회수로 수익을 낼 수 있는 시스템이 유튜브에 갖춰지면서 몇십·몇백만의 구독자 수를 기반으로 고수익을 올리는 '스타 유튜버'들이 등장했고, 너도나도 소위 100만 구독자를 보유한 유튜버가 되기 위해 시장에 뛰어들고 있다.

사람들은 점점 더 동영상 및 스트리밍 서비스를 소비하는 데 많은 시간을 보내고, 댓글 창을 통해 다양하고 개성 있는 콘텐츠를 적극적으로 요구한다. 유튜버들은 다양한 주제와 차별화된 형식의 콘텐츠를

★

구글 애드센스 구글에서 운영하는 온라인 광고 서비스로 웹사이트나 유튜브 채널의 제작자들이 자신의 콘텐츠에 광고를 게재하여 광고의 클릭·표시 수 등에 따라 수익을 창출할 수 있는 도구

통해 이러한 팬들의 니즈를 충족시키고 있다. 많은 구독자를 보유하고 있는 스타 유튜버의 경우 유튜브 광고 수익 외에도 다양한 사업영역 확장으로 신규 비즈니스 기회를 모색한다. 이들은 구독자 대상으로 유료 서비스를 출시하거나 다른 사업과 접목시켜 새로운 수익 구조를 만들기도 한다. 예를 들어, 자신만의 브랜드를 출시하거나 유튜브 콘텐츠를 엮은 서적을 출간하는 등 다방면으로 사업을 확대한다. 2023년 2월, 200만 명이 넘는 구독자를 보유한 뷰티 유튜버 이사배는 뷰티 브랜드 '투슬래시포(TWO SLASH FOUR)'를 론칭했고, 152만 구독자를 보유한 먹방 유튜버 히밥은 2023년 7월에 제주 특산물 가공식품 브랜드 '바비(BABI)'를 11번가에서 론칭했다.

유튜버 이사배가 론칭한 뷰티 브랜드 투슬래시포
(출처: 투슬래시포)

유튜버 히밥이 론칭한 가공식품
브랜드 바비 (출처: 위드라이크)

기존 권력의 심의와 참견에서 자유로운 뉴미디어 콘텐츠

어떻게 유튜브는 크리에이터 이코노미의 중심이 될 수 있었을까? 무엇보다 이는 유튜브 플랫폼이 가지는 특성에서 비롯했다고 보는 것이 적절할 것 같다.

먼저, 유튜브 콘텐츠는 방송통신위원회 등 '권력'의 심의에서 자유로운 편이다. 이 때문에 짧지만 사람들의 구미를 당길 흥미롭고 자극적인 콘텐츠를 마음껏 생산할 수 있다. 예능에서조차 시사점이나 교훈을 찾던 전통 미디어와 달리, 유튜브에서는 그저 즐겁고 재미난 콘텐츠를 보여주는 것만으로 족하다. 생각해보면 먹방이 우리에게 주는 시사점은 딱히 없다. 단지 시청자에게 만족을 주면 그만이다. 많이, 깔끔하게, 좋은 소리를 내면서 먹어주는 자가 우위를 점한다.

두번째로는, 실시간으로 소비자의 반응과 피드백을 수용할 수 있는 유튜브의 유연한 구조를 들 수 있다. 구글이 말하는 유튜브 성공 공식이 '공유', '대화', '상호작용', '일관성', '타기팅', '지속가능성', '접근성', '공동 작업', '아이디어 획득'인 것만 봐도 알 수 있듯이, 미디어 소비자와 공급자가 손쉽게 소통할 수 있도록 댓글 창이 제공된다는 특징이 있다.

기본적으로 사람들의 관심과 이목이 수익으로 연결되는 세상에서, 이와 같이 자유로움과 유연성으로 무장한 유튜브 콘텐츠는 돈이 되고, 권력도 될 수 있다. 콘텐츠는 독보적인 창의성으로 무장하면서도 시청자의 피드백을 통한 자정작용을 거치면서 다른 시리즈로 이어지는 과정에서 덩치가 커져간다. 이러한 예시로 국내에서는 코미디 카테고리 유튜버들의 활약을 주목해볼 수 있다.

지상파 공채 개그맨들은 〈개그콘서트〉, 〈웃찾사〉 폐지 이후 유튜브에서 코미디의 새 시대를 열고 있다. 코미디언 출신 김민수, 이용주, 정재형이 활약하는, 230만 구독자를 보유한 유튜브 채널 피식대학과 개그맨 김원훈, 조진세, 엄지윤이 출연하는, 268만 구독자를 지닌 유튜브 채널 숏박스가 대표적이다. 과거 공중파 코미디는 대본에 맞춰 캐릭터를 구축하는 '콩트' 설정극이 주를 이뤘다. 동영상 플랫폼을 중심으로 신선하고 개성 넘치는 콘텐츠가 등장하면서 이러한 코미디는 대중에게 점차 외면받았다. 그러나 이들이 만든 유튜브 채널은 코미디언들이 스스로 만들어낸 '부캐'를 중심으로 한 '하이퍼 리얼리즘'을 꾀한다는 점에서 큰 사랑을 받는다. 제3자의 각본 검토에서 자유로운 것은 당연하고, 구독자들의 반응을 실시간으로 살펴 다음 콘텐츠를 기획하기도 한다. 예를 들어, 피식대학은 유튜브 코미디 트렌드를 주도하는 대표주자로서, 코로나19에 발맞춰 비대면 화상 데이트를 한다는 콘셉트인 〈B대면데이트〉를 시작으로 폭발적인 인기를 끌었다. 출연자들이 모두 영어로 인터뷰를 진행하는 〈피식쇼〉는 BTS의 리더 RM은 물론, 마블 주연 배우 크리스 프랫, 제임스 건 감독, 축구선수 손흥민까지 섭외하며 엄청난 영향력을 행사하고 있다.

형식, 소재, 표현 등이 모두 달라진 각각의 유튜브 코미디 채널들은 저마다의 세계관을 구축하고, 또 합치면서 새로운 콘텐츠 유니버스를 만들어냈다. 〈피식쇼〉는 결국 전통 미디어 콘텐츠의 각축장이었던 제59회 백상예술대상에서 예능 작품상을 수상하며 유튜브 콘텐츠로는 최초로 트로피를 거머쥐기도 했다.

피식대학 〈피식쇼〉 손흥민 출연 편
(출처: 피식대학 유튜브)

숏박스의 〈장기연애〉 시리즈
(출처: 숏박스 유튜브)

유튜버는 어떻게 미디어를 접수했나?

전통 미디어로 진출하는 유튜버들

과거에는 유튜버들의 활동 무대가 온라인 스트리밍 사이트나 소셜미디어로 한정됐던 반면, 최근에는 공중파 TV, 특히 예능에서도 유튜버들을 쉽게 만나볼 수 있게 됐다. 그들은 자신의 콘텐츠에서 살려온 강점을 십분 발휘해 연예인들의 자리를 위협하며 방송계까지 활동 영역을 넓히고 있다. 방송사들은 인기 있는 유튜버를 적극 끌어안아 시청자를 모으려고 노력하는데, 화제성이 있는 유튜버를 TV 프로그램 게스트로 단발적으로 출연시키는 데 그치지 않고, 고정 게스트나 메인 MC로 발탁하기도 하고, 아예 그들을 위한 고정 프로그램을 편성하기도 한다.

JTBC는 2022년 9월부터 〈한블리: 한문철의 블랙박스 리뷰〉를 정규 프로그램으로 편성했다. 한문철 교통사고 전문 변호사의 유튜브 채널 한문철 TV에서 아이디어를 얻은 이 프로그램은 기상천외한 도로 위 사건 사고를 담은 블랙박스 영상을 소개하는 방송이다. 한문철 변호사가 운영하는 유튜브 한문철 TV는 블랙박스 사고 영상을 토대로 교통사고 사례별로 과실 비율을 판단해주는 방송으로 유튜브 구독자가 177만 명에 달한다.

유튜버의 TV 예능 진출에 여행 유튜버를 빼놓을 수 없다. 여행 유튜버 3대장 곽튜브, 빠니보틀, 원지가 대표적인데 이들은 김태호 PD가 선보인 ENA 예능 〈지구마불 세계여행〉에 출연하여 세계여행 부루마블 게임에 참여해 총 3주간 지구 다섯 바퀴에 해당하는 거리를 여행했다. 여행 유튜버 중 구독자 수 1위를 자랑하는 빠니보틀은 190만 명의 구독자를 보유하고 있으며, 〈지구마불 세계여행〉 외에도 MBC 예능 〈태어난 김에 세계일주〉 시즌 1, 2에 출연하여 자신만의 여행 지식을 공개하며 활발히 활동하고 있다. 167만 명의 구독자를 보유한 유튜버 곽튜브도 역시 다양한 프로그램에서 활약하는데, 특유의 입담을 뽐내며 〈바퀴 달린 입〉, 〈라면꼰대〉, 〈부산촌놈 in 시드니〉 같은 다양한 프로그램에 출연했다.

교통사고 사례별 과실 비율을 설명하는 한문철 변호사 (출처: 한문철 TV 유튜브)

JTBC 프로그램으로 편성된 〈한블리: 한문철의 블랙박스 리뷰〉 포스터 (출처: JTBC)

여행 유튜버 3대장이 출연한 〈지구마불 세계여행〉 포스터 (출처: ENA)

전통 미디어를 흡수하고 대체하는 유튜브 콘텐츠

재밌는 점은, 인기 유튜버 몇몇이 기존 레거시 미디어로 진출하는 현상에서 그치지 않는다는 점이다. 유튜브가 새로운 미디어 권력의 장이 되자, 대중은 전통적 미디어가 향유해온 '전문성'이 무엇인지 의구심을 품기 시작했다.

TV에서 주로 활동하던 연예인이나 예능 PD들이 유튜브 채널을 개설하고 활동 접점을 늘려나가는 경우도 많다. MBC 스타 PD였던 김태호 PD마저 지상파를 떠나 제작사 TEO를 설립해 유튜브 콘텐츠를 선보이고 있다. 나영석 PD 역시 2023년 6월부터 유튜브 '채널 십오야'에 〈나영석의 나불나불〉 코너를 개설해 활동 영역을 넓히는 중이다.

언론인들도 마찬가지다. 기자, 아나운서, 캐스터와 같은 언론인들도 전통 미디어를 벗어나 언론사 공식 채널 외 개인 채널을 만들어 빠르게 시청자를 확보하고 있다. SBS 스포츠 해설 위원 출신 축구 해설가 박문성은 SBS가 2018-19시즌 EPL 중계권을 포기하며 설 자리가 좁아지자 유튜브 채널 달수네라이브를 개설하여 활약하고 있다. 기자들과 함께 축구 관련 이슈와 정보를 제공하는 달수네라이브는 47만 구독자의 관심을 받으며 흥행 가도를 달리고 있다.

이처럼 전통 미디어에서 이주해 온 전문가들이 만든 유튜브 콘텐츠도 늘어나는 추세다. 주목할 만한 특징은 이들이 만든 콘텐츠가 기존 유튜버들이 만든 콘텐츠와 질적인 차이가 크게 없다는 것이다. 유튜브에서의 영향력을 나타내는 지표인 구독자 수를 보면 더더욱 차이가 없다. 이러한 원인은 스타 유튜버들이 유튜브를 통해 형성한 자본력으로 다양한 전문가들을 콘텐츠 생산에 활용하고 있기 때문이기도 하며, 유튜브 콘텐츠 자체가 기존 미디어 콘텐츠보다 분량이 짧고 대중의 흥미 위주로 생산되는 특성에 기인한 것으로도 볼 수 있다. 심지어는 기존 미디어 전문가들이 유튜브 프로덕션으로 이직하는 현상도 있다 하니, 과거 PD와 작가, '방송국 공채'와 '연예인'의 전유물이었던 방송국 중심의 미디어 권력은 유튜브를 중심으로 산재되고 재구성되어가고 있다.

〈나영석의 나불나불〉 코너에 출연한 배우 유해진 (출처: 채널 십오야 유튜브)

광고산업의 새로운 블루칩

광고산업은 유튜버에게 눈독을 들일 수밖에 없다. 화제성이 소위 '돈'이 되는 시대에서 유튜버들이 중심에 서 있기 때문이다. 예전에는 배우, 가수 등 연예인들이 광고업계의 주축이었지만, 현재는 유튜버들이 더욱 많이 등장하며 그들의 영향력이 커지고 있는 추세다. 마케팅을 염두에 둔 기업이라면 유튜브 시장을 놓쳐서는 안 된다.

넥슨 서든어택은 18주년 기념 '피지컬로 캐리하라!' 캠페인의 일환으로 유튜버 나선욱을 모델로 캐릭터를 출시했다. 나선욱은 '99대장',

'뚱시경', '뚱종원' 등 다양한 부캐로 MZ세대에게 사랑받는 유튜버다. 나선욱의 대표 부캐는 '99대장'으로, 실제 어딘가에 존재할 법한 동네 불량배를 풍자하는 캐릭터로 많은 이의 공감을 사며 인기를 얻고 있다. 서든어택은 '99대장' 캐릭터에 착안하여 게임 캐릭터의 능력치나 기술력이 향상되도록 만드는 캐릭터 세트 효과로 'Throw 차키 세트', '클러치백 나이프' 등을 출시했다. 유튜버의 콘텐츠가 이종 산업 세계관에 침투하여 즐거운 시너지를 낸 예이다.

커머스 플랫폼 지그재그는 각 분야에서 독보적인 캐릭터를 뽐내며 자신만의 길을 가는 셀럽 6인을 캠페인 모델로 선정하여 2023년 브랜드 캠페인을 전개했다. 배우와 가수, 모델 들과 함께 앞서 언급한 78만 구독자를 보유한 여행 유튜버 원지와 74만 구독자를 보유한 일상 유튜버 해쭈가 출연해서 주목받았다. 다양한 여성의 삶의 모습과 다양한 체형, 스타일을 보여준 해당 캠페인은 공개 다음 날 지그재그 앱 사용자 수(DAU)가 전주 대비 30% 증가하며 좋은 반응을 얻었다.

나선욱을 모델로 한 서든어택 캠페인
(출처: 서든어택 유튜브)

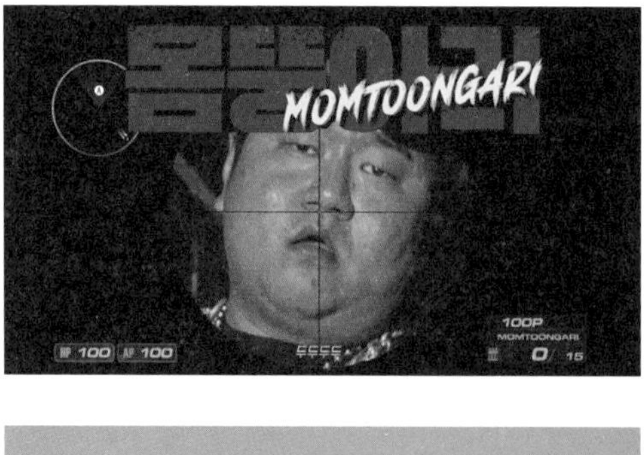

서든어택이 출시한
나선욱 캐릭터 (출처: 넥슨)

지그재그의 2023년 브랜드 캠페인
(출처: 지그재그)

계속해서 진화하는 미디어

빠르게 변하는 시장 환경에 유연하게 대응하기

이제 미디어를 정보를 전달하는 도구로 한정하여 보는 것이 아니라, 미디어 자체의 영향력과 의미에 대해 더 깊이 고민해야 할 때다. 일찍이 미디어 학자 마셜 매클루언(Marshall McLuhan)은 1964년 『미디어의 이해: 인간의 확장*Understanding Media: The Extensions of Man*』에서 "미디어가 메시지다"라고 했다. 유명한 이 문구는 미디어가 정보를 전달하는 도구로서의 역할보다 훨씬 더 큰 영향력이 있으며, 인간의 생각과 문화, 세계를 형성하는 데 영향을 미친다는 의미를 담고 있다. 매클루언의 이론은 크리에이티브 생태계인 유튜브 같은 플랫폼에도 적용될 수 있다.

동영상 콘텐츠는 시각적, 청각적, 사회적 측면에서 다양한 요소를 통해 시청자의 인식과 감정에 영향을 미친다. 특히 유튜브는 크리에이터인 유튜버 개인이 제작·공유한 콘텐츠가 시청자와 상호작용하며 새로운 문화와 가치관을 형성하는 데 강력한 영향을 미치는 공간이면서, 나아가 크리에이터, 시청자, 광고주, 알고리즘 등 다양한 주체들이 복잡하게 상호작용하는 미디어 생태계이다. 콘텐츠 제작과 소비의 속도 역시 점점 더 빨라지는 중에, 소수의 유튜버들이 사회적 변화와 문화 형성에 큰 영향을 미치고 있다.

유튜브뿐만 아니라 다양한 플랫폼 속에서 크리에이터 생태계는 계속해서 진화하는 중이다. 미디어는 계속해서 변화한다. 현재 막강한 파워를 지닌 유튜브의 생존법칙이 미래에도 정답일 거라는 법은 없고, 오늘은 아니라고 생각하던 것이 내일은 각광받을 수도 있다. 트렌드를 주도하기 위하여 고민하는 기업들의 입장에서 중요한 것은, 현재의 미디어 환경에 빠르게 적응하는 것 이상으로 변화하는 미디어 환경에 적극적으로 대응하는 방식을 고민해가야 한다는 것이다.

유튜브 초기 시절에는 기업과 브랜드가 고유의 유튜브 채널을 만들어 사람들과 소통하기를 시도했지만 이제 그것만으로는 부족하다. 앞으로는 새로운 주인공이 누구인지 발 빠르게 알아보고 그들과 융합하며 그들을 기업의 리소스로서 적극 활용하려는 시도가 필요하다. 물론 원칙 없이 마냥 유행을 좇아선 안 되겠지만 전통 미디어가 그러했듯 고착화된 틀에 빠지면 결국은 변화하는 생태계에서 살아남을 수 없다. 미디어 플랫폼의 특징과 형식, 그 안에 담을 수 있는 메시지를 고려할 때 브랜드 메시지를 보다 효과적으로 전달할 수 있을 것이다.

바야흐로 '미디어가 곧 일상이고, 일상이 곧 미디어'인 세상이다. 미디어는 늘 실험과 혁신, 실패를 거치며 진화해왔다. 유튜버로 대표할 수 있는 크리에이터는 미디어의 중심이 되어 자유로운 환경 속에서 각양각색의 창의성을 펼치며 산업 전반에 지대한 영향을 미치고 있다.

콘텐츠가 다양해지고 미디어 플랫폼의 경계가 허물어지는 상황에서 크리에이터와 수용자는 변화하는 환경에 유연하게 대처하며 미래를 바라봐야 할 것이다. 크리에이터 생태계는 언제나 틀을 깨는 시도와 혁신으로 진화하는 곳이므로, 빠르게 변화하는 이 시장에서 크리에이터들은 그때그때 시스템과 기능을 바꿀 수 있는 유연한 플랫폼 설계가 필요하다.

매체 간 경계가 허물어지듯, 과거에 비주류라 생각되던 유튜브 크리에이터와 공중파 TV에 출연하는 연예인의 경계도 허물어지고 있다. 그뿐만 아니라 생산자와 소비자, 전문가와 비전문가, 심지어는 국가 간의 경계도 점차 사라지고 있다. 유튜브 안에서는 셀럽이 될 수도 있고, 작가가 될 수도 있으며, 어느 순간 특정 분야의 전문가가 될 수도 있다. 뉴미디어의 지평을 연 유튜브가 언제까지 미디어 채널의 대표 주자로 자리를 지킬 수 있을지는 미지수다. 그러나 새로운 미디어가 유튜브의 자리를 대체하더라도 결국에는 콘텐츠 경쟁력이 있는 사람이 주목받는 세상에서, 이를 적극 활용하는 기업과 브랜드가 승자가 될 것이다.

임자 해봤어?:

스타트업에 도전하는 영제너레이션

3

2020년 말, 〈스타트업〉이라는 드라마가 방영됐다. 이전까지의 드라마에서 흔하지 않았던 소재를 다루어, 대기업과 안정적인 직장에 관심이 많던 젊은 층에게 스타트업이라는 커리어에 대한 관심을 환기했다. 드라마가 방영되고 약 3년 후인 2023년, 실제로 스타트업을 창업하고 다양한 비즈니스에 도전하는 젊은 청년들이 점점 늘어나고 있다.

불가사리, 친환경, 제설. 연관성이라고는 전혀 찾아볼 수 없는 이 세 가지로 스타트업을 시작한 '스타스테크(STARSTECH)'가 대표적인 예다. 이 기업은 어촌에서 버려지는 불가사리를 수거해 친환경 제설제, 화장품 원료, 복합비료로 탄생시켜 연매출이 250억에 이르고 있다. 대기업 수석 연구원이나 화장품 회사 임원 출신이 설립했을 것 같지만, 놀랍게도 창업에 관심 있던 청년이 군 복무중에 전우들과 탄생시킨 스타트업이다. 스타스테크 외에도 단순 부업 또는 직장과 병행하는 사이드 프로젝트를 넘어 진짜 비즈니스를 하는 스타트업에 20~30대들이 과감하게 도전하고 있다. 다양한 아이디어와 실행력으로 문화와 소비 트렌드를 주도하고 있는 이 세대가 이번에는 겁 없이 스타트업에 뛰어든 것이다. 그리고 어김없이 20~30대의 젊은 스타트업 창업자들은 시장 트렌드를 조금씩 변화시키고 있으며, 이 트렌드에 대한 사회와 사람들의 관심이 점차 커지고 있다.

©Mika Baumeister, Unsplash

스타트업 시대의 시작

벤처기업 시대에서 스타트업의 시대로

우리가 흔히 말하는 '스타트업(Start-up)'이란, 혁신적인 아이디어나 기술을 바탕으로 새로운 제품이나 서비스를 제공하는 신생 창업 기업이다. 과거 스타트업이 존재하기 전, '벤처기업'이 처음 등장했을 때는 독보적인 기술력과 노하우를 가진 소수가 창업을 통해 많은 경제적 가치를 창출했다. 기업에서 오랫동안 쌓은 경험과 기술을 발판 삼아 아무도 도전하지 않은 영역에서 새로운 비즈니스 기회를 만든 것이다. 그러나 스타트업은 기존 시장의 문제를 아이디어나 기술로 해결하며 가치를 창출한다. 유통업이라는 기존 산업에 로켓배송과 당일배송이라는 혁신적인 아이디어를 결합하여 소비자들의 니즈를 해결하며 성장한 쿠팡이나, 식당과 고객을 한 플랫폼에 모아 편리한 배달 서비스를 선보인 배달의민족이 대표적인 초기 스타트업이다. 이제는 벤처기업의 시대에서 스타트업의 시대가 되었다.

최근 4차 산업혁명으로 기술이 보편화되고 소프트웨어, IT 분야에 대한 진입장벽이 낮아졌다. 벤처기업 시절에는 좋은 아이디어를 가지고 있어도 창업자로서 갖춰야 할 요소가 많았고 그 비용도 많이 들었다. 그러나 최근에는 기술에 대한 접근성이 좋아지면서 아이디어를 간편하게 사업화할 수 있는 환경이 마련됐다. 이런 변화를 기반으로 최근의 스타트업은 혁신적인 기술로 경제적 가치를 창출할 뿐만 아니라 다양하고 흥미로운 아이디어들을 사업화하는 양상을 보이고 있다.

스타트업에 도전하는 사람들의 연령이 낮아지고 있다는 것도 중요한 변화다. 기술이나 노하우를 오랫동안 쌓아온 사람들이 아닌, 사회초년생부터 대학생, 심지어 10대까지 스타트업에 도전하고 있다. 따라서 자연스럽게 스타트업 시장의 문화는 젊은 20~30대가 선호하고 즐기는 방식과 유사하게 변화하고 있다. 디지털 기술을 받아들이고 활용하며 자란 이들이기 때문에 자신의 아이디어를 스타트업이라는 비즈니스로 발전시키는 데 있어서 그 역량을 효과적으로 발휘한다. 빠르게 변화하는 기술 환경과 이 환경에 잘 적응하는 젊은 도전자들의 특성이 시너지를 일으키며 스타트업 시장에 조금씩 변화의 트렌드를 가져오는 중이다.

스타트업에 진심인 세대

창업의 인기는 계속해서 증가하고 있으며, 특히 20~30대의 관심이 커지고 있다. 중소벤처기업부의 2022년 조사 결과를 보면, 2021년에 새롭게 창업한 전체 기업 중 30세 미만의 창업 기업은 전년 대비 14.8%, 대학생 창업 기업은 13.9%나 증가했다. 그 어느 때보다 젊은 세대들이 스타트업에 적극적이다. 이노션 인사이트전략본부의 검색 데이터 분석에 따르면, 실제로 2022년 8월부터 2023년 7월까지 1년간 스타트업에 대한 정보를 얻기 위해 검색하는 사람들의 연령대 중 20대와 30대가 가장 높은 비율을 차지하는 것으로 나타났다.

'스타트업' 검색량의 연령별 비중
(출처: 이노션 인사이트전략본부)

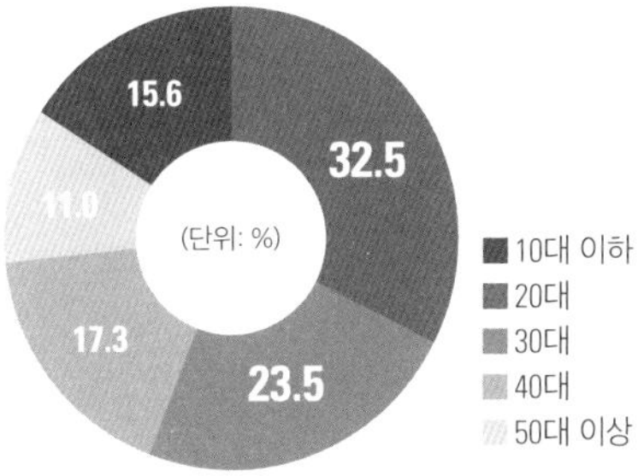

이들이 다른 세대에 비해 스타트업에 이토록 진심인 이유는 무엇일까? 최근 문화 트렌드를 주도하고 있는 20~30대는 디지털 문화에 익숙한 세대다. 이들의 유년기와 청소년기는 많은 양의 정보가 초 단위로 업데이트되며 유행이 빠르게 바뀌는 시기였다. 그리고 디지털 매체가 기존의 매체를 대체하는 과도기였다. 이러한 시기에 적응하며 자랐기 때문에 트렌드를 캐치하는 데 민감하고, 새로운 기술을 습득하고 활용하는 역량이 매우 뛰어나다. 문제를 해결할 때에도 여러 채널을 활용해 필요한 정보를 주고받으며 온라인상의 다양한 사람들에게 도움을 구한다. 이런 문제 해결 역량을 가진 이들의 시각에서는 세상에 스타트업으로 성공할 수 있는 기회가 너무나도 많아 보일 것이다. 그리고 실제로 이들은 일상에서 크고 작은 문제를 해결할 때 스타트업 서비스를 자주 이용하기도 한다.

전형적이던 직업관의 변화

젊은 층이 스타트업에 관심을 갖게 하는 또다른 요인은 직업에 대한 가치관의 변화다. 젊은 층이 스타트업에 활발하게 진출하는 지금의 이 시기가 오기까지 시대 특성에 따라 그에 맞는 직업관이 있었다. 직장을 다니며 받는 급여가 경제적 수익을 얻는 거의 유일한 수단이었던 과거에는 좋은 직업은 곧 돈을 많이 벌게 해주는 직업이었다. 따라서 많은 사람이 경제성장을 주도하는 대기업에 입사하는 것을 선호했다. 그러나 IMF 외환위기, 글로벌 금융위기와 같이 대기업마저 큰 피해를 입는 경제 위기를 겪으며 사람들의 직업관이 변했다. 돈도 중요하지만 직장을 잃지 않고 안정적으로 다닐 수 있는지 여부도 중요해진 것이다. 그래서 급여는 대기업보다 적지만 안정성이 높은 공무원과 공기업의 인기가 높아졌다.

그러나 최근 젊은 층은 과거처럼 고소득이거나 안정성이 높은, 사회의 위기로부터 안전한 직업만을 선호하지 않고 조금 더 주도적인 커리어를 중요시한다. 안정적인 직업은 높은 수익을 기대하기 어렵고, 상대적으로 소득이 높은 대기업은 자유와 워라밸(워크-라이프 밸런스)을 지키기 어렵다는 점 등 기존에 중요하게 생각한 가치에는 그만큼 단점도 분명하게 있다는 사실을 알게 된 것이다. 이에 더해 스마트폰의 대중화, 디지털 플랫폼의 활성화 등 기술의 발전이 일상생활과 직업의 선택지를 더 다양하게 만들었다. 그 결과, 졸업 후 기업이나 공무원을 선택하던 전형적인 취업의 유형이 현재는 크리에이터, 소규모 창업, N잡 등으로 다양화되고 있다. 많은 돈을 벌면서도 자신이 하고 싶은 일을 자유롭게 할 수 있다는 인식이 이들로 하여금 스타트업에 관심을 갖게 하는 것이다. 실제로 한국경영자총협회의 2022년 조사 결과에 의하면, 20~30대 중 창업을 희망하는 사람들의 창업 동기 중 가장 큰 이유가 '보다 자유롭게 일하기 위해서'였다. 소득이나 안정성에 커리어를 맞추기보다 자신이 원하는 다양한 영역에 도전하면서 돈을 벌고자 하는 이들에게 스타트업은 매력적인 대안이 된 것이다.

Young 플레이어들의 스타트업

스타트업 인큐베이터가 된 커뮤니티

20~30대는 커뮤니티 문화를 좋아하는 세대다. 온라인 커뮤니티를 기반으로 비슷한 관심사를 가진 사람들끼리 모여 많은 정보를 공유하고 관심사를 확장한다. 최근에는 단순 취미나 관심사만이 아닌 스타트업 준비에도 커뮤니티 문화를 적극 이용하고 있다. 예를 들면, 독서 모임 앱 서비스인 '트레바리'에서 스타트업 전문가를 초빙해 스터디를 하기도 하고, 지역 기반의 중고거래 플랫폼인 '당근'의 커뮤니티 기능을 활용해 같은 지역의 스타트업 희망자들이 오프라인 모임을 갖기도 한다. 예비 스타트업 창업자로서 갖춰야 할 노하우를 기존의 커뮤니티 서비스가 가진 기능을 통해 습득하며 시행착오를 줄이는 스마트한 활동이라고 할 수 있다.

트레바리 앱 내 스타트업 관련 클럽
(출처: 트레바리 앱)

당근 앱 내 스타트업 관련 모임 게시글
(출처: 당근 앱)

그리고 최근에는 다양한 스타트업 아이디어를 공유하고 의견을 나누면서 아이디어를 점차 완성된 핵심 아이템으로 구체화할 수 있는, 즉 아이디어를 인큐베이팅할 수 있는 스타트업 전문 커뮤니티도 등장하고 있다. 2021년 설립된 '디스콰이엇'은 앱 서비스 기반의 스타트업 창업자들을 위한 커뮤니티다. 서비스 메이커들은 디스콰이엇에 마련된 프로젝트 공유 기능을 통해 자신이 개발하고 있는 서비스와 앱 상품을 업로드한다. 자신만의 핵심적인 스타트업 아이디어지만 개발 과정을 세세하게 기록하고 고민이 되는 부분을 공개하며 커뮤니티의 다른 사람들과 함께 문제를 해결한다. 다양한 서비스가 개발되는 히스토리를 보면서 서비스 메이커들은 노하우를 얻고 시행착오를 줄일 수 있는 방법을 자신의 프로젝트에도 적용한다. 커뮤니티가 단순히 정보만 교환하는 것이 아니라 서비스 론칭 전 간접적으로 시장 반응을 보고

서비스 메이커의 개발 로그와 실시간 인기 서비스가 소개되는 디스콰이엇 메인 페이지
(출처: 디스콰이엇 홈페이지)

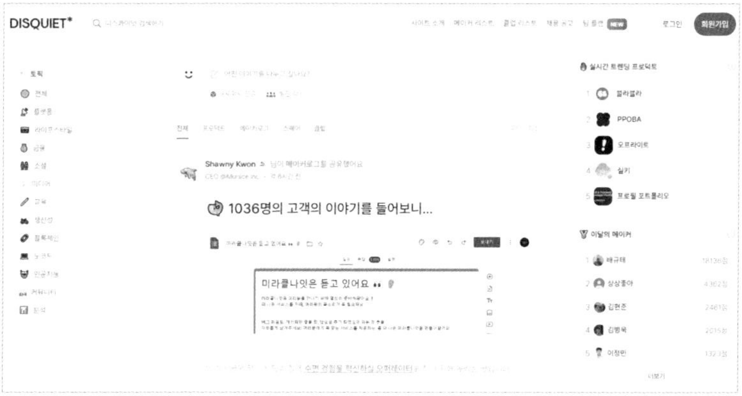

테스트를 해볼 수 있는 공간이 된 것이다. 끊임없이 피드백을 받고 개선시켜야 하는 IT 서비스의 특성상, 스타트업 커뮤니티는 일반적인 정보 교환보다 더 값어치 있는 역할을 하고 있다. 이처럼 커뮤니티를 활용해 아이디어를 보완하고 더 나은 버전으로 업그레이드해 론칭하는 것이 스타트업 시장에 새롭게 나타나고 있는 프로세스다.

선 팬덤 형성, 후 스타트업

최근 스타트업의 또다른 특징은 자체 콘텐츠를 활용해 미리 팬덤을 형성한 후에 비즈니스를 론칭한다는 것이다. 자체 콘텐츠를 활용하면 서비스와 제품만으로 소비자와 소통할 때보다 자연스럽게 친근감을 느끼게 할 수 있고, 더 나아가 로열티까지 형성시킬 수 있다. 이런 장점을 잘 알고 있는 20~30대는 이를 스타트업 창업에도 적극 활용하고 있다. 이들은 스타트업을 시작하기 전, 아이디어와 관련된 자신만의 스토리를 매일 블로그나 인스타그램과 같은 소셜미디어에 업로드하며 비슷한 관심사를 가진 사람들의 공감을 얻는다. 일상을 담은 브이로그부터 좋아하는 분야에 대한 리뷰 등 지속적으로 자신만의 콘텐츠를 이어가고, 이 콘텐츠를 찾는 사람들이 점점 모이게 되면 팬덤이 형성된다. 이렇게 형성된 지지층은 스타트업을 시작할 때 중요한 기반인 잠재 고객이 된다.

크리에이터들의 수익 성장을 위한 클래스를 운영하는 '하이아웃풋클럽(HOC)'이 그 대표적인 예다. 하이아웃풋클럽을 운영하는 박가영 대표는 실리콘밸리를 시작으로 다양한 회사에서 일한 경험이 있다. 새로운 도전을 위해 안식년을 보내고 퇴사한 박가영 대표는, 자신의 커리어에서 스스로 깨닫고 배운 것들과 직장인이라면 공감할 소소한 고민들을 개인 인스타그램 '원온원노트' 계정에 기록했다. 기록들이 점차 쌓이며 콘텐츠가 되었고, 많은 직장인이 공감하기 시작하며 팔로워 수가 증가하자 이를 기반으로 현재 하이아웃풋클럽을 창업해 운영하고 있다. 하이아웃풋클럽은 주요 홍보 채널로 오로지 인스타그램만 활용하는데도, 2023년 3월 론칭 이후 4,000명 이상의 팔로워를 확보하고 있다.

원온원노트 계정의 콘텐츠 피드
(출처: 원온원노트 인스타그램)

원온원노트의 콘텐츠를 기반으로 창업한 스타트업
하이아웃풋클럽 (출처: 하이아웃풋클럽 인스타그램)

Young 스타트업을 탄생시킨 숨은 조력자

기술의 발전으로 선순환하는 스타트업 생태계

스타트업을 시작할 때 가장 큰 걸림돌은 바로 회사 운영을 위한 시스템을 마련하는 것이다. 좋은 아이디어가 있어도 사업화하기 위해서 구축해야 하는 회계, 인사, 고객 관리 시스템 등에 비용을 들여야 하고 이를 관리할 수 있는 인력이 있어야 한다. 처음 스타트업을 시작하는 젊은 세대는 이를 구축하는 것이 쉽지 않다. 다행히도 최근 데이터 클라우드 기술이 발달하고 보편화되며 등장한 다양한 SaaS*가 여러 서비스를 제공하며 이 같은 고민을 해결해주고 있다. 창업자가 직접 모든 시스템을 구축하지 않아도 되며 필요한 서비스를 필요한 만큼만 구독해 지불하면 된다. 비즈니스 인프라를 잘 모르거나 한정된 자본을 가지고 있는 창업자들이 과거에 비해 손쉽게 사업을 시작할 수 있는 환경이 마련된 것이다. 특히 SaaS는 회사를 구성하고 운영하는 데 필수적인 업무들을 대행해주는 서비스를 중심으로 시장이 형성되고 있다. 국내의 '삼쩜삼'(회계), '채널톡'(챗봇) 등의 대행 서비스와 업무 툴을 제공해주는 글로벌 서비스인 'Slack'(메신저 및 채팅), 'Notion'(문서

★

SaaS(Software-as-a-Service) 별도의 설치가 필요없는 클라우드 형태의 소프트웨어로, 구독을 통해 솔루션을 제공하는 서비스

관리 및 협업)이 대표적이다. 스타트업 창업 수요자가 증가함에 따라 국내 SaaS 시장 규모도 2022년 1조 1,700억 원 이상으로 형성됐으며 앞으로 계속 성장할 전망이다.

최근 앱 서비스 중심의 스타트업이 많이 등장하고 있는 가운데, 전문적인 코딩 지식이 없거나 개발자가 아니어도 소프트웨어나 앱을 구축할 수 있는 노코드(No-code) 툴도 등장했다. 글로벌 플랫폼인 '버블(Bubble)'이나 국내의 '오마이앱'이 대표적인 노코드 플랫폼이다. 프로그래밍 지식이 없는 비전공자들도 직접 코딩을 할 필요 없이 직관적으로 앱을 만들 수 있어 개발의 부담과 개발자 채용에 드는 비용 문제가 많이 해결되고 있다.

흥미로운 점은 이런 솔루션들도 스타트업으로 시작해 지금까지 성장해오고 있는 비즈니스라는 점이다. 전반적인 시장의 비즈니스 니즈를 해결하기 위해 등장한 SaaS 스타트업이 또다른 스타트업을 위해 진입장벽을 낮춰주고, 다시 새롭게 발생하는 니즈를 해결하는 솔루션이 탄생하며 선순환 과정을 발생시키고 있다. 스타트업 시장은 이처럼 자생적으로 규모를 확장하고 성장하며, 좋은 아이디어를 가진 예비 스타트업 창업자들을 유입시키고 있다.

Young 타깃을 겨냥한 사회의 지원

비즈니스를 구축하는 경험과 마찬가지로 젊은 스타트업 도전자들이 겪는 또다른 허들은 바로 사업 자금이다. 아직 이들은 여유롭게 스타트업을 시작할 자금을 모으지 못한 새내기다. 하지만 공공·민간 부문에서 젊은 세대의 스타트업에 대한 열정에 많은 관심을 가지면서 이들의 도전에 순풍이 되어주고 있다. 정부 조사 결과 20대 중 스타트업 창업 희망자는 2016년 58.6%에서 2022년 74.3%로 증가했고, 20대 창업기업 중 기술 기반 창업 기업의 개수도 2022년 2만 7,123개로, 2016년 대비 44.4% 증가했다. 이 같은 분위기에 발맞춰 중소벤처기업부에서는 2023년부터 29세 이하 청년으로 이루어진 120팀을 선정해 스타트업 교육과 자금 5,000만 원을 지원하고 있으며, 최근에는 청년전용창업자금 지원을 전년 대비 400억 원 확대했다. 정부에서도 이들의 잠재적인 경제적 가치는 물론 사회적인 영향력을 고평가하고 있는 것이다.

20대 스타트업 희망자 비율
(출처: 중소벤처기업부)

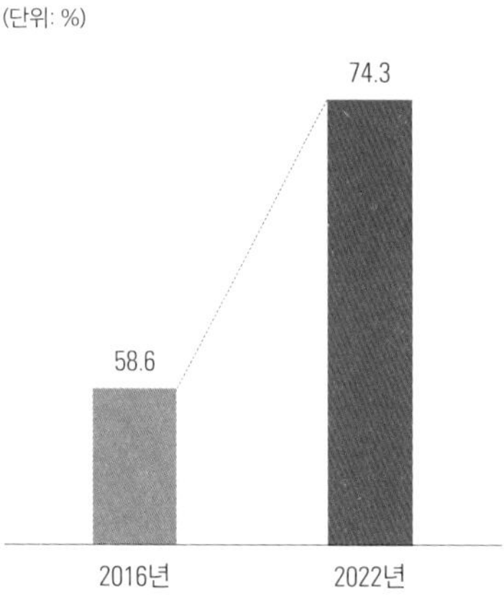

20대가 창업한 기술 기반 창업 기업 수
(출처: 통계청)

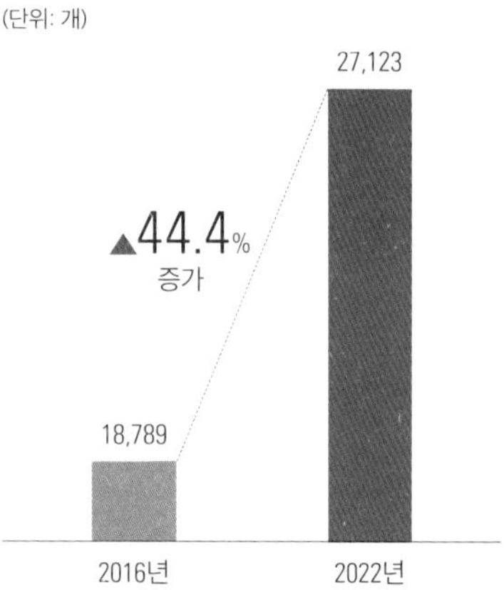

정부의 지원보다 더 흥미로운 것은 기업의 관심이다. 대기업에서 시행하는 최근 주목할 만한 트렌드는 바로 대기업과 스타트업 간의 오픈 이노베이션*과 사내 스타트업 제도의 활성화다. 이 제도들은 이전부터 기업이 도입해온 시스템이지만 최근 다양한 스타트업의 혁신성과 문제 해결 역량이 주목받으면서, 단순 투자 목적이 아니라 기업이 필요한 솔루션을 발굴하고 사업에 활용하기 위한 목적으로 운영되고 있다. 실제로 현대자동차그룹은 2000년부터 '제로원 컴퍼니빌더' 프로그램을 통해 사내 스타트업 육성을 시작해 현재까지 약 30개의 스타트업을 분사해 독립시켰다. 그중 2023년 한 해에 분사한 스타트업만 총 4개로, 현대자동차그룹의 산업과 관련성 있는 스타트업들이다. 자금력과 공급망을 갖춘 대기업의 이런 동향은 스타트업 창업에 활기를 불어넣고 있다.

미래의 스타트업 창업가를 위해 10대들에게 스타트업 창업 정신을 교육하고 투자하는 움직임도 나타나고 있다. 기업가 정신 확산을 위해 2011년 설립된 아산나눔재단이 그 선두 주자다. 2022년부터 현재까지 2,000명이 넘는 초중고 학생들을 대상으로 스타트업 창업 교육과 프로젝트를 진행하고 있으며 학생들이 프로젝트를 통해 달성한 매출이 2,700만 원이 넘는다. 이 프로젝트를 기점으로 다른 기업과 재단에서 더 많은 미래 스타트업 인재를 배출할 것으로 기대된다.

★

오픈 이노베이션 기업이 혁신을 위해 내부 자원을 외부에 공유하고 외부 스타트업이나 연구 기관의 기술과 아이디어를 활용하는 협업 방식

스타트업 관련 시장의 대응

에듀테크 기업의 스타트업 교육 활성화

변화하고 있는 스타트업 트렌드에서 가장 두드러지는 영역은 에듀테크 시장이다. 다양한 교육 서비스를 제공하는 교육 플랫폼들이 스타트업 관련 교육 강좌를 제공하고 있다. 대표적인 에듀테크 기업인 '패스트캠퍼스', '클래스101'은 스타트업 창업부터 운영 등 실무 관련 교육 콘텐츠를 제공한다. 특히 비대면 교육이 가능하다는 장점이 있어 대학생과 직장인에게 인기가 높다. 에듀테크 기업들도 스타트업으로 시작해 성장한 기업이 많기 때문에 스타트업 희망자들이 가질 법한 실질적이고 다양한 니즈를 잘 파악하고 있고, 이를 충족시킬 수 있는 교육 콘텐츠들을 다양하게 제공중이다.

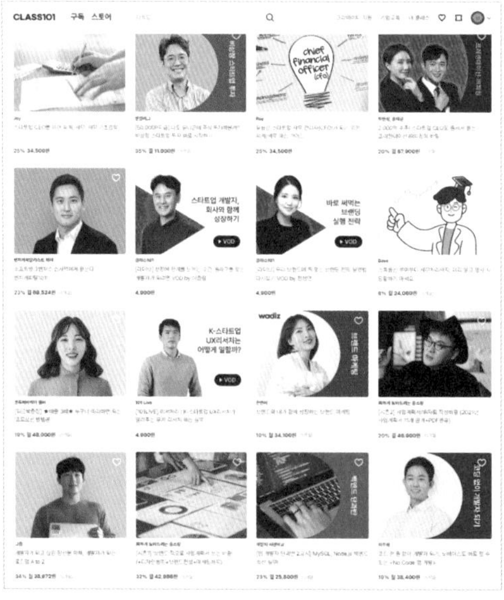

클래스101 내 개설된
스타트업 관련 강의
(출처: 클래스101 홈페이지)

오리지널 스타트업 콘텐츠를 제작하는 미디어의 등장

미디어 분야에서는 20~30대가 좋아하는 콘텐츠 포맷을 스타트업 분야에 접목한 오리지널 콘텐츠 제작으로 창업 트렌드를 이끄는 과감한 시도도 나타나고 있다. 글로벌 스타트업 전문 미디어인 'EO'는 성공한 스타트업의 스토리를 영상 콘텐츠로 제작하던 매체였다. 영상로그를 좋아하는 20~30대에게 EO는 큰 인기를 얻었고, 이를 기반으로 자체 엔터테인먼트 콘텐츠를 기획하게 되었다. 2021년 선보인 EO의 〈유니콘 하우스〉는 스타트업들 간의 서바이벌 경쟁 프로그램으로 우승자에게는 상금, 멘토링 기회, 투자 유치 혜택을 제공한다. 서바이벌 오디션 프로그램인 〈쇼미더머니〉와 〈프로듀스 101〉과 비슷한 포맷이다. 경쟁 오디션에 열광했던 20~30대 예비 창업자들에게 〈유니콘 하우스〉는 입소문을 탔고, 공식 유튜브 채널에 업로드된 〈유니콘 하우스〉는 총 조회수가 3만 회 이상을 기록했다. 토스에서도 2022년 〈FOUND〉라는 서바이벌 포맷의 오리지널 콘텐츠를 제작했고, 6부작으로 구성된 〈FOUND〉의 마지막 화는 11만 회 이상의 조회수를 기록하며 인기를 끌었다.

서바이벌 오디션 포맷으로 오리지널 콘텐츠를 제작한 EO와 토스
(출처: 각 사 홈페이지)

〈FOUND〉에서 최종 1위를 한 스타트업의 대표도 1999년생의 어린 창업자로, 토스는 투자유치금 약 7억 원 상당의 베니핏을 제공했다. 가장 최근 방영한 〈쇼미더머니〉 시즌의 우승 상금이 약 1억 원이라는 점을 고려하면 스타트업 콘텐츠의 영향력이 매우 커지고 있음을 알 수 있다.

전문 크리에이터에서 스타트업 창업으로

특정 분야에 전문성을 가진 크리에이터가 스타트업에 진출하는 사례도 있다. 아이들을 위한 교육과 놀이 콘텐츠를 제공하는 유튜브 채널 다니와놀잇 DANI의 최다은 키즈 크리에이터가 대표적인 예다. 최다은 대표는 전문적으로 키즈 콘텐츠를 제작해 60만 명 이상의 구독자를 지닌 크리에이터로, 2022년 알파세대 아이들을 위한 소셜 플랫폼인 '놀잇' 베타 버전을 출시했다. 알파세대를 겨냥한 이 플랫폼은 아이들을 비대면으로 매칭시켜 비슷한 취향을 가진 다른 친구와 함께 놀며 사회성을 발달시킬 수 있는 서비스다. 놀잇은 2023년 1월 스타트업 경진대회 중 하나인 '디캠프'에서 우승해 투자금 유치에 성공하고 4월에 정식 서비스를 론칭했다. 론칭 후 현재까지 1만 건 이상의 소셜 매칭에 성공하며 어린이와 부모 사용자들에게 호평을 받고 있다. 이는 특정 영역에 전문성을 가진 유튜브 크리에이터가 팬덤의 신뢰를 구축하고, 이를 기반으로 관련 분야에서 스타트업을 성공적으로 창업한 사례라고 할 수 있다. 전문성을 가진 크리에이터들이 콘텐츠에만 머무르지 않고 점차 스타트업이라는 비즈니스 영역으로 확장해가고 있음을 보여준다.

아이들의 소셜 매칭 서비스를 제공하는 놀잇 (출처: 놀잇 홈페이지)

젊은 플레이어들이 스타트업에 뛰어들면서 전체 스타트업 시장이 전성기를 맞이하고 있다. 20~30대, 심지어 10대들까지 도전하는 요즘의 스타트업은 뚜렷한 특징이 있다. 돈이 될 만한 아이디어를 먼저 찾아 나서기보다는 자신이 일상에서 경험했던 것들 중 사람들이 공감할 만한 콘텐츠를 아이디어로 전환한다는 것이다. 그리고 스타트업 시장에 진입할 때 무리한 경쟁을 하기보다는 아이디어와 노하우를 공유하면서 사업 아이템을 더 좋은 서비스로 발전시킨다. 이 과정에 20~30대 청년들이 문화를 즐기고 소비하는 형식이 고스란히 담겨 있다. 이들이 주도하기 시작한 이러한 트렌드는 혁신적인 플랫폼과 새로운 미디어 콘텐츠까지 탄생시키며 스타트업 분야의 새로운 문화로 자리잡고 있다. 이들은 단순히 경제적 이익만을 위해 스타트업을 창업하는 것이 아니라, 스타트업을 기획하고 론칭하는 전반의 과정을 매우 즐기고 있는 것으로 보인다. 돈을 버는 기쁨과 더불어 자신의 아이디어가 실현되면서 많은 문제를 해결하고 사람들에게 공감받는 것에 행복해한다. 그래서 이들의 스타트업은 참신하기도 하고 때로는 엉뚱하기도 하지만, 누군가에게는 꼭 필요한 솔루션이 된다. 돈의 가치가 조금 더 중요했던 벤처기업 시대에서 한 단계 진화하고 있는 것이다. 앞으로 이들이 만들어갈 스타트업 시장은 돈의 가치보다 사회적 공감과 도움의 가치가 우선시되는 시장이 될 것이라 기대해본다.

Beyond K:

한류에서 주류로

4

전 세계 가전 시장의 1, 2위를 다투는 LG전자와 삼성전자, 휴대폰 시장을 스마트폰 시장으로 바꿔놓은 아이폰의 유일무이한 경쟁 상대로 세계를 제패한 삼성 갤럭시, 2023년 세계 완성차 판매 3위를 기록한 현대차까지. 노동 집약 제조 국가에서 엄연한 기술 국가로 성장한 대한민국의 자랑스러운 성적표다. 한국은 유형의 제품뿐 아니라 무형의 문화 상품으로도 새로운 역사를 쓰고 있다. 2019년 영화 〈기생충〉을 시작으로, 〈미나리〉, 〈오징어 게임〉, 〈헤어질 결심〉 등 굵직한 작품들이 칸, 아카데미, 에미 등 글로벌 권위의 상을 휩쓸었다. 특히 〈오징어 게임〉은 전 세계인이 한국의 오랜 놀이인 '무궁화 꽃이 피었습니다'와 '뽑기'를 하는 진풍경을 만들어냈다. 아시아에 국한되었던 K-pop의 인기는 BTS와 블랙핑크를 통해 북미와 유럽까지, 전 세계로 확장됐다.

한때의 유행으로 그칠 줄 알았던 한류는 계속 진화하며 존재감이 더욱 커지고 있다. 한국인보다 K-pop을 더 잘 아는 외국인이 생기고, K-콘텐츠들이 각종 OTT에서 글로벌 1위를 차지하는 것도 더이상 놀라운 일이 아니다. 세계 각국의 보호무역과 중국의 한한령에도 불구하고 K-브랜드들은 뛰어난 기술과 제품력을 넘어 브랜드 그 자체로 선망의 대상이 되기도 한다. 한국의 문화 상품과 브랜드는 이제 'K'의 범주를 넘어 그 자체로 주류가 되고 있다.

©Danny Howe, Unsplash

모든 분야에서 진화하고 있는 K-컬처

BTS와 〈오징어 게임〉, 그 이후

K-pop을 대표하는 BTS는 일부 멤버들의 군입대와 함께 잠정적으로 그룹 활동을 중단했지만, 전 멤버들의 솔로 앨범이 글로벌 음악차트를 석권하면서 '군백기'에 대한 우려를 불식시키고 명실상부한 K-pop 넘버원 보이그룹의 저력을 보여줬다. K-pop 걸그룹의 역사를 쓰고 있는 블랙핑크 역시 미국의 4대 대중음악 시상식 중 하나인 '2023 MTV 비디오 뮤직 어워즈'의 6개 부문에 후보로 올랐고, '올해의 그룹'과 '베스트 안무' 2관왕을 차지했다. 블랙핑크 외에도 BTS 정국, 투모로우바이투게더 등 한국 가수가 총 다섯 부문에서 상을 받았으며, 이번 시상식에서 '올해의 그룹' 부문 후보에 오른 8팀 중 5팀이 K-pop 가수였다는 점에서 공고한 K-pop의 위상을 확인할 수 있다. 이 밖에도 뉴진스는 K-pop 걸그룹 중 최초로 세계적인 뮤직 페스티벌 롤라팔루자(Lollapalooza) 무대에 올라 화제가 됐다. IBK투자증권 자료에 따르면 하이브, SM, JYP, YG 등 국내 4대 엔터테인먼트사의 K-pop 코어

세계의 호평을 받은
뉴진스의 롤라팔루자 무대
(출처: 시카고 AP 연합뉴스)

팬덤* 규모는 약 350만 명으로, 이 팬덤을 기반으로 한 산업 규모가 약 8조 원에 이른다고 한다.

K-pop과 함께 K-컬처를 선도하는 또 하나의 축인 K-콘텐츠는 OTT를 중심으로 인기를 이어가고 있다. 방송통신위원회와 한국방송광고진흥공사의 「2022 해외 OTT 이용행태조사」 보고서에 따르면, 미국 인구의 약 70%가 넷플릭스 등의 OTT 서비스를 이용하며 그중 90.4%가 자국 콘텐츠를 이용하고, 한국 콘텐츠 이용률은 43.1%로 미국 콘텐츠 다음으로 높은 것으로 나타났다. 이는 그다음 순위인 영국(28.7%)과 일본(25.3%) 대비 현저히 높은 수치다. 아시아권 국가 중 타이완과 인도네시아는 한국 콘텐츠를 가장 많이 시청하며 그다음으로 자국 콘텐츠를, 세번째로 미국 콘텐츠를 시청하는 것으로 나타났다. 2022년 기준 넷플릭스의 인기 상위 100개 콘텐츠에서 한국 콘텐츠는 16개로 미국에 이어 2위 국가에 올랐다. 이는 〈오징어 게임〉 흥행 이후 K-콘텐츠의 인기가 양적으로 성장한 것을 보여주는 지표들이다.

K-pop과 K-콘텐츠의 공통된 인기 요인은 세계 어디에서나 통하는 보편성을 기반으로 한 우리만의 고유성에서 찾을 수 있다. K-pop은 힙합, 팝 등 서구 중심의 대중음악과 일본의 아이돌 시스템을 적절히 융합하여 익숙하면서도 참신한 한국만의 새로운 장르를 만들어냈다. 기억하기 쉬운 훅과 안무, 화려한 뮤직비디오를 통한 볼거리, 체계적인 팬덤 관리 등은 SNS상의 2차 콘텐츠 생산을 유도하면서 파급력을 더했고, 이는 K-pop의 주요한 특징이자 성공 요인이 되었다. 이제 한국 가수들은 세계 시장을 겨냥하여 100% 영어 가사로 노래하고 데뷔와 동시에 미국에 진출하기도 한다. K-pop이라는 범주 자체가 모호하게 느껴질 정도로 전 세계 음악 시장의 주류로 자리매김하고 있다.

★

코어 팬덤(Core Fandom) 좋아하는 아티스트를 위해 적극적으로 행동하고 소비를 아끼지 않는 팬층. 새로운 음반을 수십 장씩 구매하고 사비를 들여 뉴욕 타임스 스퀘어 광고나 비행기, KTX 열차 래핑 광고 등을 집행하며 아티스트를 홍보하기도 함

K-콘텐츠도 마찬가지다. 세계적인 인기를 얻었던 넷플릭스 시리즈 〈킹덤〉은 지극히 서구적인 장르인 좀비물과 조선시대의 신선한 조합으로 전 세계에 갓 열풍을 불러일으켰고, 〈오징어 게임〉은 〈배틀로얄〉, 〈헝거 게임〉과 같이 최후의 1인이 남을 때까지 경쟁하는 전형적인 배틀 게임 장르에 지극히 한국적인 놀이와 게임, 사회적 배경을 담아 익숙하지만 새로운 재미를 더했다. 최근 마블 스튜디오 신작들의 흥행 성적이 저조한 가운데, 히어로물의 새로운 가능성을 보여준 디즈니+ 오리지널 콘텐츠 〈무빙〉 역시 〈엑스맨〉이 연상되는 일반인과 초능력자들의 대립 구도 문법을 따랐지만, 할리우드 히어로물과는 달리 현실에 발을 딛고 살아가는 '생활밀착형' 초능력자들의 스토리와 휴머니티가 돋보였다. 이 때문에 〈무빙〉은 '호소력 짙은 감정적 서사를 지닌 한국형 히어로물'이라는 외신의 찬사를 받으며 세계적인 흥행을 기록했다.

디즈니+ TV쇼 부문 월드와이드 1위를 차지한 〈무빙〉
(출처: 월트디즈니컴퍼니 코리아 홈페이지)

새로운 전성기를 맞이한 K-푸드

K-pop과 K-콘텐츠의 파급력이 높아지면서 K-푸드에 대한 세계의 관심도 자연스럽게 높아졌다. 단, 이전의 K-푸드는 불고기, 김치, 비빔밥 등 전통 음식이 주도했다면, 해외 MZ세대 사이에서의 유튜브 먹방을 시작으로 SNS를 통해 라면, 떡볶이, 핫도그, 김밥 등 부담 없이 즐길 수 있는 식품으로 K-푸드가 재편되고 있다. K-컬처의 레버리지로 부상하는 대표적인 K-푸드인 라면은 '파이어 누들 챌린지'와 〈기생충〉에 나온 '짜파구리', BTS 진을 광고 모델로 발탁한 오뚜기 진라면의 히트까지 이어지며, 2023년 상반기에만 역대 최초로 라면 수출액 4억 달러를 넘겼다. 2023년 여름에는 태국 MZ세대의 집결지라 불리는 '시암 디스커버리'에 농심, 팔도, 오뚜기, 삼양이 함께 7,500여 개의 제품을

유투버 영국남자의 불닭볶음면 먹방을 시작으로 세계적으로 유행한 파이어 누들 챌린지
(출처: 영국남자 유튜브)

전시하고 시식 서비스를 제공하는 K-라면 팝업스토어 '보글보글'을 선보였다. 다양한 라면은 물론 한국의 라면 문화를 체험할 수 있게 하여, 약 5주의 운영 기간 동안 4만 명 이상의 방문객을 기록하는 등 현지 MZ세대에게 큰 인기를 끌었다.

라면 외에도 한국의 대표 분식 메뉴들이 선풍적인 유행이다. BTS 지민이 다양한 콘텐츠에서 떡볶이를 최애 메뉴로 언급하면서 떡볶이 열풍을 일으켰다. 미국 온라인 쇼핑몰과 마트에서 떡볶이 밀키트 판매가 급증했고, 영국에서는 줄을 서서 먹는 메뉴가 되었다. SNS에서는 떡볶이 먹방뿐 아니라 직접 레시피를 찾아 요리하는 것이 유행하며, 미국 래퍼 카디 비(Cardi B)와 배우 캣 데닝스(Kat Dennings) 등 유명 스타들까지 '떡볶이 챌린지'에 동참했다. 틱톡을 통해 부상한 또다른 메뉴는 김밥이다. 심지어 대형 유통 체인의 PB제품으로 생산된 냉동 김밥이 김밥 유행의 중심에 있다. 미국 42개 주에 560여 개 매장을 둔 '트레이더 조(Trader Joe's)'는 다양하고 독특한 PB제품으로 유명해 신

아시아 최대 규모의 K-라면 팝업스토어 보글보글
(출처: 이노션 보도자료)

시암 디스커버리
(출처: 이노션 보도자료)

제품이 출시될 때마다 소비자들의 SNS 리뷰가 쏟아지는데, 재미교포 음식 블로거 사라 안(Sarah Ahn)이 틱톡에 트레이더 조의 냉동 김밥을 소개한 게시물이 1,100만 뷰를 넘으면서 냉동 김밥 품귀 현상에 불을 지폈다. 맛뿐 아니라 비건 식품으로 건강에 좋다는 인식이 미국에서 김밥의 인기를 가속화했다. 김밥 역시 불닭볶음면과 함께 먹거나, 계란옷을 입혀 먹는 등 다양한 '김밥 챌린지'가 이어지고 있다.

한식의 세계화는 K-푸드의 오랜 숙제였다. 미국의 비영리 조사 연구단체인 퓨 리서치 센터(Pew Research Center)의 조사에 따르면, 미국 내 아시안 식당 중 71%는 중식, 일식, 태국식으로 한식당은 인도와 베트남에 이어 6위에 그치는 수준이라고 한다. SNS를 통해 일종의 놀이처럼 확산된 K-푸드 열풍은 한식의 세계화에 새로운 가능성을 열어주었다. 앞으로 K-푸드가 SNS 챌린지용 푸드 이상으로 세계인의 일상에 더 깊숙이 자리잡기 위해서는 다양한 차원의 노력이 이어져야 할 것이다.

미국의 떡볶이 열풍을 집중 보도한 NBC 기사
(출처: NBC 홈페이지)

트레이더 조 김밥 리뷰 영상
(출처: The Tiny Reviewer 유튜브)

'K-프리미엄' 없이 프리미엄 브랜드가 된 K-브랜드

K-브랜드에 닥친 악재

K-컬처는 다양한 영역에서 지속적인 히트를 기록하고 있지만 수출 경제는 녹록지 않았다. 2022년 472억 달러의 역대급 무역 적자를 기록하며 'K'의 승승장구에 적색 불이 켜졌다. 수출 적자에는 여러 요인이 복합적으로 작용하고 있지만, 특히 주요 시장인 중국 기업의 제품력 상승과 중국 소비자들의 애국 소비 성향 증가, 미중 무역 갈등으로 인한 자국 중심의 공급망 재편 등이 한국 브랜드 부진의 직격탄이 되었다. 중국에서는 삼성 갤럭시가 아닌 화웨이와 샤오미로, 가전제품은 세계 1위를 다투는 LG와 삼성보다 하이얼, 메이디, 샤오티엔어 등의 가성비 좋은 자국 브랜드나 프리미엄 가전이라는 인식이 강한 독일의 지멘스로 양분화되고 있다. 뷰티 시장 역시 유럽, 미국, 일본 브랜드 중심의 프리미엄 브랜드와 자국 브랜드 및 동남아 브랜드 등 가성비 브랜드로 소비 심리가 양극화되어 국내 브랜드의 입지가 사라졌다. 아모레퍼시픽은 이니스프리, 에뛰드 등의 로드숍 매장을 철수하며 비용을 절감하고 온라인으로 사업 전략을 전환하고 있다.

'K' 색채 없이 승승장구하는 K-브랜드들

중국 시장의 위기를 기회로 역전시킨 브랜드가 있으니 바로 '젠틀몬스터'다. 2013년 드라마 〈별에서 온 그대〉가 중국에서 선풍적인 인기를 끌면서, 젠틀몬스터가 본격적으로 중국에 진출하기 전부터 이미 '천송이 선글라스'로 중국에서 유명해져 젠틀몬스터에게는 자연스럽게 'K' 라벨이 붙을 수밖에 없었다. 그러나 2017년 사드 사태 이후, 한한령으로 소비자 사이에 반한 정서가 확산되면서 위기를 맞았고, 이후 젠틀몬스터는 브랜딩 활동에서 철저히 한국 색채를 빼기 시작했다. 한국 셀럽 등 한국과 연결 지을 수 있는 모든 브랜드발 콘텐츠를 중단하고, 젠틀몬스터가 가장 잘하는 파격과 혁신을 중심으로 중국 시장에 새로운 승부수를 띄웠다. 한국보다 훨씬 자극적이고 과감한 매장 공간을 선보이면서 가장 유명한 럭셔리 상권과 최고급 쇼핑몰에만 입점하였고, 의도적으로 럭셔리 브랜드 옆에만 매장을 오픈하며 중국 소비자들에게 자연스럽게 글로벌 럭셔리 브랜드라는 인상을 남겼다. 2021년에는 젠틀몬스터가 지향하는 퓨처 리테일의 모습을 담는 '하우스(HAUS)' 프로젝트의 두번째 공간을 상하이에 오픈했다. 서울의 하우스 도산보다

중국의 젠틀몬스터 플래그십 스토어, 하우스 상하이
(출처: 젠틀몬스터 홈페이지)

더 웅장한 '하우스 상하이'는 4개층 약 1,000평(3,270㎡) 규모의 공간으로 구성되었는데, 주일룡, 오양나나 등 중국의 셀럽들이 방문하며 이슈를 끌었다. 2022년에는 베이징 쇼핑가인 산리툰에 3개층에 약 400평(1,340㎡) 규모의 젠틀몬스터 단일 브랜드 역사상 최대 규모의 오프라인 매장을 오픈했다. 그 밖에도 화웨이와 컬래버레이션을 통한 스마트 안경 출시 등 다양한 혁신으로 인해 중국 시장에서 젠틀몬스터를 한국 브랜드가 아닌 글로벌 럭셔리 브랜드로 인식하는 중국 소비자가 늘었고, 중국의 궈차오* 열풍을 뛰어넘는 브랜드가 되었다. 젠틀몬스터 제품은 중국에서 한국 대비 30~40% 높은 가격으로 판매되고 있으며, 중국 사업이 전체 매출의 40%를 차지할 정도로 중국은 젠틀몬스터에게 주요한 시장이 되었다. 'K'의 위기를 계기로 삼아 더욱 젠틀몬스터다운 브랜딩을 전개하게 되었고, 국가 정체성을 넘어 글로벌 럭셔리 브랜드로 자리잡게 된 것이다.

세계인의 선망의 대상으로 자리잡은 또다른 브랜드는 '헬리녹스'다. 요즘 특정 카테고리에서 프리미엄 브랜드로 자리잡은 신생 브랜드에 'OO계의 에르메스'라는 수식어를 붙이는데, 헬리녹스는 '캠핑계의 에르메스'라는 타이틀을 얻은 한국 브랜드다. 헬리녹스의 대표 제품 '체어원'은 개당 가격이 10만 원대, 텐트는 200만 원대이지만 품절 사태가 끊이지 않는다. 헬리녹스의 성공 이유로는 가장 먼저 혁신적인 제품력을 들 수 있다. 체어원은 접으면 30cm가량의 크기에 1kg도 안 되는 무게로 145kg을 지탱할 수 있다. 이러한 제품력은 전 세계 텐트폴 시장의 90% 점유율과 180여 건의 특허를 보유한 모기업 동아알루미늄(DAC)의 기술력으로 가능했다. 하지만 헬리녹스가 품질을 넘어 전 세계인이 열광하는 지금의 브랜드 위상을 갖게 된 계기는 슈프림과의

★

궈차오 중국의 전통 브랜드 '궈(国)'와 트렌드를 뜻하는 '차오(潮)'가 합쳐진 신조어로, 수입 브랜드가 아닌 자국 제품과 브랜드를 구매하자는 애국주의 소비운동

컬래버레이션에서 시작된 다양한 글로벌 브랜드와의 협업 덕분이었다. 일본의 스트리트 패션 브랜드 네이버후드, 미국의 패션 브랜드 칼하트 등 힙한 글로벌 스트리트 브랜드부터 루브르 박물관, 포르쉐, 베어브릭, 10 꼬르소 꼬모 등 산업군을 넘나드는 다양한 브랜드들의 러브콜을 받으며 컬래버레이션을 진행하여 '콜라녹스'라는 별명까지 얻었다. 이 같은 컬래버레이션 제품들은 리셀 플랫폼에서 4~5배 비싼 가격으로 거래되기도 한다. 특히 루브르 박물관 유리 피라미드 30주년 행사용으로 제작된 1,000개의 의자는 루브르 박물관 광장에 펼쳐져 있는 광경만으로 전 세계에 홍보 역할을 톡톡히 했으며, 이날 쓰인 의자들은 다시 수거되어 빈티지 리미티드 제품으로 모두 재판매되었다. 이처럼 헬리녹스는 다양한 브랜드와의 협업을 통해 단순 아웃도어 캠핑 브랜드를 넘어 전 세계 MZ세대의 힙한 브랜드로 성장할 수 있었다.

루브르 박물관 유리 피라미드 30주년 행사용으로 제작된 의자
(출처: 헬리녹스 홈페이지)

일본의 네이버후드와 컬래버레이션한 헬리녹스 제품
(출처: 헬리녹스 홈페이지)

K-컬처와 K-브랜드의 의의와 성장 요인

한국의 이미지를 견인하는 문화와 브랜드

해외문화홍보원(KOCIS)의 국가 이미지 조사 결과, 외국인들은 한국에 대한 연상 이미지로 가장 먼저 '문화'를 떠올리고 다음으로 '대중음악', '한식', '기술·엔지니어'를 떠올렸다. 잘 알고 있는 세부 분야로는 '대중음악'이 가장 많았고, 다음으로 '영화', '한국산 제품·브랜드', '한식' 순으로 나타났다. 또 79.3%가 한국에 대한 국가 이미지를 긍정적으로 평가하였는데, 이러한 이미지 형성에 대중문화, 문화 유산, 한국산 제품과 브랜드가 가장 크게 영향을 미쳤다.

천혜의 환경과 역사 등을 통해 국가 프리미엄이 형성된 나라들과 달리, K-컬처와 K-브랜드는 각 영역에서 자체 경쟁력만으로 전 세계의 인정을 받고 K-프리미엄을 스스로 만들어가고 있다. 일부 유럽 국가들에 대한 긍정적인 이미지와 인식이 그 나라의 제품과 문화에 대한 호기심과 선호도로 이어진다면, 한국은 그 반대인 것이다. 음악, 영화, 드라마, 음식, 브랜드에 대한 긍정적인 경험이 국가에 대한 이미지를 형성한다는 차원에서 한국의 문화 상품과 브랜드들의 선전이 갖는 의미가 더욱 크다.

한국에 대한 자유 연상 이미지 (출처: 해외문화홍보원, 「2022년도 국가이미지 조사 보고서」)

(Base: 전체, n=12,000, 단위: 복수응답 %)

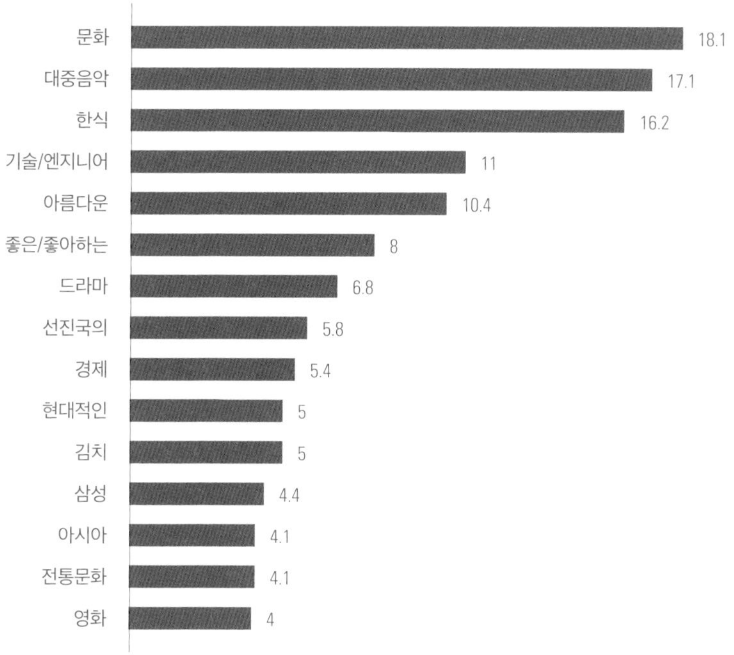

한국 국가 이미지 영향 요인 - 긍정 요인

(Base: 전체, n=9,519, 단위: 복수응답%)

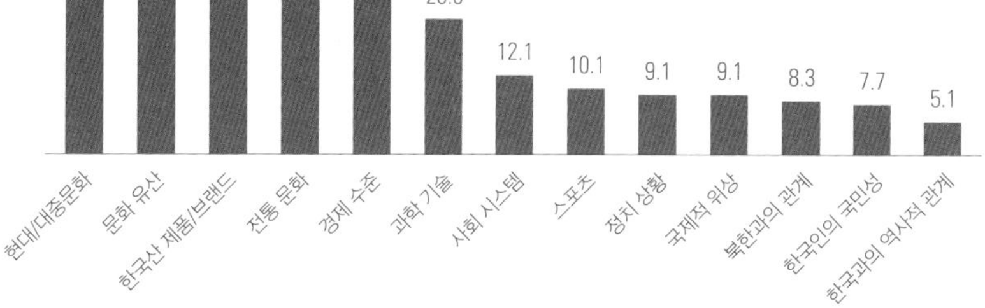

외국인의 한국 국가 이미지 호감도

(Base : 전체, n=1,200)

Beyond K, 한류를 넘어 주류가 될 수 있는 원동력

K-컬처와 K-브랜드의 공통된 성공 요인으로는 먼저 변화한 미디어 환경을 꼽을 수 있다. 세계는 지금 폐쇄적인 동시에 개방적이라고 할 수 있는데, 보호무역 등으로 자국 경제 보호 중심의 정책과 제도가 시행되고 있으면서도 SNS로 연결된 미디어 환경 때문에 전 세계 소비자들은 그 어느 때보다 하나로 연결되어 있다. 실제로 외국인들이 한국 관련 정보를 접하는 경로로 '온라인'이 압도적으로 많았고, 세부 온라인 채널로는 유튜브와 넷플릭스가 주요했다. 국가를 뛰어넘는 소비가 가능한 상황에서 경쟁력 있는 한국의 문화와 브랜드가 유튜브, 틱톡, 인스타그램, 넷플릭스 등의 미디어를 통해 각국의 소비자들에게 닿을 수 있던 것이다.

미디어의 변화와 같은 환경적인 요인 외에 K-컬처와 K-브랜드의 공통된 저력은 한국 고유의 DNA라고 할 수 있는 역동성과 빠른 적응력이다. 역사적으로 변화무쌍한 사계절의 날씨와 대륙과 열도 사이에서 수많은 외침을 받으며 우리 민족은 환경에 부지런히 적응하며 살아남기 위해 끊임없이 변화해야 했다. 빠르고 부지런하게 맡은 일을 완수하면서 독자성을 갖춰가는 기질과 역량이 내재화된 것이다. 이러한 민족성은 동아시아 최강국 중국의 문자를 두고 우리 고유의 새로운 언어 체계를 빠르게 창조하여 정착시킨 것에서도 엿볼 수 있다. 50여 년 전 자동차 조립 생산자에서 미래 모빌리티 시대를 주도하는 세계 3위 완성차 제조사로 성장하고, 스마트폰 시장의 팔로워에서 폴더블폰 등의 독보적인 기술력으로 세계 패권을 두고 경쟁하는 오늘의 기업들에서도 한국 고유의 DNA를 찾아볼 수 있다. 이와 같이 시대의 변화에 빠르게 대응하며 진화하는 역동성은 지금의 K-컬처와 K-브랜드들이 세계적인 보편성을 기반으로 한국만의 차별적인 가치를 창조하여 전 세계에 독보적인 존재감을 드러내게 한 원동력이었다. 그리고 앞으로도 다양한 분야에서 'K'를 넘어 세계 속 주류로 더욱 공고히 성장하는 밑거름이 될 것이다.

한국 관련 정보 접촉 경로 (출처: 해외문화홍보원, 「2022년도 국가이미지 조사 보고서」)

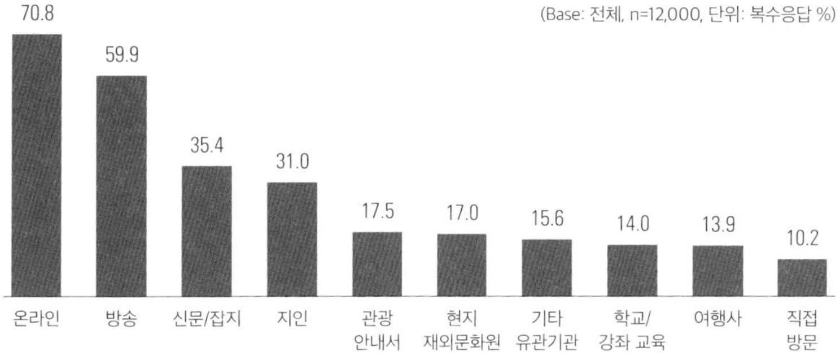

온라인으로 한국을 접하는 경로 (출처: 해외문화홍보원, 「2022년도 국가이미지 조사 보고서」)

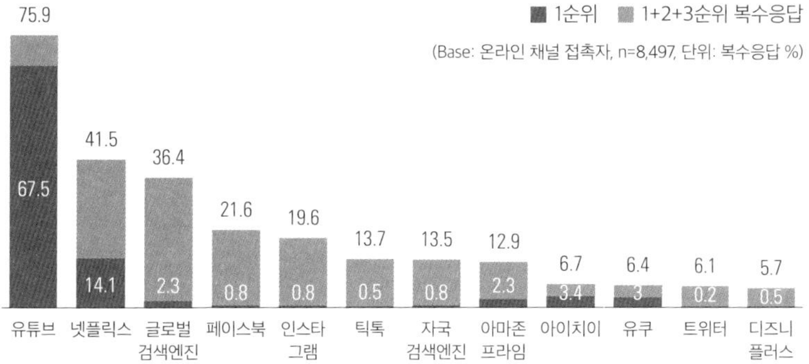

BTS와 〈오징어 게임〉 이후에도 다양한 아이돌 그룹의 히트곡이 빌보드 차트를 갱신하고 있으며, 각종 OTT에서 한국의 시리즈가 높은 시청 시간을 기록하고 있다. 음식 역시 불고기, 김치와 같은 전통 한식을 넘어 다양한 메뉴가 세계인들의 사랑을 받으며 K-푸드의 위상을 높이고 있다. 세계 각국이 자국 경제를 보호하는 법과 제도를 시행하고 애국 소비와 같은 국민 정서가 확산되는 상황에서도 한국의 문화와 브랜드는 세계인의 일상과 마음에 침투하고 있다. 한국 문화와 브랜드의 성공이 더욱 의미 있는 이유는, 국가 이미지의 후광 없이 그 자체 경쟁력만으로 이뤄낸 성과이기 때문이다. 서구 중심의 세계관이 문화와 경제 등 모든 분야에 보편화된 세상에서 한국 문화가 세계적인 팬덤을 형성하고, 다양한 산업에서 한국 브랜드가 쿨하고 힙한 브랜드로 활약하고 있는 것은 '한강의 기적'에 이은 또다른 기적일 것이다.

끊임없는 외세의 침략과 식민 지배, 전쟁과 가난을 모두 극복한 대한민국의 역사는 스스로 자신을 지키며 성장한 자생의 역사 그 자체였다. K-컬처와 K-브랜드가 걸어온 길 역시 이를 닮았다. 기댈 수 있는 국가적 배경이나 국가 프리미엄 없이 자생적으로 성장한 한국의 문화와 기술, 브랜드들은 그 자체로 세계에서 인정과 환호를 받고 있으며, 앞으로도 끊임없이 세계로 뻗어나갈 것이다.

“

한국 문화와 브랜드의 성공이

더욱 의미 있는 이유는,

국가 이미지의 후광 없이

그 자체 경쟁력만으로 이뤄낸

성과이기 때문이다.

”

Part 4

마케팅

비즈니스 현장의 마케팅 전문가들이 주목한
라이프스타일 인사이트

다 경험이야:

겪고 나니 사게 되는 것들

1

과거에는 50% 이상의 시청률을 기록하는 메가 히트 드라마들이 종종 있었지만, 요즘은 시청률 10%를 넘는 드라마를 찾기가 쉽지 않다. 불과 2000년대 초반까지만 해도 방송국에서 송출하는 콘텐츠 이외에는 즐길 거리가 없었던 반면, 지금은 OTT 서비스, 유튜브, 소셜미디어 등 언제든 마음껏 즐길 수 있는 콘텐츠들이 산재되어 있기 때문이다. TV 시청 인구가 줄어들면서 그동안 많은 시청자에게 노출되는 것이 가장 큰 장점이었던 TV 광고 역시 예전 같은 성과를 만들지 못하고 있다. 게다가 기업이 발신하는 메시지에 대한 소비자 신뢰가 떨어진 지도 이미 오래다. 불과 얼마 전까지만 해도 광고 메시지를 대신 전달하는 매개체로 인기를 끌던 인플루언서들은 어느새 마케팅 채널 중 하나로 인식되면서, 인플루언서라는 말이 무색하게 이전보다 영향력이 많이 낮아졌다.

하지만 브랜드 메시지에 무관심해진다 해서 브랜드 자체에 대한 소비자의 관심이 낮아진 것은 아니다. 우리는 일상생활에서 수많은 브랜드에 노출되어 있을 뿐만 아니라, 다양한 브랜드들을 경험하며 살아가고 있기 때문이다. 끊임없이 새로운 브랜드가 생겨나고 경쟁이 점점 더 치열해지고 있는 세상에서 살아남기 위해, 기업들은 이전처럼 전통 미디어와 광고 콘텐츠에 집중하여 브랜드 메시지를 알리는 것이 아닌 다양하고 자연스러운 방식으로 브랜드를 경험시키기 위한 활동에 마케팅 예산을 분산중이다. 이제는 차별적인 경험만이 브랜드의 경쟁력이자 성장의 원동력이 될 수 있다.

©Kristian Egelund, Unsplash

다시 경험이 주목받는 세상

코로나19 이후 변화된 마케팅 환경

지난 몇 년간 우리의 삶을 바꿔놓은 코로나19가 지나가고 드디어 대부분의 일상생활이 회복되었다. 그동안 여러 제약으로 쉽게 갈 수 없었던 해외여행을 즐기려는 사람들이 급증하고 있으며, 백화점이나 쇼핑몰도 주말이면 사람들로 북적인다. 또한 다시 시작된 각종 공연과 전시 등 문화 이벤트는 티켓이 순식간에 매진되고 있다. 비록 인플레이션과 경기 불황으로 소비 심리는 위축되고 있지만, 언제 전염병으로 우리의 일상이 통제되었었나 싶을 정도로 빠르게 오프라인 활동들이 우리 생활의 중심을 다시 차지하는 중이다. 하지만 마케팅 관점에서 보면 팬데믹을 거치는 동안 확연하게 우리의 일상을 바꾸고 뉴노멀로 자리잡은 소비자 행동 변화가 존재한다.

첫번째는 정보 탐색 방식이다. 과거에는 광고 메시지나 포털 서비스에서의 검색을 중심으로 정보를 습득했다면, 팬데믹을 거치는 동안 온라인 활동에 익숙해진 소비자들은 보다 다양한 채널을 통해 적극적으로 정보를 탐색한다. 예를 들어, 구매 결정을 내리기 전에 유튜브나 인스타그램 등 소셜미디어에서 크리에이터가 만든 콘텐츠나 일반인의 구매 후기를 찾아보고, 맛집을 검색할 때는 캐치테이블 같은 예약 전문 플랫폼에서 방문 후기를 살펴보는 것이 당연한 일상이 되었다. 코로나19가 한창 유행중이던 2021년 구글이 소비자 조사를 통해 발표한 자료에 따르면, 팬데믹 이전 대비 소비자들이 온라인 쇼핑 시 사용하는 플랫폼의 개수가 증가하였으며, 구매 여정 또한 길고 복잡해진 것으로 나타났다. 이처럼 과거보다 더 많은 정보를 탐색하고, 보다 객관적인 정보를 얻고자 하는 소비자의 니즈가 증가하는 상황에서 기업이 발신하는 일방적인 메시지는 그 효과가 점점 떨어질 수밖에 없다. 특히 2023년 챗GPT로 인해 전 세계적인 화두가 된 생성형 AI의 발전은 소비자들이 이전보다 더 많은 정보를 보다 쉽고 빠르게 탐색할 수 있게 할 것으로 기대된다. 검색 과정을 반복하며 다양한 정보를 탐색하던 소비자들이 인공지능과의 몇 차례 대화만으로 정제된 정보를 손쉽게 획득할 수 있기 때문이다.

두번째는 쇼핑 방식으로, 코로나19로 외출에 제약을 받기 시작하면서 온라인 쇼핑이 전 연령층으로 확산될 수밖에 없었다. 배송의 편리함, 쿠폰이나 적립금 사용으로 인한 경제적 이득 등을 경험한 소비자들이 온라인 쇼핑에 집중하면서 오프라인 매장들도 온라인으로 영역을 적극 확장하였고, 온라인과 오프라인의 경계가 없어진 옴니채널*은 이제 대세가 되었다. 특히 일상이 회복되면서 온라인 중심으로 성장해온 여러 브랜드가 오프라인 공간을 오픈하고 실질적인 브랜드 경험을 제공하려고 하는 것은 주목할 만한 특징이다. 이제 오프라인 공간은 더이상 단순히 판매만을 목적으로 하는 공간이 아니며, 소비자들과 실질적으로 교감이 일어나는 공간으로서 그 역할을 하고 있다. 팬데믹 이후에도 여전히 소비자들은 온라인에서 정보를 탐색하고 구매

★

옴니채널(Omni-channel) 소비자들이 온라인, 오프라인의 경계를 자유롭게 넘나들며 끊김 없는 쇼핑 경험을 누릴 수 있게 하는 서비스

도 많이 하지만, 온라인상에서 콘텐츠를 소비하며 느끼는 것보다 실제 오프라인 공간에서 분위기를 느끼며 직접 경험하는 것이 훨씬 더 오랫동안 소비자들의 기억에 남을 수 있기 때문이다.

몇 년 전부터 무신사나 번개장터 같은 온라인 쇼핑몰이 오프라인 매장을 오픈한 것에 이어, 대표적인 이커머스 플랫폼인 쿠팡도 2023년 여름 성수동에 고객 체험형 뷰티 체험관 '메가뷰티쇼 버추얼스토어'를 오픈하여 소비자들의 많은 관심을 받았다. 가상의 쇼핑몰이 아닌 현실 속의 공간에서 다양한 뷰티 브랜드를 체험하는 것은 물론, 행사장 내 QR코드로 쿠팡에 접속하여 상품을 구매할 수 있게 한 이 팝업스토어는 오픈 첫날 전 시간대의 사전 예약이 매진되고 사흘간 1만여 명이 다녀갈 정도로 큰 인기를 끌었다.

쿠팡이 성수동에 오픈한 메가뷰티쇼 버추얼스토어 (출처: 쿠팡 홈페이지)

브랜드 인지도보다 중요해진 연상의 맥락

브랜드 간 경쟁이 치열해짐에 따라 소비자의 브랜드 로열티는 점차 낮아지고 브랜드가 직접적으로 전달하는 정보에도 점점 무관심해지는 상황에서, 기업들은 브랜드를 알리고 브랜드의 가치를 전달하기 위한 마케팅 커뮤니케이션 전략으로 브랜드 경험에 집중하고 있다. 2022년, 비즈니스 전문가들을 대상으로 진행된 설문 조사 결과에서도 향후 5년 동안 비즈니스를 하는 데 있어 가격이나 상품 자체보다 고객 경험을 가장 중요하게 생각하는 것으로 나타났다.

불과 얼마 전까지만 해도 많은 기업이 다양한 매체에 브랜드를 노출시켜 인지도를 높이는 것을 마케팅 목표로 삼았었다. 하지만 소비자들이 구매의사결정 과정에서 직접 다양한 정보를 탐색하고 브랜드의 명성 자체보다는 실제 사용자들의 후기나 객관적인 전문가 리뷰 등에 더 긍정적으로 반응하기 시작하면서, 브랜드 인지도는 고객의 선택을 받는

비즈니스 시 향후 5년간 최우선순위로 생각하는 요소

(출처: SuperOffice 홈페이지)

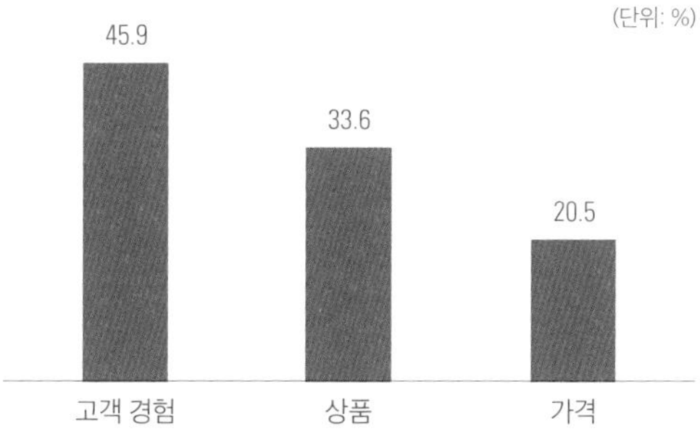

데 이전처럼 중요한 지표가 되지 않고 있다. 낯선 브랜드라 하더라도 탐색 과정에서 신뢰할 만한 정보들이 충분히 주어진다면 언제든 소비자의 구매 고려군에 쉽게 들어갈 수 있는 세상이 되었기 때문이다.

이러한 이유에서 심리적 가용성*에 대한 관심이 높아지고 있다. 아무런 연상 없이 특정 카테고리를 떠올릴 때 가장 먼저 떠오르는 브랜드를 의미하는 '브랜드 최초상기도(TOM)'와는 달리, 외부적인 단서로 작용하는 중요한 맥락 요소가 있을 때 강력하게 연상되는 브랜드가 심리적 가용성이 높은 브랜드다. 예를 들어, SSG의 새벽배송, G마켓의 스마일배송, 네이버의 도착보장 등 수많은 빠른 배송 서비스를 포함하여 각종 택배 브랜드가 있지만, 대부분의 사람들이 빠른 배송 서비스로 쿠팡의 로켓배송을 떠올린다. 빠른 배송이라는 맥락에서 쿠팡이 가장 강력한 연상을 형성했기 때문이다. 실제로 오픈서베이에서 2023년 진행한 조사에 의하면, 가장 많이 이용하는 쇼핑몰은 쿠팡이고, 그 이유로 빠른 배송을 1순위로 응답하였다.

몇 년 전부터 유행처럼 생겨나고 있는 팝업스토어는 브랜드 체험을 제공하는 대표적인 마케팅 활동이다. 공간에 체류하는 시간 동안 다양한 정보를 자연스럽게 습득하는 것은 물론 콘텐츠를 소비하면서 브랜드에 대한 긍정적인 감정을 형성하도록 한다. 하지만 이러한 경험이 브랜드 연상을 강화할 수 있는 맥락을 만들어내지 못하고 단발적인 마케팅 활동으로만 끝난다면 금세 타 브랜드가 제공하는 새로운 경험에 의해 잊힐 수 있다. 특정 기간에만 오픈했다가 사라지기 때문에 한정된 경험이 팝업스토어 방문을 유도하는 매력 요소가 될 수 있지만, 이후 더 새로운 자극 요소를 갖춘 팝업스토어를 경험하게 되면 이전 경험에 대한 기억이 쉽게 휘발될 수 있다는 것은 분명한 한계점이다. 따

★

심리적 가용성(Mental Availability) 특정 상황에서 소비자가 브랜드를 얼마나 잘 연상하는가를 나타내는 개념으로 사우스오스트레일리아대학교의 바이런 샤프(Byron Sharp) 교수에 의해 제시됨

라서 팝업스토어 오픈 자체에 집중하기보다는 함께 방문한 사람이나 현장의 분위기 등 맥락과 어우러져 특정 상황에서 브랜드를 떠올릴 수 있는 경험을 설계하는 것이 보다 중요하다.

다올저축은행은 2022년 수많은 금융 앱 중 인지도 0%의 후발 주자인 다올디지털뱅크 Fi(파이)를 론칭하면서 단순히 브랜드 인지도를 높이기 위한 광고를 집행한 것이 아니라 '머니퍼퓸'이라는 특별한 경험을 설계하여 소비자들에게 큰 인기를 끌었다. 국내 향 전문 브랜드인 '수향'과 협업하여 지폐 성분 분석을 통해 '돈의 향기'를 섬세하게 구현한 향수를 출시한 것이다. 고객 경험 차원에서 소비자가 직접 본인의 취향에 맞는 머니퍼퓸을 만들어볼 수 있도록 하는 프라이빗 원데이 클래스를 운영하였을 뿐만 아니라, 소위 '돈 냄새'에 관심 있는 소비자들이 시향 등 직접 브랜드를 체험해볼 수 있도록 '살롱 드 머니퍼퓸'이라는 팝업스토어도 운영하였다. 금융 관련 브랜드를 떠올릴 때 다올저축은행 자체를 쉽게 떠올릴 수 없을지는 모르지만, '돈 냄새'라는 맥락에서는 머니퍼퓸을 경험한 사람이라면 다올 브랜드를 쉽게 떠올릴 수 있도록 한 것이다. 캠페인 진행 전 대비 앱 다운로드 수가 무려 779% 증가하였고, 팝업스토어에는 약 3만 2,000명이 다녀갈 정도로 큰 인기를 끈 이 캠페인은 2022년 대한민국 광고대상 프로모션 부문 금상을 수상하였을 뿐 아니라, 2023년 레드닷 디자인 어워드에서 브랜드·커뮤니케이션 분야 3관왕을 달성할 정도로 업계에서도 호평을 받았다.

돈의 향기를 구현해낸 다올저축은행의 머니퍼퓸과 살롱 드 머니퍼퓸 팝업스토어
(출처: 다올저축은행)

라이프스타일 브랜드에 대한 높은 관심

최근 카테고리에 상관없이 라이프스타일 브랜드를 지향점으로 삼는 브랜드를 쉽게 찾아볼 수 있다. 라이프스타일 브랜드란 브랜드를 통해 고객의 라이프스타일을 잘 나타내줄 수 있는 브랜드를 의미한다. 요즘 소비자들은 단순히 기능이 뛰어나거나 잘 알려진 브랜드가 아니라 기업 철학과 기업이 추구하는 가치에 공감할 수 있는 브랜드를 선호하는 경향이 있기 때문에, 많은 기업이 고객과 교감할 수 있는 라이프스타일 브랜드를 지향하는 것이다. 이제는 경쟁 브랜드 대비 얼마나 차별적인 위상을 확보해야 하는가가 아닌, 얼마나 고객의 일상에 강력하게 침투하여 브랜드를 그들 자신을 나타내는 일부라고 생각할 수 있게 하는가를 더 중요한 브랜드 관리의 목표로 삼는다.

이처럼 라이프스타일 브랜드에 대한 관심이 높아지면서 브랜드 경험 설계에 대한 관심도 자연스럽게 높아지고 있다. 일방적인 브랜드 메시지로는 쉽게 공감대를 얻을 수 없지만, 브랜드의 철학을 느낄 수 있게 하는 다양한 경험 콘텐츠는 브랜드가 고객의 삶에서 어떠한 역할과 의미를 가질 수 있을지 보다 효과적으로 전달할 수 있기 때문이다.

2023년 여름, 이노션과 생활용품 전문 기업인 생활공작소는 환경부와 함께 '지구를 위한 COOL한 세탁' 캠페인을 보령머드축제에서 진행했다. 세탁기의 기본 설정 온도를 40°C에서 30°C로 낮추기만 해도 탄소 배출과 전력소비량을 30% 이상 줄일 수 있다는 내용을 알리기 위해 기획된 이 캠페인은 세탁 세제 샘플 제공은 물론 머드축제를 즐긴 후 더러워진 옷의 세탁이 필요한 상황에서 직접 30°C의 온도로 세탁할 수 있는 경험을 제공하며 30°C 세탁의 중요성을 각인시켰다. 단순히 세제의 기능을 알리는 것이 아니라, 안전한 성분으로 기본에 충실한 제품을 만드는 동시에 지구와 환경 또한 지키고자 하는 생활공작소의 철학을 실제 세탁 상황이라는 삶의 맥락을 적절하게 활용하여 경험할 수 있게 한 것이다. 생활공작소의 이러한 활동은 생활용품 기업이라는 상품 기반의 이미지를 넘어, 환경을 생각하는 소비자들의 라이프스타일에 잘 맞는 브랜드라는 연상을 강화할 수 있다.

보령머드축제에 설치된 지구를 위한 COOL한 세탁 체험 부스
(출처: 이노션 보도자료)

브랜드 경험의 진화

상품 차원을 넘어선 경험 콘텐츠의 영역

그동안의 브랜드 경험은 주로 복잡해진 고객의 구매의사결정 과정에서 최종 선택을 유도하는 것에 초점을 맞췄으며, 상품을 감각적으로 경험시키기 위한 다양한 자극 요소를 개발하는 것에 집중했다. 특히 VR, 메타버스, NFT, 생성형 AI와 같이 시대적 이슈가 되는 최첨단기술은 차별적인 방식으로 상품의 매력을 알리거나 혁신적인 이미지를 전달하기 위한 마케팅활동을 설계하는 데 핵심적인 요소로 인식되었다. 새로운 기술의 등장 초기에는 이러한 기술을 이용한 마케팅활동이 관심을 받을 수 있지만, 다수의 브랜드가 유사한 경험을 제공하기 시작하면 주목도가 떨어질 수밖에 없다. 특히 기술의 발전으로 상품 간 차별화가 쉽지 않은 상황에서 상품의 경쟁 우위 속성을 창의적인 방식으로 체험할 수 있게 만드는 것은 매우 어려운 과제다. 그렇기에 많은 기업이 상품 자체의 매력을 돋보이게 하기보다는, 브랜드 차원에서 차별적인 경험을 제공하기 위해 노력하고 있다.

특히 최근의 브랜드 경험은 기업의 마케팅활동이라 느껴지지 않을 정도로 고객 관점에서 진정성 있게 접근하는 경우가 많으며, 그 과정에서 새로운 비즈니스 모델이 개발되기도 한다. 프랑스의 르노자동차는 전기차 이용 고객들의 가장 큰 고민인 충전 시설 부족 문제를 해결하기 위해 전기차 이용자와 가정용 충전기 소유자를 연결시켜주는 앱을 개발하여 2023년 개최된 세계 최대의 크리에이티비티 축제인 칸 라이언스(The Cannes Lions International Festival of Creativity)에서 크리에이티브 전략 부문 그랑프리를 수상했다. 르노의 고객뿐만 아니라 다른 브랜드의 전기차 고객도 이용할 수 있도록 설계된 이 플러그 인(Plug Inn) 앱은 출시 2주 만에 1만 6,000명의 이용자를 확보하고 1억 7,000만 번의 노출을 달성할 정도로 큰 화제가 되었다. 미래 시장의 주도권을 잡기 위해 치열하게 경쟁중인 전기차 시장에서 르노 브랜드의 점유율을 높이는 것에만 초점을 맞추지 않고, 장거리 이동을 고민하는 전기차 고객들의 문제를 해결해줌으로써 고객들의 삶에 깊이 파고드는 경험을 제공했다는 점에서 큰 의미가 있다.

전기차 고객과 가정용 충전기 이용자 고객을 연결해주는 르노자동차의 플러그 인 앱
(출처: 퍼블리시스 프랑스 홈페이지)

점점 더 다양해지고 있는 경험의 매개체

그동안 우리는 TV, 디지털 디바이스, 옥외광고판, 브랜드 공간 등 콘텐츠를 전달할 수 있는 미디어만을 마케팅 툴로 생각했지만, 사실 우리가 하루 동안 생활하며 보고 듣는 것뿐만 아니라 일상의 모든 순간에서 접하는 다양한 사물이나 상황들 또한 경험을 전달하는 매개체가 될 수 있다.

이러한 맥락에서 시대적 흐름에 맞게 브랜드 경험을 효과적으로 잘 설계한 기업으로 이케아(IKEA)를 들 수 있다. 이케아는 VR과 AR 기술이 등장하자마자 자사의 상품들을 가상으로 디스플레이 해볼 수 있는 앱을 만들어 큰 호응을 얻었으며, 이케아 가구로 구성된 수면 캡슐 자전거를 제작하여 도심 한복판에서 낮잠을 즐길 수 있게 하는 등 고객의 일상에 파고드는 창의적인 아이디어를 기반으로 다양한 마케팅활동을 벌이고 있다. 최근에는 캐나다 토론토에서 실제 사람이 사는 집을 옥외광고로 활용하여 2023년 칸 라이언스에서 옥외광고 부문 은상을 차지하기도 하였다. 부동산 가격 상승으로 도심의 작은 공간으로 이주할 수밖에 없는 사람들이 증가하자, 이들에게 이케아가 필요함을 보여주기 위해 도심 속 실제 사람이 사는 다양한 유형의 주택을 이케아의 상품들로 꾸미고 그 외관을 마치 카탈로그의 한 장면처럼 보이도록 광고판을 부착한 것이다. 대부분 첨단기술을 이용한 경험을 창출하기 위해 노력하고 있지만, 이처럼 주위의 평범한 집도 맥락에 맞게 활용한다면 의미 있는 경험의 장소가 될 수 있다.

일반 주택을 옥외광고 매체로 활용한 이케아
(출처: Rethink 홈페이지)

때로는 상품 자체로 일상에서 특별한 경험을 하게 만들 수도 있다. 하이네켄은 브라질에서 하이네켄 0.0을 홍보하기 위해 운전 상황과 연결되는 다양한 캠페인들을 전개하고 있다. 코로나19 기간 동안 운전하면서 들를 수 있는 드라이브 스루 맥주바를 오픈한 데 이어, 최근에는 하이네켄 0.0을 스캔하면 고속도로 톨게이트를 무료로 지나갈 수 있는 이벤트를 진행하였다. 2023년 칸 라이언스 브랜드 익스피리언스&액티베이션(Brand Experience & Activation) 부문에서 은상을 수상한 이 캠페인은 소비자들에게 통행료 무료라는 실질적인 혜택을 제공함과 동시에 고속도로 운전 상황과 연결시켜 하이네켄 0.0이 무알코올 맥주라는 사실을 자연스럽게 각인시킬 수 있었다. 그뿐만 아니라 주류 브랜드임에도 음주운전을 방지하는 데 기여한다는 긍정적인 이미지 또한 강화할 수 있었다.

이제 브랜드들은 직접적으로 상품의 경쟁 우위 속성을 알리거나, 멋진 이미지를 만드는 것에 집중해서는 소비자들의 관심을 끌기 쉽지 않다. 상품의 속성이 소비자가 일상생활에서 겪는 크고 작은 문제들을 해결하는 데 어떠한 도움을 줄 수 있는지 그리고 그들의 일상에 어떻게 스며들 수 있는지의 관점에서 다양한 브랜드 경험의 접점을 발굴할 필요가 있다.

하이네켄 0.0의
드라이브 스루 맥주바 체험 이벤트
(출처: Ads of the World 홈페이지)

스캔만으로 고속도로 통행료를 면제받을 수 있는
하이네켄 0.0
(출처: Alex Adati 홈페이지)

성공적인 브랜드 경험 설계를 위한 체크리스트

맥락의 강력한 연결고리에 기반한 브랜드 연상 강화

팬데믹 기간 동안 불가피하게 멀어질 수밖에 없었던 고객과의 관계를 회복하기 위해 많은 브랜드가 브랜드 공간을 오픈하고, 컬래버레이션 상품을 출시하고, 각종 이벤트들을 운영하는 등 다양한 마케팅활동을 벌이고 있다. 비슷한 듯 보이지만 그중에서도 소비자들의 마음을 강력하게 사로잡고 기억에 오래 남는 활동들이 분명히 존재하는데, 이들의 공통점은 브랜드를 중심으로 여러 연상들이 하나의 맥락 안에 강력한 네트워크를 형성하고 있다는 것이다. 소위 브랜드 자산 가치가 높은 브랜드들은 이러한 연상의 네트워크가 매우 단단하게 구축돼 있다. 다양한 연상의 단서들이 자연스럽게 연결되면 특정 상황에서 해당 브랜드를 가장 먼저 떠올릴 수 있기 때문이다.

최근 한국은 물론 중국의 Z세대에게도 엄청난 사랑을 받고 있는 뷰티 브랜드 탬버린즈는 매장에 들어서면 갤러리에 온 듯한 분위기를 느낄 수 있는 예술작품들의 전시와 향 브랜드답게 다양한 향을 체험할 수 있는 공간 구성으로 소비자들의 마음을 사로잡고 있다. 2023년 여름에는 탬버린즈 하우스 도산에 '토일렛 프래그런스' 팝업스토어를 오픈하여, 마르셀 뒤샹의 작품 〈샘〉을 떠올리게 하는 변기들이 전시된 공간과 함께 신제품인 '토일렛 프래그런스'를 경험해볼 수 있도록 하였다. 핸드크림, 퍼퓸, 향초 등 다양한 향 제품을 판매하는 탬버린즈를 생각하면 감각적인 디자인의 용기와 함께 특이한 매장 공간 그리고 자연을 소재로 한 향이 바로 떠오르는데, 이러한 연상에 화장실이라는 향이 필요한 순간의 맥락을 덧붙인 것이다.

변기를 전시하며 신제품을 소개한 탬버린즈 팝업스토어
(출처: 탬버린즈 인스타그램)

브랜드의 철학에 기반한 강력한 정서적 유대감 형성

모든 마케터가 유쾌하고 즐거운 브랜드 경험을 설계하기를 바란다. 하지만 재미 요소만 고려해서는 차별적인 경험을 설계하기가 쉽지 않다. 그뿐만 아니라 같은 브랜드라 하더라도 사람들마다 브랜드를 경험한 상황이 다르기 때문에 형성된 연상의 네트워크 또한 동일하지 않을 수 있다. 보편적으로 브랜드가 사람들 사이에서 일관된 이미지를 형성하기 위해서는 경험을 설계하는 구심점이 필요한데, 그 구심점이 바로 브랜드가 지향하는 가치이자 철학이다.

브랜드가 어떠한 가치를 지향하는가에 따라 그 기업의 경험 설계 방향성이 달라질 수 있으며, 유사한 활동이라 하더라도 다른 맥락과 의미를 부여할 수 있다. 예를 들면, 지구를 보호하기 위한 활동을 브랜드의 철학으로 삼고 있는 파타고니아는 모든 경험을 설계함에 있어 환경과 연관된 경험을 구현해낸다. 의류 회사가 뜬금없이 육포와 맥주를 출시하였지만, 이 또한 환경오염을 최소화하며 생산한 제품이기에 소비자들에게 쉽게 공감을 얻을 수 있었다. 이처럼 브랜드 철학을 중심으로 구현된 경험은 브랜드에 대한 이해를 높일 뿐만 아니라 유사한 가치관을 가진 소비자들의 공감을 이끌어내고 더 나아가 팬덤을 만들기도 한다.

2022년부터 국제전자제품박람회(CES)에서 테슬라가 지하터널을 만들어 이동수단을 제공하고 있다. 미래 기술을 선보이는 이 전시회의 방문객들에게 테슬라의 기술력을 자연스럽게 체험할 수 있게 한 것이다. 흔히 볼 수 있는 시승 행사가 아니라 브랜드 체험과 동시에 이동에 편리를 제공한다는 점에서 긍정적인 평가를 받는다.

이제 브랜드 경험의 영역은 단순히 브랜드를 알리기 위한 마케팅활동을 넘어서고 있다. 경험을 설계하는 과정에서 새로운 서비스가 생겨나기도 하고, 최근 유행중인 브랜드의 F&B 공간처럼 새로운 비즈니스 모델이 만들어지기도 한다. 소비자에게 자사의 브랜드를 효과적으로 경험시키는 것에 초점을 맞춘다면 그 어떤 것도 콘텐츠가 될 수 있기 때문이다.

마케팅 커뮤니케이션 전략은 늘 소비자에게 중심을 두어야 한다고 하지만, 지금까지는 대부분 소비자에게 브랜드를 어떻게 하면 잘 알릴 수 있을까에 더 많은 초점이 맞추어져 있었다. 브랜드가 강점이나 가치를 직접적으로 알리려는 의도가 보이면 소비자 입장에서는 본능적으로 거부감이 들기 마련이다. 브랜드 체험이지만 브랜드 자체가 돋보이는 것이 아니라 소비자들이 관심 있어 하는 콘텐츠들 속에 전달하려는 메시지가 어우러져 있을 때 소비자들도 마음을 열고 경험을 즐길 수 있다. 어느 때보다 경험의 가치가 중요해진 시대인 만큼, 소비자의 일상을 깊이 있게 관찰하고 그 속에 자연스럽게 침투할 수 있는 경험을 설계하는 것이 필요하다.

오프라인 리부트:

손품 말고 발품으로

2

온라인 쇼핑이 일반화되면서 소비자들의 쇼핑 방식이 근본적으로 달라지기 시작했다. 그 대표적인 예가 쇼루밍(Showrooming)족의 등장이다. 쇼루밍이란 소비자가 오프라인 매장을 쇼룸으로만 활용하는 행위, 즉 오프라인 매장에서는 제품을 구경하기만 하고 정작 구매는 온라인에서 하는 행위를 의미한다. 쇼루밍이 일상이 되면서 오프라인을 기반으로 한 유통 기업들은 심각한 위기를 맞게 되었다. 2017년 미국의 대형 장난감 매장 토이저러스는 경영난을 견디지 못하고 파산보호를 신청했고, 2018년에는 125년 역사를 자랑하던 시어스 백화점조차 파산하게 되면서 커다란 충격을 안겨주었다. 오프라인 유통 기업의 몰락을 의미하는 '리테일 아포칼립스'라는 용어가 생겨난 것도 이 시기 즈음이다.

설상가상으로 2020년부터는 코로나19가 전 세계를 휩쓸면서 유통업계의 지각변동은 더욱더 가속화되었다. 소비자들은 불가피한 경우가 아니라면 매장을 찾아가지 않고 온라인이나 모바일을 통한 비대면 쇼핑에 의존하게 되었고, 온라인을 통해서는 좀처럼 구매할 것 같지 않던 식품 분야에서조차 오프라인 리테일이 급속도로 위축되었다.

그렇다면 오프라인 리테일은 결국 없어지거나 최소의 기능만 가지게 될까? 분명한 것은 어려운 상황에서도 돌파구를 찾기 위한 오프라인 리테일러들의 노력이 끊임없이 이어지고 있으며, 여전히 입소문을 타며 핫플레이스로 떠오르는 오프라인 매장들도 계속 생겨나고 있다는 것이다.

©Volodymyr Kozhevnikov, Unsplash

오프라인 리테일의 위기

코로나19로 심화된 오프라인 리테일의 성장 정체

코로나19가 창궐한 2020년 이후 오프라인 리테일의 성장은 정체되어 있다. 2020년부터 2022년 사이 오프라인 소매 채널에서의 판매액 추이를 살펴보면 약 285조 원에서 약 284조 원으로 감소해 마이너스 성장을 보인 것을 알 수 있다. 하지만 동기간 온라인을 통한 거래액의 규모는 2020년 약 158조 원에서 2022년에 약 210조 원을 기록하며 50조 원 이상 늘어나 대조를 이룬다. 이러한 성장세에 힘입어 2022년 전체 소매 판매액 내 온라인 거래액의 비중은 40%를 넘어설 정도로 커졌다.

온라인 소매 판매액 추이 (출처: 통계청, 「서비스업동향조사」)

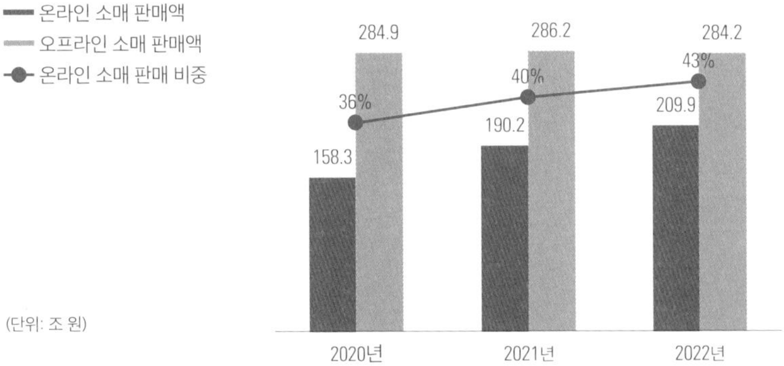

주요 채널별로 판매량의 추이를 살펴보더라도 온·오프라인 간 차이가 극명하게 드러난다. 오프라인 유통 채널 중에서도 주로 생필품, 일상품 위주의 판매가 이루어지는 대형마트와 슈퍼마켓은 코로나19 이전부터 지속적으로 매출 하락 추세를 보이다가 엔데믹 시기인 2022년에 이르러서야 소폭 회복하거나 하락세가 완화되는 정도에 그쳤다. 그나마 백화점 매출이 코로나19의 직격탄을 맞은 2020년을 지나 2021년 성장세로 돌아섰다는 점이 오프라인 유통 전체 입장에서는 위안거리가 되었다. 반면 온라인 채널에서의 거래량은 최근 5년 동안 20% 내외의 성장률을 꾸준히 이어오고 있다.

소매 채널 유형별 매출 동향 (출처: 통계청, 「서비스업동향조사」)

(단위: 전년 대비 매출액 증감 %)

	2018년	2019년	2020년	2021년	2022년
대형마트	-2.3	-5.1	-3.0	-2.3	1.4
백화점	1.3	-0.1	-9.8	24.1	15.7
대형슈퍼마켓	2.0	-1.5	-4.8	-9.1	-0.2
편의점	8.5	4.1	2.4	6.8	10.8
온라인	20.3	20.6	15.9	20.2	10.3

유통업계의 세대교체

국내 유통 기업의 지형도에도 큰 지각변동이 있었다. '한국 딜로이트 그룹'이 발표한 「글로벌 유통업 강자 2023」을 보면 쿠팡이 전통적인 유통 공룡인 롯데쇼핑을 제치고 이마트에 이어 국내 기업 중 2위(글로벌 74위)를 차지한 것으로 나타났다. 쿠팡은 2021년에 글로벌 Top250에 처음 진입한 뒤 2년 연속 가장 빠르게 성장하는 기업 1위에 선정된 데 이어 2023년에는 전년 대비 24계단이나 순위가 상승했다. 이는 신세계를 제외하고 250위 이내에 포진한 다른 국내 기업들의 순위가 모두 하락한 것과 큰 대비를 이루는 결과로써, 온라인 채널에만 집중하더라도 온·오프라인 채널을 모두 아우르는 종합 유통 기업보다도 높은 성과를 낼 수 있다는 것을 보여주는 사례가 되었다.

글로벌 TOP250 국내 유통 기업 현황 (출처: 한국 딜로이트그룹, 「글로벌 유통업 강자 2023」)

순위	기업	2021 유통매출액 (USD 10억)	2016~2021 5개년 연평균 성장률	2021 전년대비 유통 매출액 증가율	순위변화
60	이마트	$19.4*	10.8%	7.9%	▼3
74	쿠팡	$16.5	61.7%	49.3%	▲3
91	롯데쇼핑	$13.6	-7.1%	-3.8%	▼15
162	GS리테일	$7.4e	3.7%	2.2%	▼5
215	홈플러스	$5.6e	-4.0%	8.8%	▼35
224	신세계	$5.3	17.4%	33.3%	신규

e추정치 *도매 및 소매 매출액 포함

온라인의 약점을 보완하며 생존하는 오프라인 리테일

피팅룸, 쾌적한 편의 제공 공간이자 즐거운 놀이 공간

쇼루밍족의 등장은 오프라인 매장에 커다란 위협 요인임이 분명하지만, 동시에 오프라인 매장의 존재 이유를 증명하는 것이기도 하다. 쇼루밍이라는 행위 자체가 제품 구매에 앞서 오프라인 채널에서 경험하고자 하는 소비자들이 여전히 존재한다는 것을 의미하기 때문이다. 특히 평소 몰랐던 브랜드, 경험해보지 않은 제품을 구매할 때는 직접 실제품을 눈으로 살펴보고, 만져보고, 시연해보고 싶은 마음을 누구나 갖기 마련이다.

이런 소비자들의 고민을 해결해주기 위해 많은 온라인 기반 업체가 오프라인 진출을 선택하고 공격적으로 나서고 있다. 이들이 오프라인에 진출하면서 신경 쓰는 점 중 하나는 제품 경험의 기회를 제공하는데 그치지 않고, 그 경험이 매장만의 차별적인 매력 요소가 되도록 하는 것이다. 패션 매장 내 피팅룸의 진화가 그 대표적인 사례다. 최근 새롭게 문을 여는 오프라인 패션 매장의 피팅룸들은 온라인 채널이 해결해주지 못하는 피팅룸 본연의 역할을 수행함과 동시에 즐거운 놀이 공간이 될 수 있도록 노력하고 있다.

명품 플랫폼 '발란'은 오프라인 매장을 열면서, 고객들이 피팅룸을 이용할 때 경험하는 모든 과정과 그에 따르는 디테일을 꼼꼼하게 설계했다. 발란 매장 피팅룸의 특징은 거울에 있다. 피팅룸에 들어가면 보이는 거울에는 스마트 미러 기술이 적용되어 있다. 고객은 사이즈를 바꾸거나 새로운 제품을 입어보고 싶을 때 스마트 미러 화면에서 옵션을 변경하거나 점원을 호출할 수 있고, 입어보는 제품의 상세 정보와 리뷰도 확인할 수 있다. 피팅룸 예약 시 기본적으로 30분이라는 넉넉한 시간이 주어지고, 피팅룸 내의 조명을 조절해 다양한 분위기를 연출할 수 있다는 점도 특징이다. 고객들은 피팅룸에서 옷이 자신에게 잘 어울리는지 충분한 시간 동안 고민할 수 있을 뿐 아니라, SNS에 올릴 개성 넘치는 착용샷도 찍을 수 있다.

무신사도 PB 브랜드인 '무신사 스탠다드'를 론칭하면서 오프라인 매장을 홍대와 강남에 열었는데, 피팅룸을 매장의 차별화 요소로 활용했다. 이 매장에는 여러 종류의 피팅룸이 있는데, 그중 호리즌 피팅룸은

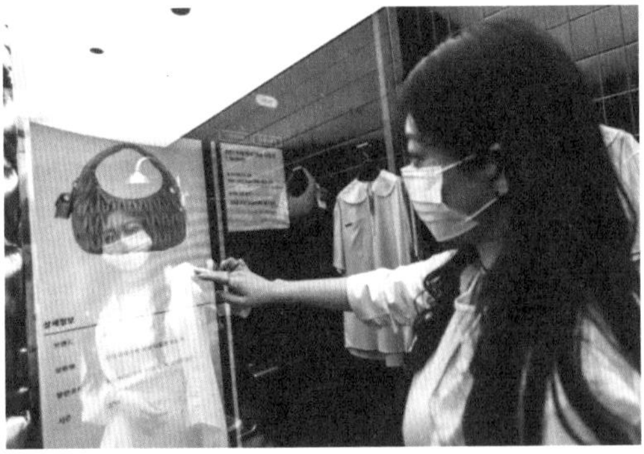

스마트 미러 기술을 적용한
발란 커넥티드 스토어의 피팅룸
(출처: 발란)

벽과 바닥의 이음매 없이 곡선으로 되어 있어 마치 실제 모델이 되어 전문 촬영 스튜디오에서 촬영하는 것 같은 기분을 느낄 수 있다. 또다른 타입의 피팅룸인 라이브 피팅룸에는 휴대폰과 미러링이 되는 디스플레이가 설치되어 있어 이를 활용해 숏폼 콘텐츠를 쉽게 만들 수 있다. 거울에 비치는 이미지가 반전된다는 점을 감안해 피팅룸 내 무신사 로고를 거꾸로 만들어놓은 점은 무신사가 피팅룸에 얼마나 많은 신경을 썼는지를 보여준다.

이와 같이 특별한 피팅룸을 앞세운 매장 전략은 큰 성공을 거두었다. 소셜미디어에 피팅룸에서의 사진을 올리기 시작하면서 젊은 층 사이에서 입소문이 났고, 많은 고객의 매장 방문을 유도할 수 있었다. 발란 오프라인 매장은 오픈한 지 3개월 만에 월 매출 10억 원을 돌파하는가 하면, 무신사 스탠다드 강남점은 오픈 후 한 달간 8만 5,000명 고객의 방문을 이끌어냈다.

가능성 있는 제품을 소개하는 공간, 인큐베이터형 편집숍

스타트업 브랜드나 중소기업의 입장에서 온라인은 진입장벽이 낮다는 장점이 있다. 자체의 오프라인 매장이 없는 경우가 대부분이라 온라인이 자사의 제품을 선보일 수 있는 유일한 대안이기도 하지만, 동시에 여러 브랜드가 난립하고 있어 제품을 제대로 알릴 기회 한번 얻지 못하고 사라져가는 업체가 많다는 것도 부정할 수 없는 현실이다. 이런 배경에서 주목받고 있는 것이 인큐베이터형 오프라인 매장이다.

대표적인 사례로 '와디즈'에서 운영하는 '공간 와디즈'가 있다. 공간 와디즈는 젊은 세대가 많이 찾는 성수동에 위치해 있다. 매장 내 '펀딩 쇼룸'이라는 공간에서는 현재 펀딩중인 제품의 체험 기회를 제공하고, '와디즈 스토어'에서는 와디즈를 통해서 성공적으로 펀딩을 마친 제품들을 판매하고 있다. 공간 와디즈는 2020년에 문을 열었는데, 코로나19라는 제한된 상황에서도 2022년 12월까지 20여만 명의 누적 고객이 방문했으며, 그 기간 동안 5,000개의 프로젝트를 소개했을 정도로 큰 호응을 얻는 복합문화공간으로 자리잡았다.

소셜 펀딩 상품을 오프라인에서 선보이는 공간 와디즈
(출처: 비로컬 홈페이지)

패션업계에도 실력 있고 가능성 있는 브랜드의 오프라인 진출을 돕는 인큐베이터형 편집숍이 있다. 무신사는 입점 브랜드와의 동반 성장을 위한 방법으로 오프라인 매장을 활용하고 있다. 무신사 입점 브랜드들은 대부분 오프라인 채널에서의 기반이 없기 때문에, 무신사는 오프라인 편집숍 '무신사 테라스', '무신사 스퀘어'를 통해 이들 브랜드가 더 많은 고객에게 선보일 수 있도록 오프라인 공간을 제공하고 있다. 매장 내에 팝업스토어 형태로 운영하는데, 브랜드 단독으로 진행하기도 하고, 특정 테마를 중심으로 다양한 브랜드가 참여하기도 해서 자금 여력이 없는 브랜드 입장에서는 좋은 기회가 된다. 또한 신진 디자이너 브랜드 제품을 위한 공간도 마련해주고 있다. 2023년 6월에는 '무신사 패션 장학생'이라는 프로그램을 통해 발굴된 신인 디자이너의 브랜드를 위한 팝업스토어가 열리기도 했다. 무신사의 오프라인 편집숍에서는 쇼핑 외에도 고객들이 공간에서 재미를 느끼며 머물다 갈 수 있도록 작은 패션 아이템을 뽑을 수 있는 뽑기 기계, 스티커 사진용 포토부스 등을 설치하는가 하면, 시즌별로 그때그때의 주제에 따라 공연, 전시회, 토크쇼 등 다양한 행사를 열고 있다.

공간 와디즈나 무신사 스탠다드처럼 온라인 공간에서 제대로 소비자의 시선을 끌지 못하던 브랜드와 제품을 오프라인으로 내어와 고객들이 직접 체험할 수 있는 기회를 제공함으로써 구매를 망설이던 소비자들이 안심하고 제품을 구매할 수 있게 만들 수 있다. 더 나아가 인큐베이터형 편집숍들은 신제품에 관심이 많은 얼리 어답터와 패션 마니아들을 위한 문화공간으로도 자리잡고 있다.

무신사 패션 장학생으로 발굴된 브랜드
'아케아케' 팝업스토어 (출처: 무신사 뉴스룸 홈페이지)

로컬의 장점에 집중하는 오프라인 리테일

로컬 플랫폼을 활용한 지역 고객 공략

온라인 쇼핑몰은 전국, 아니 전 세계 모든 소비자를 타깃으로 영업을 하고 있다고 해도 과언이 아니다. 그렇기 때문에 지역별 고객의 특성을 고려한 전략을 펼치기에는 한계가 있다. 반대로 지역에 기반을 둔 업체들은 그들이 누릴 수 있는 장점을 활용해 주변의 고객들을 공략한다.

로컬 고객의 관심을 끌기 위해 로컬 플랫폼과 적극적으로 연계하기도 한다. 예를 들어 로컬 플랫폼 당근은 앱 내에 '중고거래', '알바' 외에도 '동네 가게'라는 섹션을 운영중인데, 당근 회원들은 여기에서 우리 동네에 어떤 가게들이 있는지 알 수 있고, 관심이 가는 가게의 상세정보도 확인할 수 있다. 그뿐만 아니라 고객들의 후기를 확인하고, 가게 사장님과 소통도 할 수 있다. 가게 입장에서도 전단지 대신에 앱을 통해서 주변 지역에 있는 고객들에게만 맞춤 광고를 내보낼 수 있고, 지역 고객들의 피드백을 수시로 확인해 이들을 위한 상품 개발과 이들에 특화된 마케팅 전략을 운영하는 것도 가능하다. 송파구에 위치한 '드롭플라워'는 동네 아파트 상가 건물에 입주한 간판도 없는 작은 꽃

집이지만, 당근의 동네 가게에 등록하고 난 후 이 가게를 단골로 등록한 고객 수가 거의 2,000명에 이를 정도로 큰 인기를 얻을 수 있었다.

유통 체인 '알디(ALDI)'는 2023년부터 영국 전 매장에서 로컬 플랫폼 '투굿투고(Too Good To Go)'를 활용한 서비스를 시작했다. 투굿투고는 매장에서 판매되지 못한 상품을 고객과 연결시켜주는 모바일 플랫폼이다. 알디는 투굿투고와 연계하여 매장에서 판매되지 못한 신선식품과 식재료를 '서프라이즈 백(Surprise Bag)'이라는 쇼핑백에 담아 원래 가격의 3분의 1에 해당하는 가격으로 판매하고 있다. 이는 지역에 기반을 둔 오프라인 매장의 접근성이라는 장점을 적극적으로 활용한 사례라고 할 수 있다.

로컬 플랫폼 투굿투고와의 파트너십을 시작한 알디
(출처: Eats & Treats 유튜브)

앞서 소개한 패션 매장의 피팅룸, 인큐베이터형 편집숍의 사례가 대부분 어느 정도의 자금력과 조직을 갖춘 브랜드나 점포에서나 구현 가능한 것이었다면, 로컬 플랫폼을 활용해 지역사회에 더 깊이 자리잡고자 하는 일은 영세한 자영업자나 소상공인 입장에서도 충분히 해볼 수 있는 시도라 할 수 있다.

퀵커머스로 반등을 노리는 슈퍼마켓

요즘은 어떤 제품이든 이커머스를 통해 주문하면 짧은 시간 내에 받아볼 수 있는 세상이다. 소비자들은 생필품, 소모품을 넘어서 신선식품까지도 온라인 쇼핑몰에서 구매하고 있으며, 오늘 저녁에 주문한 상품을 내일 아침에 일어나 받아볼 수 있는 새벽배송 서비스가 일반화된 것도 이미 오래전의 일이다. 하지만 어디까지나 계획에 맞춰서 늦지 않게 주문했을 때의 이야기다. 저녁 준비중에 꼭 필요한 재료를 다 써버린 것을 뒤늦게 알았을 때와 같이, 당장 필요한 물건이 집에 없는 난감한 상황에는 온라인 쇼핑몰이 그다지 도움이 되지 않는다.

이와 같은 불편함을 느끼는 고객들을 위해 최근 슈퍼마켓 체인과 지역 마트를 중심으로 '퀵커머스' 서비스가 본격적으로 도입되고 있다. 퀵커머스란 주문 즉시 배송하는 서비스로 일반적으로 1시간 내외의 시간 내에 주문한 제품을 받아볼 수 있다. 최근 GS리테일의 슈퍼마켓 체인인 'GS더프레시'가 네이버쇼핑 내 장보기 채널에 입점하면서 퀵커머스 서비스를 론칭한 것이 대표적이 사례이다. '홈플러스 익스프레스' 역시 배달의민족과 제휴를 맺고 퀵커머스 서비스의 시작을 알렸다. 지역의 마트들 역시 커머스 플랫폼과 협업해 퀵커머스 서비스를 제공하고 있다.

배달의민족과 제휴해
퀵커머스 서비스를 론칭한
홈플러스 익스프레스 (출처: 배달의민족)

특이한 점은 쿠팡 등의 이커머스 업체들이 퀵커머스 서비스에서 손을 떼거나 규모를 줄이고 있는 데 반해 오프라인 매장에 기반을 둔 슈퍼마켓 위주로 퀵커머스가 적극적으로 시행되고 있다는 것이다. 쿠팡에서는 '쿠팡이츠 마트'를 서울 송파, 서초, 강남, 강동 지역에서 시범 서비스로 운영하고 있었으나 송파구와 강동구를 남기고 다른 지역에서는 서비스를 중단한다고 발표했다. 쿠팡이 퀵커머스 서비스에서 한발 물러선 이유는 바로 물류 거점의 확보에 있다. 지금까지 이커머스 업체들은 늘어나는 주문량에 효과적으로 대응하기 위해 교외에 대형 물류센터들을 짓고, 이를 통해 전국적인 물류가 가능하도록 하는 데 집중해왔다. 하지만 지역 고객에게 빠르게 배달하는 것을 목표로 하는 퀵커머스를 위해서는 규모가 작더라도 최종 고객에게 더 가까이 위치해 빠르게 대응할 수 있는 도심 물류센터의 운영이 필수적이다. 따라서 이커머스 업체들이 단기간 내에 지역별 물류 거점을 확보하는 데 애를 먹고 결국 기존 사업을 축소하고 있는 데 반해, 매장 자체가 물류센터의 역할을 할 수 있다는 장점을 가진 슈퍼마켓 체인이나 지역 마트는 큰 이점을 안고 사업을 시작하고 있는 셈이다.

앞서 데이터를 통해 살펴봤듯이 대형 슈퍼마켓의 매출은 코로나19 이전부터 하락세를 보이고 있으며 엔데믹 시기에 이르러서도 여전히 회복의 기미를 보이지 못하고 있다. 이런 상황에서 플랫폼 업체와의 협업을 통해 활로를 모색하고자 하는 움직임은 이커머스가 쉽게 공략할 수 없는 차별적 영역을 구축하고 있다는 점에서 의미가 크다.

브랜드 커뮤니티 허브의 역할

지역에 기반한 오프라인 리테일의 혁신 사례로 주목받는 것 중 하나는 매장이 브랜드 팬들이 모이는 커뮤니티 장소의 역할을 하도록 하는 것이다. 영국의 사이클 브랜드인 '라파(Rapha)'는 개별 매장을 중심으로 사이클링 커뮤니티인 '라파 사이클링 클럽(RCC)'이 활성화되어 있다. 라파는 매장을 '클럽하우스'라고 부를 정도로 RCC의 사랑방으로 활용하고 있는데, 매장의 일부는 카페 공간으로 구성되어 있어 고객들이 편안한 분위기에서 대화를 나누고, 쉬기도 할 수 있다. 그뿐 아니라 매장을 중심으로 그룹 라이드, 레이스 상영회, 전시회, 워크숍 등의 이벤트도 상시 운영하고 있어 고객들의 발길이 끊이지 않는다. 글로벌 애슬레저 브랜드인 '룰루레몬' 역시 브랜드 커뮤니티의 허브로서 오프라

사이클 애호가들로 넘쳐나는 라파 서울 클럽하우스
(출처: 라파 홈페이지)

인 매장을 적극적으로 활용하고 있다. 특히 브랜드 앰배서더 프로그램을 통해서 지역 매장 단위로 요가 클래스, 워크숍 등의 오프라인 이벤트를 진행하여 지역 고객들의 방문을 유도하고 있다.

이처럼 오프라인 매장이 커뮤니티의 구심점으로 작용할 때 그 커뮤니티는 지속적으로 브랜드와 연관된 경험을 쌓아가기 수월하고, 그 브랜드의 열성적인 팬덤으로 성장할 가능성도 크다고 할 수 있다. 이에 따라 커뮤니티가 존재하는 동안에는 커뮤니티의 구심점이 되는 매장 역시 활기를 유지할 수 있을 것이다. 특히 고유의 철학과 가치를 고객에게 전달하고 이를 통해 자발적 팬덤을 형성하고자 하는 브랜드, 사이클과 같은 오프라인에서의 물리적 경험이 수반되는 브랜드는 오프라인 매장을 중심으로 한 커뮤니티 운영으로 큰 효과를 기대할 수 있을 것이다.

어떤 사람들은 오프라인 리테일은 점차 사라질 것이라고 말한다. 실제로 소비자의 쇼핑 공간이 온라인을 중심으로 재편되고 있는 것은 돌이킬 수 없는 흐름이다. 결국 오프라인 리테일의 입장에서는 온라인에 주도권을 내어준 채로 상호 보완적인 관계를 유지하며 공존의 길을 걸을 수밖에 없을 것이다.

이러한 상황에서도 오프라인 리테일은 자신의 존재감을 더 드러내고, 그 나름의 역할을 해내며 생존해나갈 방법을 고민하지 않을 수 없다. 그 방법은 온라인 리테일이 쉽게 채울 수 없는 것이 무엇인지, 온라인 쇼핑 과정에서 소비자들이 아쉬움을 갖는 것은 어떤 것인지에 집중하는 것이다. 고객들이 온라인에서 마음에 드는 제품이 있어도 구매에 대한 확신을 갖지 못할 때, 오프라인 리테일은 그 제품을 신뢰하게 하는 중요한 매개체의 역할을 할 수 있다. 또 지리적으로 특정 지역에만 집중하기 어려운 온라인 리테일의 단점을 보완함으로써 지역의 고객 및 커뮤니티와 긴밀한 유대 관계를 형성해 활로를 모색할 수도 있다.

오프라인에서만 경험할 수 있는 피팅룸이 고객 신뢰의 해결책이자 신기하고 즐거운 경험의 공간이 되고, 인큐베이터 매장이 얼리 어답터들의 즐거운 문화 공간으로 자리잡았다. 약점을 보완하는 솔루션의 제공에 그치지 않고, 더 나아가 그 매장만의 킬러 콘텐츠로 개발하려고 할 때 더 큰 효과를 얻을 수 있을 것이다. 어려운 상황에서도 고군분투하고 있는 오프라인 리테일을 응원하며 앞으로도 새롭고 즐거운 경험을 창출해내는 공간을 만날 수 있기를 기대해본다.

크리AI티브:

제가 해보겠습니다 휴먼

3

생성형 AI 기술의 등장에 우리는 우려를 보내야 할까, 아니면 적극적으로 받아들여야 할까? 생성형 AI가 우리의 일자리를 대체할까? 아니면 더 빠르게 더 좋은 방식으로 업무를 수행하는 데 도움이 될까?

이 기술은 부담이자 축복이다. 우리는 두려움과 매혹을 동시에 느낀다. 하지만 앞으로 AI에 대처하는 우리의 자세는 조금 더 전향적이어야 한다. AI는 막연한 두려움의 대상이 아니라 영감의 원천이어야 하는 것이다. 자유자재로 글을 쓰고, 코딩 작업을 자동화하고, 시각 자료를 디자인해서 프레젠테이션을 제작하며, 창의적인 아이디어를 창출할 수 있는 잠재력을 가진 것을 보면, 사실 숨이 막힐 정도로 놀랍다. AI를 적극적으로 활용하는 '프롬프트 엔지니어링'이라는 신조어도 등장했다. 지금까지 여러 최신 기술에 열광하고 흥분하긴 했지만 실제 활용도가 떨어지는 경우가 너무나 많았다. 하지만 생성형 AI는 다르다.

혁명은 이미 가까이 와 있다. 생성형 AI는 크리에이티브 산업의 게임 체인저가 될 것이다. 전례가 없는 실질적인 유용성을 제공하고 있기 때문이다. 우리 모두에게 매우 유능한 조수가 온 것이다. 창의적인 생각을 가진 사람들은 이미 생성형 AI를 자신이 일하는 프로세스에 통합하기 시작했다. 생성형 AI와 크리에이터의 직관을 결합하면 차원이 다른 창의성의 세계에 진입하게 된다. 이제 우리는 창의성을 다시 배우고 익혀야 한다. 우리가 알고 있는 창의성의 파괴와 재탄생이 일어나고 있는 셈이다.

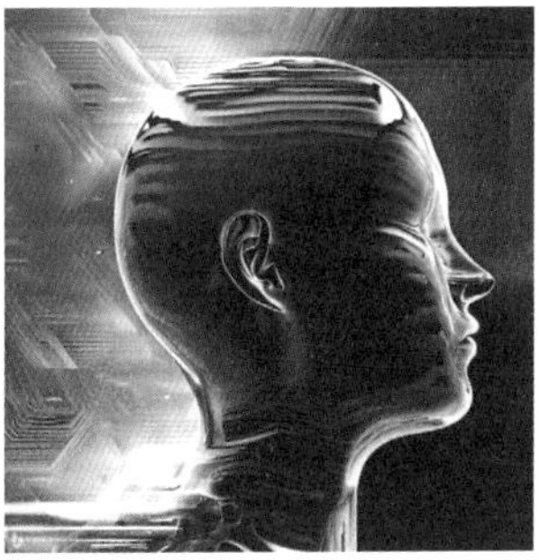

©마이크로소프트 빙챗을 통해 직접 생성

대세가 된 생성형 AI

챗GPT의 급부상

생성형 AI(Generative AI)가 갑자기 우리의 일상 전면에 등장했다. 오픈AI(OpenAI)가 2022년 11월 30일 공개한 대규모 언어 모델* 서비스 챗GPT(ChatGPT)*가 놀라운 성과를 보이며 생성형 AI 시대를 연 것이다. 챗GPT는 출시된 지 5일 만에 100만 명의 사용자를 확보했다. 더 놀라운 기록은 사용자 수가 폭발적으로 증가하여 두 달 만에 1억 명을 돌파한 것이다. 챗GPT가 불러온 생성형 AI의 화제성은 검색 데이터로도 확인할 수 있다. 챗GPT와 생성형 AI의 월간 검색량 추이를 살펴보면, 챗GPT는 출시 이후 3월에 정점에 이르면서 가파르게 급성장하다가 4월 들어 약간 줄어들었지만, 월 100만 건 이상의 높은 검색량을 보이면서 유지되고 있다. 이 같은 관심에 힘입어 생성형 AI의 검색량 역시 지속적으로 성장하고 있다. 챗GPT는 생성형 인공지능 서비스 대중화의 첫 성공 사례로 역사에 남을 것이다. 구글, 메타 등의 글로벌 빅테크 기업뿐 아니라 네이버, 카카오와 같은 국내 IT 기업들 역시 챗GPT와 같은 생성형 AI 서비스를 앞다투어 출시하고 있는 실정이다.

★

대규모 언어 모델(Large Language Model, LLM) 언어를 배우는 과정에서 기존의 AI 언어 학습량과는 비교도 안 될 만큼 막대한 규모의 데이터를 기반으로 학습한 인공지능 언어 모델로 챗GPT도 이에 해당함

GPT(Generative Pre-trained Transformer) 대량의 데이터와 맥락을 처리하여 미리 자가학습을 실시해서 답변을 새롭게 생성할 수 있는 트랜스포머 기술(문장 속의 단어 간의 관계를 추적해 맥락과 의미를 학습할 수 있는 기술)

챗GPT 검색량 추이

(출처: 이노션 인사이트전략본부)

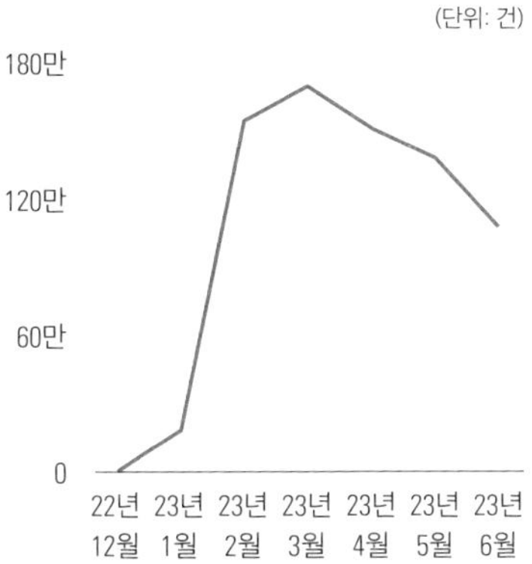

생성형 AI 검색량 추이

(출처: 이노션 인사이트전략본부)

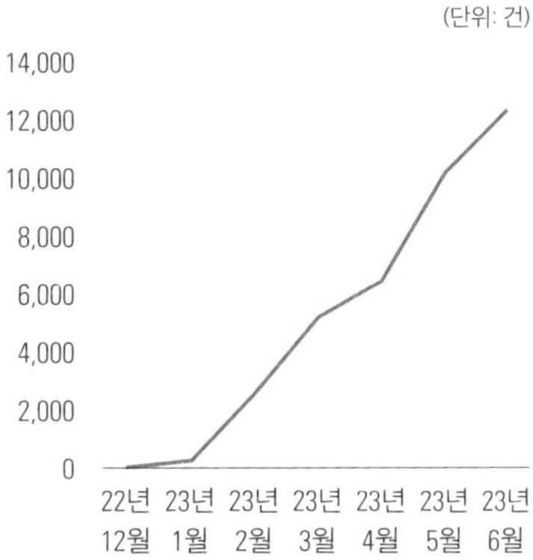

생성형 AI

생성형 AI는 글, 이미지, 영상, 음악, 코드 등과 같은 콘텐츠를 생성하는 능력을 갖춘 인공지능의 한 종류다. 대규모 데이터를 가지고 자기지도 학습을 진행하여 프롬프트(Prompt)에 따라 새로운 콘텐츠를 생성한다. 기존 AI가 데이터와 패턴을 학습해서 대상을 이해하는 것에 머물렀다면, 생성형 AI는 기존 데이터와의 비교학습을 통해 새로운 콘텐츠를 창출한다는 특징으로 주목받고 있다.

생성형 AI의 붐은 텍스트를 넘어 이미지, 오디오, 영상 등의 다양한 콘텐츠 분야로 확장되고 있다. 오픈AI가 개발한 이미지 생성형 AI인

달리(DALL-E) 역시 놀라운 기술력으로 이미지와 일러스트 분야를 대체할지 업계가 주목하고 있는 상황이다. 다양한 콘텐츠를 자유자재로 만들 수 있다는 장점 덕분에 생성형 AI는 창의성이 요구되는 영역에서 창작 도구로 관심이 더욱 높아지고 있다. 대규모 데이터를 학습해서 신속하고 정확하게 분석해주는 작업에 주로 사용되었던 인공지능이 이제는 사람들의 자유로운 질문에 다양한 콘텐츠 형태로 답을 주면서 또다른 차원의 변화를 몰고 오고 있다.

대중을 사로잡은 생성형 AI

생성형 AI가 앞으로 우리 삶에 더 광범위하고 깊은 영향력을 미칠 것이라고 생각하는 데는 그만한 이유가 있다. 일반인들에게 주목받았기 때문이다. 생성형 AI 모델과 딥러닝 프로세스가 기술적으로는 엄청나게 복잡하지만, 최종 사용자 경험은 놀라울 정도로 쉽고 간단하다. 사용자가 AI 모델에 어려운 코드가 아니라 프롬프트라는 형식의 일상어로 질문하면, 사용자가 선택할 수 있는 여러 가지 결과물이 즉각적으로 생성된다. 데이터 과학자가 아니어도 누구나 이러한 기술에 쉽게 접근하여 직접 활용할 수 있다. 이마케터(eMarketer)에 따르면, 미국에서 생성형 AI의 일반인 수용 속도가 스마트폰과 태블릿 PC를 앞질렀다고 한다. 생성형 AI를 업무에 가장 많이 활용하는 연령층은 25~34세 직장인층으로, 전체 사용자의 5분의 1 이상을 차지할 것으로 예상했다. 이처럼 생성형 AI는 소비자의 일상으로 파고들어 활용 방법이 지속적으로 발전하고 있으며, 소비자 행동에 영향을 미치고 있다.

미국인 사용자의 생성형 AI와 다른 기술의 수용 곡선 비교 (출처: eMarketer)

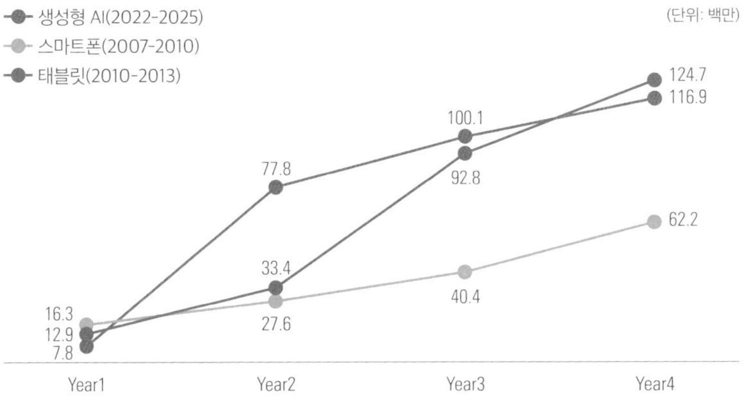

2023년 미국의 연령별 생성형 AI 사용자 분포 (출처: eMarketer)

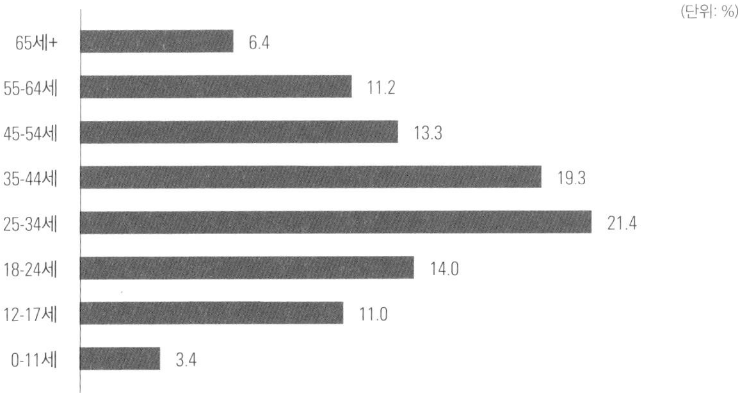

생성형 AI의 활용 전망

마이크로소프트의 공동 창업자인 빌 게이츠는 생성형 AI의 발전이 개인용 컴퓨터, 인터넷, 스마트폰, SNS가 탄생한 것만큼이나 근본적인 변화라고 평가했다. 더 나아가서 AI가 사람들이 일하고, 배우고, 여행하고, 서로 소통하는 방식을 변화시킬 것이라고 단언했다. 이는 이미 현실화되어 대부분의 산업이 AI를 중심으로 재편될 것으로 예상된다.

맥킨지앤컴퍼니(Mckinsey & Company)는 63개의 생성형 AI 사용 사례를 분석한 결과, 경제적 성장 잠재력이 각각의 산업에 연간 2조 6,000억에서 4조 4,000억 달러의 가치를 창출할 수 있을 것으로 전망했다. 베인앤컴퍼니(Bain & Company)는 2023년 5월 주요 600개 기업을 대상으로 설문조사를 진행하였는데, 그 결과 전체 응답자의 40%가 생성형 AI를 이미 도입했거나 도입을 검토중이라고 발표했다. 다양한 영역에서 도입을 추진하고 있지만, 마케팅 관점에서는 크게 고객 인게이지먼트와 마케팅 콘텐츠 생성이라는 두 가지 영역에서 적극적인 활용 의지를 표명했다. 이제는 AI가 마케팅 콘텐츠를 만드는 크리에이티브 영역에도 본격적으로 침투하여 변화의 움직임을 만들어내고 있다.

기업들의 생성형 AI 도입 상위 영역 (출처: 베인앤컴퍼니)

소프트웨어와 제품에 탑재된 생성형 AI	고객 인게이지먼트 프로그램	프로그램 코드 작성과 코파일럿	지식 어시스턴트 (영업지원과 내부 운영을 위한)	IT관리 자동화 (ex. 헬프 데스크)	마케팅 콘텐츠 생성	제품 디자인과 시연
49%	47%	46%	42%	42%	39%	35%

생성형 AI와 크리에이티브

생성형 AI가 몰고 온 크리에이티브 업계의 변화

우리는 크리에이티브의 AI 시대에 접어들었다. 크리에이티브 업계에서는 생성형 AI가 수십 년 만에 가장 큰 혁신을 일으킬 잠재력을 가지고 있다고 서슴없이 말한다. 생성형 AI의 등장으로 크리에이티브 산업이 변곡점에 서 있다는 것이다. 하지만 일각에서는 여전히 이를 어떻게 활용해야 할지에 대한 두려움이 있는 것도 사실이다. AI가 학습한 데이터와 생성한 제작물에 대한 저작권 관련 이슈와 사실이 아닌 내용을 사실처럼 가장하는 할루시네이션(Hallucination) 오류 문제도 존재한다.

이처럼 거대한 변화는 두려움과 우려뿐 아니라 도전과 기회도 동시에 가져온다. 지금의 환경 변화를 잘 파악하면 우리는 파괴적 혁신의 물결을 헤쳐나갈 수 있는 최상의 도구를 얻게 된다. 생성형 AI를 활용해 단순히 멋진 글과 이미지를 생성하는 표면적인 변화가 아니라 보다 근원적인 크리에이티브 비즈니스에 영향을 주는 구조적 변화가 일어날 가능성이 높다. 기존 조직에서는 크리에이티브의 질적 고도화를 위해 상당한 시간이 소요됐다. 대다수의 크리에이티브 과제는 여전히 몇 주 혹은 몇 달이 걸린다. 하지만 생성형 AI는 이 고도화 작업을 훨씬 적은 시간과 비용으로 수행할 수 있게 한다. 크리에이티브를 혁신하는 잠재력을 가지고 있는 것이다.

광고는 크리에이티브 산업의 중심이다. AI가 오랫동안 광고의 일부 기술로 활용되어왔지만, 그 역할이 타깃 미디어와 데이터 분석에 국한되어 있었다. 하지만 더욱 강력해진 생성형 AI 기술이 등장하면서, 이제는 전체 크리에이티브 프로세스에서 중요한 역할을 하기 시작했다. AI가 크리에이티브 콘텐츠를 생성할 수 있는 인사이트와 아이디어를 제공할 수 있기 때문이다. 광고 대행사들도 더 좋은 광고를 더 빠르고 저렴하게 제작하기 위해 AI를 빠르게 도입하고 있다.

탁월한 크리에이티브의 미래는 AI가 생성한 결과물이 아니라 AI 기반 창의성에 있다. 크리에이터는 주도적으로 가설을 세우고, 테스트하고, 학습하고, 학습한 내용을 적용하고, 다시 테스트하는 과정을 거쳐야 한다. 이를 민첩하게 실행하기 위해 생성형 AI를 이용해야 하는 것이다. 기존의 관행을 넘어 더 나은 결과물을 만들기 위해서는 크리에이터의 업무 방식도 바뀌어야 한다. 실제로 많은 대행사의 기획·제작팀은 인사이트를 발견하고 핵심 아이디어를 도출하기 위한 도구로 AI를 적극적으로 활용하기 시작했다. 이 같은 방법을 전면적으로 도입하여 광고를 만드는 대행사도 등장하고 있는데, 그 대표적인 사례가 슈퍼내추럴(Supernatural)이다. 이들은 광고 제작 과정에서 '더 머신(The Machine)'이라는 정교하게 학습된 AI를 근간으로 인사이트, 전략 및 크리에이티브를 만들어낸다. 그 결과 애드에이지(AdAge)에서 2023년 '올해의 작지만 영향력 있는 대행사(Small Agency of the Year)'로 선정되기도 했다.

슈퍼내추럴의 더 머신 소개 (출처: 슈퍼내추럴 홈페이지)

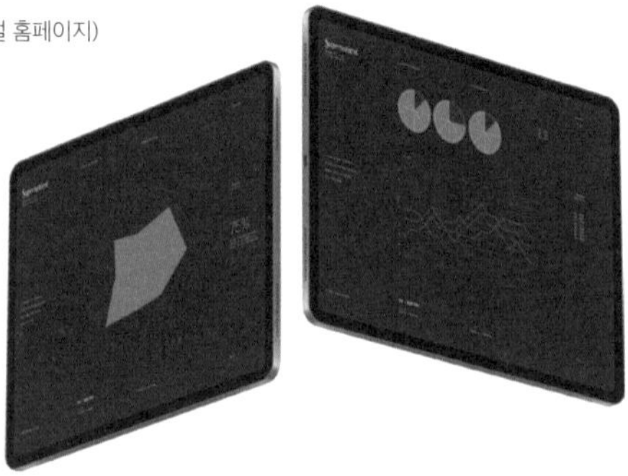

속도와 규모의 차원이 다른 크리에이티브

크리에이티브 개발 속도는 대행사의 미래 전망에 있어 중요한 요소다. 생성형 AI는 크리에이티브에 속도와 규모를 더한다. 사람이 하는 일을 10배 더 빨리 할 수도 있고, 10배 더 많이 할 수도 있다. 아이디어를 구상하는 단계에서 추가 시간을 들이지 않고도 다양한 아이디어를 자유롭게 생성하고 창의적인 실험을 할 수 있게 된다. 크리에이티브 담당자가 백지 상태에서 실행가능한 다수의 아이디어를 그 어느 때보다 빠르게 도출할 수 있도록 도와줌으로써 시간을 단축할 수 있다. 예를 들어, 생성형 AI를 통해 광고에 사용할 수십 개의 배경을 만든 다음, 완벽한 옵션을 찾을 때까지 쉽게 교체할 수 있다. 이와 같이 작업의 속도를 높여서 짧은 시간 안에 보다 넓은 범위의 창의적인 아이디어와 기회를 탐색할 수 있다. 더 빠르게 실험하고, 더 폭넓게 사고하고, 더 많은 창작물을 만들 수 있는, 지금까지와는 차원이 다른 크리에이티브의 힘을 얻게 됐다. 크리에이티브의 속도와 양이 질적 도약을 만들어내는 것이다.

코카콜라는 오픈AI, 베인앤컴퍼니와 함께 생성형 AI를 활용한 공동 창작 실험, '크리에이트 리얼 매직(Create Real Magic)' 캠페인으로 신선한 충격을 주며 AI 분야에서 선도적인 위치를 점했다. 오픈AI의 텍스트 기반 GPT-4와 이미지를 생성하는 달리를 최초로 결합한 플랫폼을 통해 코카콜라 이미지 아카이브를 자유롭게 활용할 수 있는 샌드박스를 배포한 것이다. 사용자가 AI를 이용하여 코카콜라 창작물을 자유자재로 만들면서 즐길 수 있도록 하였다. 이는 콘텐츠 제작 자체를 넘어 AI가 창의성에 어떤 변화를 줄 수 있을지, 인공지능의 무한한 가능성을 보여주는 하나의 크리에이티브 실험이기도 했다. 코카콜라의 유리병, 로고, 산타클로스, 북극곰 등 독특한 브랜드 요소들을 활용한 12만 개의 사용자 생성 콘텐츠가 만들어졌다. 프로젝트가 끝날 무렵, 몇몇 우수한 콘텐츠를 선정하여 뉴욕 타임스스퀘어와 런던 피커딜리 서커스의 디지털 빌보드에 전시하기도 했다.

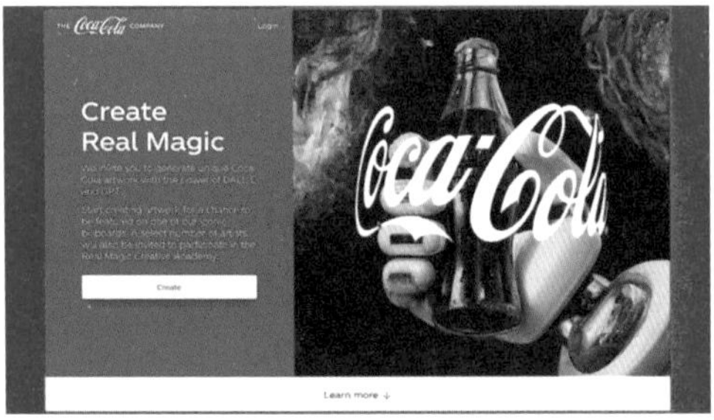

코카콜라 크리에이트 리얼 매직 프로젝트의 첫 화면
(출처: 코카콜라 캠페인 사이트)

크리에이트 리얼 매직에 선정된 사용자 작품 예시
(출처: 코카콜라 캠페인 사이트)

하인즈(Heinz)는 달리를 활용해 '케첩 AI' 캠페인을 진행했다. 이는 하인즈와 케첩의 강력한 연관성을 증명하기 위한 실험 차원이었다. 케첩 관련 수많은 키워드를 프롬프트로 입력하여 어떤 이미지가 만들어지는지 알아보기로 한 것이다. 그중 대다수가 하인즈 케첩을 연상시키는 이미지들이었다. 여기에 재미 요소를 더하여 '르네상스 케첩병', '케첩 타로카드', '우주에 있는 케첩' 등 신박한 케첩 키워드를 입력해도 역시 AI는 하인즈와 비슷한 이미지들을 만들어냈다. 인공지능도 '케첩 하면 하인즈'라는 것을 이미지 결과물로 입증한 것이다. 이렇게 만들어진 다수의 케첩 이미지들은 캠페인에 활용되어 인쇄물, 옥외, 소셜미디어 등에 게재되었다.

케첩 프롬프트로 AI가 생성한 다양한 이미지
(출처: Ads of the World 홈페이지)

하인즈의 케첩 AI 캠페인
(출처: Ads of the World 홈페이지)

초개인화로 크리에이티브 혁신

생성형 AI의 초기 사용 사례로 크리에이티브한 이미지 생성이 인기를 끌었지만, 우리는 훨씬 더 크고 넓은 관점을 가져야 한다. 단기적으로 AI가 효율성 향상과 비용 절감의 이점을 제공할 수 있지만, 이것만이 AI 활용의 주된 목표가 되어서는 안 된다. 보다 장기적인 관점에서, 생성형 AI는 초개인화된 콘텐츠 생산이 가능하기에 마케팅 전반을 혁신할 수 있는 잠재력을 가지고 있다. 생성형 AI를 통해 실시간으로 강력한 인사이트를 도출하는 동시에 타깃의 취향에 맞는 개인화를 촉진할 수 있는 것이다.

현대백화점이 2023년에 정식으로 도입한 AI 카피라이터 '루이스'는 타깃 연령대에 맞는 세부 카피도 조절할 수 있다. 네이버의 생성형 AI '하이퍼클로바'를 사용하여 특정 타깃들에게 반응이 좋았던 백화점

현대백화점의 루이스 시연 장면
(출처: 현대백화점)

광고 카피를 중심으로 특유의 문체를 집중학습했기 때문이다. 예를 들어, 미술 전시회의 타깃 연령대를 20대로 설정하면 '인싸가 되고 싶다면 현백으로 모여라', 50대로 설정하면 '예술이 흐르는 백화점으로 여러분을 초대합니다'로 결과가 달라진다. 이처럼 생성형 AI의 도움으로 우리는 빠르게 생성되는 개인화된 크리에이티브로 맞춤 콘텐츠를 제공할 수 있게 되었다.

마이크로소프트는 최근 오픈AI의 GPT 기술을 빙(Bing) 검색엔진에 통합하여 광고업계에 파장을 일으켰다. 오랫동안 구글의 그늘에 가려져 있던 마이크로소프트가 챗GPT의 힘을 활용하여 새로운 유형의 대화형 검색 서비스 빙챗(Bing Chat)을 도입한 것이다. 구글이 페이지랭크*로 검색엔진 비즈니스를 뒤흔들었던 것처럼, 빙챗이 장기적으로 검색 시장 전체를 구글에서 마이크로소프트로 이동시키는 촉매제가 될 수 있다는 전망이 나온다.

챗GPT를 도입한 마이크로소프트 빙챗의 초기 화면 (출처: 마이크로소프트)

페이지랭크(PageRank) 구글의 검색 알고리즘으로, 웹사이트 페이지의 상대적 중요도를 서로 간의 인용과 참조를 근거로 측정하고 이에 따라 가중치를 부여하는 방법으로 검색 결과를 제시함

예를 들어, '그리스 여행 계획을 세우는 방법'을 검색할 때 빙챗은 검색 쿼리에 따라 링크 목록을 제시하는 것이 아니라, 사람들과 일상 대화 방식으로 주고받은 질문들을 기반으로 최적의 답변을 제시한다. 대화 형태이기 때문에 사용자의 더 많은 맥락을 파악할 수 있고 사용자의 의도에 대해서도 더 깊은 인사이트를 얻을 수 있다는 점에서 흥미롭다. 대화 도중에 등장할 수 있는 '여름에 아이와 함께 갈 수 있는 해변'과 같이 사용자들의 구체적 맥락과 의도를 더 잘 이해하게 되면 답변 결과도 더 정확해질 것이다. 더 나아가 답변과 함께 자세한 정보에 대한 링크를 제시하여 사용자 입장에서 빠르게 원하는 상품을 찾아갈 수 있도록 하는, 새로운 형태의 개인화된 광고 서비스도 전망이 밝다.

빙챗에서 그리스 여행을 묻는 대화 화면 예시
(출처: 마이크로소프트)

새로운 형태의 영상 크리에이티브

최근 AI를 도입한 광고가 늘어남에 따라, 활용 방식 또한 다양해지고 표현물도 카피와 이미지를 넘어 영상으로 확대되고 있다. '텍스트 투 비디오(Text to Video)'라고 하는 생성형 AI 기술의 발전으로 텍스트를 입력하면 동영상을 자유롭게 제작할 수 있게 되어 향후 몇 년 내 영상 개발에 일대 혁신을 가져올 것이라 예상된다.

광고업계에 현실적으로 영향을 미칠 AI 기반 영상 제작의 다음 단계는 '비디오 투 비디오(Video to Video)' 기술이다. AI가 대단위의 기존 광고 이미지와 영상을 학습하여, 광고에 최적화된 영상물의 조건과 퀄리티를 유지하면서도 제작자가 원하는 스타일로 새로운 광고 영상을 만들 수 있게 되는 것이다. 아직은 초기 단계이지만 텍스트 프롬프트만으로도 기존 영상의 표현 요소를 자유롭게 변주하고 생성하며 편집할 수 있어서 영상 크리에이티브를 근본적으로 변화시킬 수 있을 것으로 보인다.

나이키는 50주년을 기념한 'Never Done Evolving' 캠페인에서 테니스의 전설로 불리는 세레나 윌리엄스의 은퇴를 기념하며 선수 생활을 되돌아보는 특별한 영상물을 공개했다. 이를 위해 세레나의 공식 경기에 해당하는 모든 데이터와 영상을 AI가 학습하여 세레나가 20년 넘게 정상의 자리를 지키기 위해 어떤 진화를 해왔는지 분석하고 그녀의 경기 스타일을 모델링하였다.

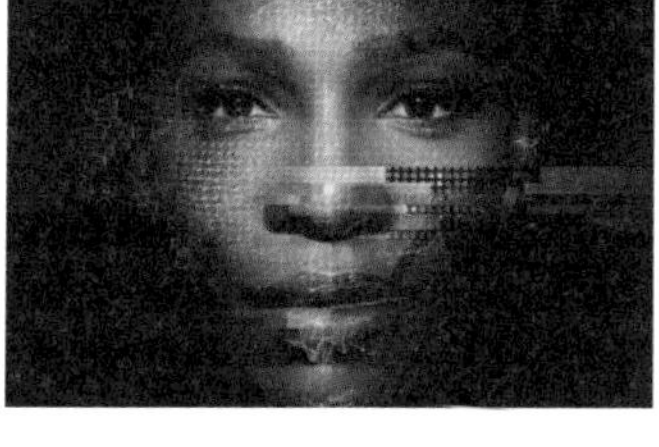

나이키의 Never Done Evolving 캠페인
(출처: WPP 홈페이지)

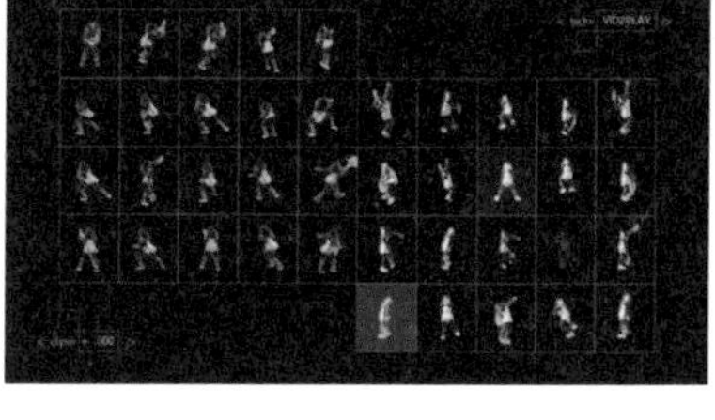

AI의 세레나 경기 학습 장면
(출처: AKQA 홈페이지)

영상에서는 AI가 생성한 젊은 시절의 세레나들끼리 라이벌이 되어 대결하는 가상의 경기를 선보였다. 1999년의 17세 세레나와 2017년의 35세 세레나의 가상 대결을 만든 것이다. 13만 번의 가상 게임을 진행한 결과 2017년의 세레나가 결국 승리했다. 이를 통해 나이키는 세레나가 끊임없는 노력으로 진화했다는 캠페인 메시지를 효과적으로 전달했다. 이 캠페인은 2023년 칸 라이언스 디지털 크래프트 부문에서 그랑프리를 수상하기도 했다.

아우디는 생성형 AI를 활용하여 감정 변화까지도 영상으로 표현했다. 신규 전기자동차 Q8 스포트백 이트론(Q8 Sportback e-tron) 론칭에서 운전자의 시승감을 생성형 AI로 시각화한 'Feel the Art of Audi' 캠페인을 선보였다. 운전할 때 느끼는 민감한 감정 변화를 실시간으로 모니터링하고 이를 생성형 AI가 디지털 예술 작품으로 전환시킨 것이다. 직접 운전하면서 느낀 대표적인 감정을 AI가 분석하여 '흥분(Exhilaration)', '평안(Serenity)', '경외감(Awe)' 세 가지로 압축하고, 각각의 감정을 아름다운 디지털 아트로 구현했다. 단순히 트렌드를 좇아 AI를 활용하기보다 브랜드가 전달하고자 하는 진정성 있는 메시지를 중심에 두고 이를 효과적으로 전달할 수 있는 방법으로 생성형 AI 기술을 적절히 활용한 것이다.

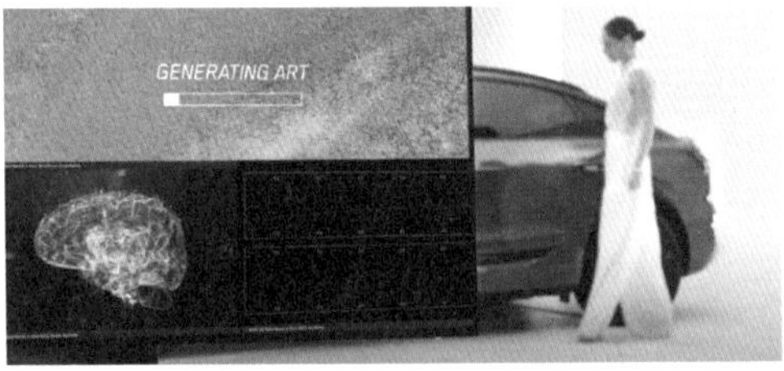

Feel the Art of Audi 캠페인
(출처: Ads of Brands 유튜브)

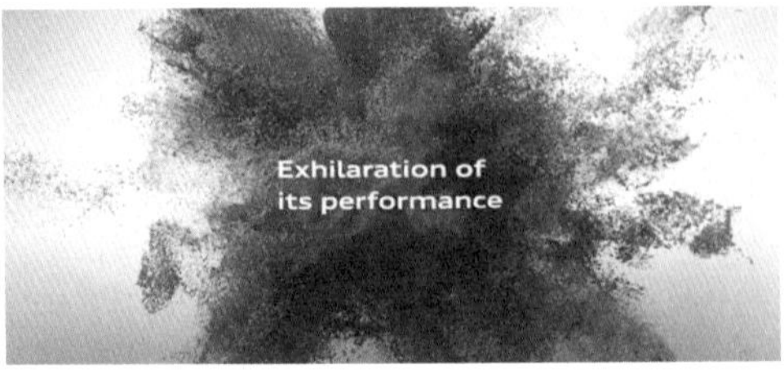

AI가 시승자의 감정 변화를 구현한 디지털 아트
(출처: Ads of Brands 유튜브)

생성형 AI의 도움으로 크리에이터가 제작할 수 있는 콘텐츠의 유형은 사실상 무한대로 늘어날 것이라고 전망된다. 수작업으로 제작물을 제한적으로 제작해야 하는 기존 크리에이티브 프로세스에서 특정 브랜드나 특정 캠페인을 위해 다양한 타깃 콘텐츠를 제작하던 시대를 넘어, 이제는 개개인을 위해 맥락에 맞게 맞춤화된 콘텐츠를 자유자재로 제작할 수 있는 환경이 제공되었다고 할 수 있다. 이로써 크리에이터들은 타깃 소비자에게 도달할 수 있는 초개인화된 메시지를 손쉽게 제작할 수 있게 되었다. 아이디어를 프롬프트로 입력하면 그 결과물이 바로 콘텐츠가 되는 AI 창조 공장이 만들어진 것이다.

향후 몇 년 동안 생성형 AI 기술의 놀라운 발전이 계속될 것이다. 그중 많은 부분은 보다 일상적인 크리에이티브 업무에 도입될 것이다. 그리고 크리에이티브 기획, 제작, 실행 방식을 계속해서 변화시켜나갈 것이다. 생성형 AI의 활용은 이제 거부할 수 없는 대세가 되었다. 이제 우리는 생성형 AI 기반 크리에이티브를 통해 브랜드와 고객이 관계 맺을 수 있는 새로운 방법을 상상해야 한다.

지금부터라도 현업의 창의력을 극대화하고 경쟁이 치열한 시장에서 브랜드를 차별화할 도구로 생성형 AI를 활용해보자. 어려운 기술 이야기에 휘둘려 생성형 AI 활용에 겁먹지 말아야 한다. 조직이든 개인이든 무언가를 만들고 있다면 일단 뛰어들어 시도해보는 것이 중요하다. 생성형 AI는 진입장벽이 낮아서 누구든 키워드를 입력하고 버튼 하나만 누르면 바로 시작할 수 있다.

일상 반올림:

XR로 다시 만난 세계

4

"오늘은 컴퓨팅의 새로운 시대가 시작되는 날입니다. 맥(Mac)이 개인용 컴퓨팅을, 아이폰이 모바일 컴퓨팅의 시대를 열었던 것같이 애플 비전 프로(Apple Vision Pro)는 공간 컴퓨팅이라는 새로운 시대의 시작을 알립니다." 2023년 6월, 애플이 'WWDC★ 23'에서 새로운 XR(eXtended Reality, 확장현실) 디바이스를 최초로 공개하면서 한 말이다. 늘 혁신으로 일상의 변화에 대한 기대감을 주는 애플이기에, 에어팟 이후 7년 만에 다음 혁신으로 언급한 XR 분야에 대한 세상의 관심이 높아지고 있다.

기존에 메타 퀘스트 2(Meta Quest 2)로 시장을 선점하고 있던 메타가 메타 퀘스트 3를, 삼성이 구글·퀄컴과 XR 동맹을 각각 발표함에 따라 다자간의 경쟁 구도가 형성되는 것도 사람들의 흥미를 더하는 요소로 작용하고 있다. 이러한 경쟁 양상이 스마트폰이 본격적으로 도입되었던 시기의 모습과 닮았기 때문이다. 2024년은 다양한 참여자들이 XR 생태계를 선점하기 위한 노력이 시작되는 한 해가 될 것이다. 스마트폰이 등장하고 모바일을 중심으로 사람들의 일상이 변화한 것처럼, 2024년 출시되는 새로운 XR 디바이스가 일상에 미칠 영향이 기대된다.

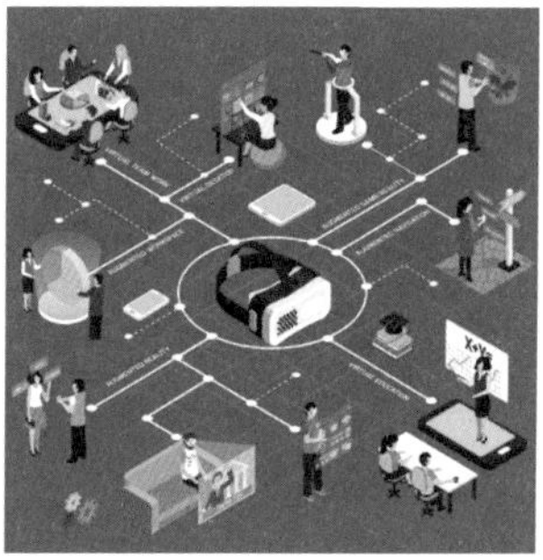

©Macrovector, Freepik

★ WWDC(Worldwide Developers Conference) 매년 애플이 개최하는 세계 개발자 회의

현실의 경험을 확장하는 초실감형 기술

현실에 기반한 가상 세계

확장현실로 불리는 XR은 AR★, VR★, MR★을 통칭하는 개념이다. 주변에 존재하는 가상의 콘텐츠와의 직관적인 상호작용을 통해 현실의 경험을 확장하고 특별한 몰입감을 제공한다. 2024년 초 출시되는 애플 비전 프로나 메타 퀘스트 3 등 XR 디바이스의 가장 큰 특징은 기존의 VR 디바이스와 달리 외부로의 시야 확보가 가능한 MR의 성격을 띠고 있다는 점이다. 몰입감을 위해 시야가 차단되다보니 자유로운 움직임에 제한이 있는 기존 VR 디바이스와 달리, 현실 세계와 상호작용이 용이해짐에 따라 일상에서 XR의 활용도는 보다 증가할 것으로 보인다.

XR과 관련하여 일반 대중에게 가장 친숙한 개념은 최근까지 관심이 높았던 메타버스(Metaverse)다. 3차원 가상 세계에서 현실 세계의 사회·경제·문화 활동을 구현하는 메타버스는 코로나19로 팬데믹을 겪는 동안 오프라인 경험을 대체하는 대안으로 주목받았다. 그러나 엔데

★

AR(Augmented Reality) 증강현실. 실제로 존재하는 환경에 가상의 사물이나 정보를 겹쳐 보이게 하는 기술

VR(Virtual Reality) 가상현실. 가상 또는 시뮬레이션된 환경에서 사용자가 실제와 같은 체험을 할 수 있도록 하는 기술

MR(Mixed Reality) 혼합현실. 현실과 가상이 자연스럽게 연결된 스마트 환경을 제공하는 기술

믹을 맞이한 현재, 메타버스에 대한 관심은 예전 같지 않다. 로블록스, 제페토 등으로 대표되는 가상공간은 다양한 시도에도 불구하고 소수의 젊은 층에 한정된 소셜라이징 중심의 단순한 놀이 공간으로 인식되고 있다. 가상 세계 구현을 위한 기술적 한계와 아직은 미약한 생태계 조성이 주요한 원인이다.

최근 주목받는 XR 기술은 자신에게 가까운 현실 세계에 기반하여 가상 경험을 확장하는 데 중점을 둔다는 점에서 현재 일반적으로 통용되고 있는 메타버스 플랫폼들과 다소 차이가 있다. 영화 〈마이너리티 리포트〉에서 톰 크루즈가 허공에 컴퓨터 화면을 띄워놓고 특수 장갑을 낀 손으로 화면을 옮기는 모습처럼, XR은 우리의 일상에 디지털 환경을 덧입히는 형태로 다가온다. 우리가 흔히 알고 있는 '포켓몬 GO'와 같은 게임에서부터 엔터테인먼트, 교육, 제조, 의료 등 폭넓은 분야에 적용이 가능하다. 다양한 일상 속으로 XR 기술이 스며듦에 따라 일상의 경험은 더욱 특별해지고 풍족해지는 변화를 맞이할 것으로 보인다.

애플 비전 프로 사용 이미지
(출처: 애플 홈페이지)

성장하는 XR 시장

글로벌 시장조사 기관인 프리시던스 리서치(Precedence Research)가 2022년 12월에 발표한 자료에 따르면, 세계 XR 시장 규모는 2022년 351억 4,000만 달러에서 2030년에는 약 3,459억 달러로 연평균 33%의, 10배에 가까운 성장을 보일 것으로 예측했다. XR이 스마트폰 시장의 포화와 TV 시장 정체를 극복하는 차세대 먹거리로 글로벌 기업들의 관심을 받고 있는 이유다. 국내에서도 XR에 대한 관심은 점차 높아지고 있다. 2020년부터 최근 3년여간 트위터, 블로그, 커뮤니티 등 온라인상에서 'XR' 키워드를 언급한 추이를 살펴보면, 2020년 2,779건에서 2022년 8,156건으로 언급량이 3년간 3배에 가깝게 급등한 것을 확인할 수 있다.

2020년 이후 'XR' 언급량 추이 (출처: 이노션 인사이트전략본부)

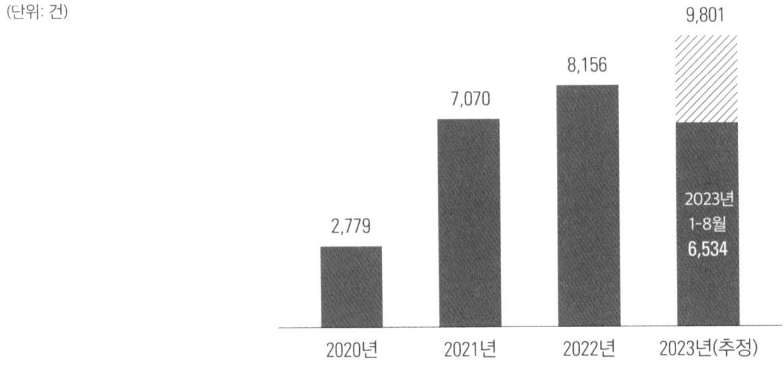

XR에 대한 소셜상에서의 인식도 점차 긍정적으로 변화하고 있다. 3년간의 'XR' 관련 감성 연관어를 살펴보면, 긍정어 비중이 2020년 41.9%에서 2022년 48%로 매년 지속적으로 높아지고 있는 것으로 나타났다. 타 키워드 대비 강하게 언급되고 있는 '가능하다', '성장하다' 등의 긍정 키워드는 XR의 미래에 대한 사람들의 기대감을 반영하는 것으로 보인다.

'XR' 감성어 변화 추이와 긍정 감성어 분석 (출처: 이노션 인사이트전략본부)

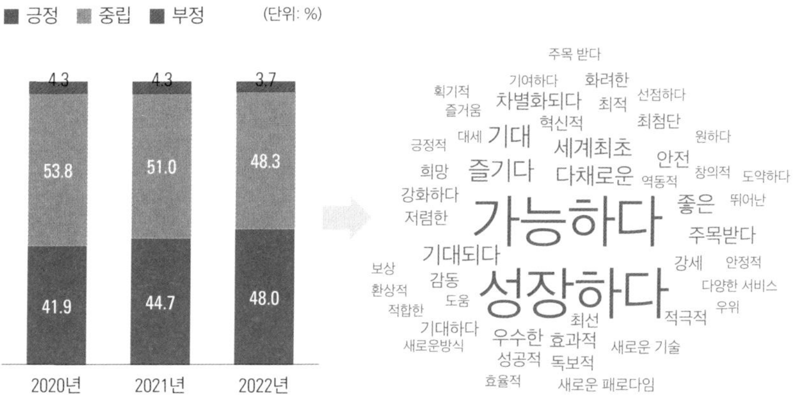

XR을 활용한 다양한 마케팅

가장 가까운 XR 세상, AR 필터

XR 분야가 낯설게 느껴질 수도 있지만, 실제 우리 일상에서 AR, VR을 생각해보면 그리 멀리 있지 않은 개념이다. 우리가 SNS에서 흔히 사용하는 카메라 필터들이 AR 기술이 결합되어 만들어진 결과물이다. 카메라를 통해 대상을 인식하고, 대상 위에 이미지 등 디지털 콘텐츠를 덧씌우는 것이다. 이처럼 스마트폰을 통해 별도의 노력 없이 쉽게 XR을 경험하고 있다. 혼자서 가상 세계를 경험하는 VR 대비, 사회적 상호작용과 참여에 기반한 AR 필터는 사람들에게 보다 매력적인 콘텐츠로 다가가고 있다. 요즘 10~20대는 참신하고 재미있는 AR 필터를 찾아 이를 적용하고, SNS에 콘텐츠를 게시하는데 이러한 행동이 늘 재미에 목말라 있는 다른 사람들의 사용을 자극하기 때문이다.

다양하고 크리에이티브한 AR 필터들이 나타나고 있다는 점도 XR 경험의 확산을 가속화하고 있다. 이처럼 AR 필터가 활성화된 배경에는 메타의 스파크 에이알 스튜디오(Spark AR Studio), 틱톡의 이펙트 하우스(Effect House), 스냅챗의 렌즈 스튜디오(Lens Studio), 스노우의 스노우 크리에이터 스튜디오(Snow Creator studio) 등 AR 제작툴을 모두에게 공개한 것이 있다. 온라인 상에서 AR 제작툴 사용법에 관련된 정보, 커뮤니티 등을 쉽게 찾아볼 수 있어, 누구나 쉽게 AR 필터를 만들 수 있는 환경이 되었다.

AR 필터는 일방적으로 브랜드 메시지를 전달하는 게 아니라 재미에 기반하여 사람들이 자연스럽게 이용하고 쉽게 확산시킬 수 있다는 점에서 기업들의 마케팅 수단으로 다양하게 활용되고 있다. 브랜드에 대한 가상의 소유 경험을 제공하는 것은 AR 필터를 활용하는 가장 기본적인 마케팅 방안이다. 특히 제품 경험이 중요한 패션과 뷰티 분야에서 많이 활용된다. 에르메스의 스카프, 구찌의 스니커즈, 디올의 선글라스 등 평소 경험하기 어려운 럭셔리 브랜드의 신상품을 누구나 쉽게 가상으로 착용하고 인증샷을 SNS에 공유한다. 가상의 소유 경험은 사람들이 브랜드에 대한 관심과 애착을 형성하는 데 영향을 준다. 스냅챗의 연구에 따르면 응답자의 56%가 AR이 제품 품질에 대한 확신을 형성하는 데 도움을 준다고 답하였다. 또한 AR 필터를 사용하여 인터랙티브한 경험을 제공한 브랜드의 경우, 구매고려율이 41% 증가하였다.

AR 필터는 직접적인 제품 경험뿐 아니라, 제품에 대한 정보를 더욱 직관적으로 전달하는 수단으로도 활용된다. 기아는 EV6 GT모델을 소개하는 브로슈어에 AR 기술을 접목하여 다양한 정보를 받을 수 있는 '리미트리스 브로슈어(Limitless Brochure)'를 선보였다. 브로슈어의 QR코드를 통해 가상의 EV6 GT를 경험하고, 업데이트된 최신의 정보들을 확인할 수 있도록 했다. 이 브로슈어는 환경 보호 및 디지털 툴 활용으로 미래 지향적인 크리에이티브를 선보였다는 점에서 2023 레드닷 디자인 어워드에서 2개의 본상을 수상하기도 하였다.

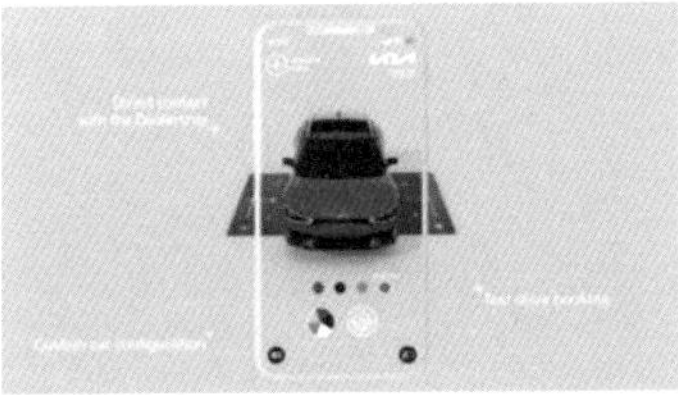

기아의 리미트리스 브로슈어 AR 필터
(출처: 이노션 보도자료)

AR 필터는 프로모션이나 이벤트에서 브랜드에 대한 관심을 환기하고, 전달하고자 하는 경험을 강화하는 데 사용되기도 한다. 현대카드는 2022년에 이어, 2023년에도 예술·학문·경영·기술 등 각 분야의 독보적인 아이콘들을 만날 수 있는 문화 융복합 이벤트인 '다빈치모텔'을 선보였다. 이번 행사에서 현대카드는 국내 최초로 메타와 협업하여 MR과 AR 기술을 활용하여 현실과 상상이 결합되는 새로운 경험을 선사했다. 현대카드 뮤직 라이브러리 광장에서 메타의 XR 디바이스를 착용하면, 현실의 공간이 1960년대 캘리포니아 사막에 위치한 다빈치모텔로 단숨에 변하는 경험을 할 수 있다. 또한 여러 분야의 연사들이 투숙객으로 방명록을 남기고, 함께 음악을 감상하는 등 다양한 인터랙션 요소를 경험할 수 있게끔 하였다. 사전 이벤트로 현실 공간에 다빈치모텔로 통하는 포털을 등장시키거나 손바닥 위에 다빈치모텔 간판을 보여주는 AR 필터를 공개하였다. 일반인들의 참여를 활성화하고, 내가 있는 공간이 언제든지 다빈치모텔로 연결될 수 있다는 메시지를 전달하였다.

현대카드의 다빈치모텔 AR 필터
(출처: 현대카드 홈페이지)

공간을 재정의하는 XR

2022년 12월. 평소와 다름이 없던 뉴욕의 타임스스퀘어에 가상 밴드 고릴라즈(Gorillaz)의 특별한 야외 라이브 공연이 열렸다. 특이한 것은 거리에 있는 모든 사람이 들을 수 있는 공연이 아니라, 팬만 경험할 수 있는 가상의 공연이라는 점이었다. 고릴라즈는 AR 기술을 활용하여 세계에서 가장 상징적인 장소인 타임스스퀘어를 하나의 거대한 가상 공연장으로 탈바꿈시켰다. 거대한 공연장을 채우기 위해 아티스트도 건물 크기만하게 조정하였다. 현실과 가상의 경계가 허물어진 새로운 유형의 라이브 문화 경험을 제공한 것이다. 이 혁신적인 음악 공연은 구글의 위치 정보에 기반한 AR 개발 도구인 에이알코어(ARCore)와의 협업으로 가능했다.

최근 구글은 '구글 지도'를 AR 플랫폼화하려는 움직임을 보이고 있다. 이미 전 세계 항공 사진과 스트리트 뷰를 구현해놓을 정도로 2D 기반의 방대한 위치 정보를 가지고 있지만, 더 나아가 전 세계 주요 도시를 3D로 구현하려는 것이다. 구글이 모바일 분야에서 안드로이드라는 운영체제와 앱 스토어인 구글 플레이로 시장을 장악했듯, XR 기기가 본격적으로 활성화될 때 XR 분야에서도 플랫폼을 구축하겠다는 노림수로 보인다. 위치 정보를 기반으로 디지털 콘텐츠를 증강시키는 AR 기술이기 때문에, 정확한 위치 정보만 있다면 현실의 모든 장소가 AR을 통해 새로운 경험으로 확장될 수 있다.

타임스스퀘어를 무대로 한 고릴라즈의 뉴욕 AR 공연 (출처: Gorillaz 유튜브)

XR은 공간을 바라보는 관점을 바꾸고, 새로운 OOH(Out-of-Home, 옥외미디어)의 영역을 제시하기도 한다. 2022년 12월, 일본에서는 백화점 기업인 미츠코시 이세탄 외 광고·디지털 영역 등의 파트너들이 협업하여 '버추얼 긴자 미츠코시(Virtual Ginza Mitsukoshi)'라는 새로운 광고 상품을 소개했다. 긴자에 위치한 미츠코시 백화점 건물과 거리를 하나의 광고 매체로 활용하는 것이다. 스마트폰 앱을 통해 건물과 거리 등 3차원 정보를 인식하고 현실 공간에서 다양한 가상의 브랜드 경험을 제공한다. 앱을 실행하면 미츠코시 긴자의 상징인 대형 샹들리에가 가상으로 전환되어 공중에 나타나며, 샹들리에를 중심으로 긴자의 거리 전체가 새로운 공간으로 탈바꿈된다. 새로운 공간의 곳곳에는 OOH의 역할을 하는 가상의 스크린이 다수 위치해 있어 거리 전체가 브랜드로 채워지는 경험을 할 수 있다. 차도 위를 떠다니는 기차와 같은 오브제들은 독특한 경험을 제공할 뿐만 아니라, 기차 래핑 등이 또 하나의 매체로 활용되기도 한다. 2023년 8월에는 스누피와 동료들이 가게를 뛰쳐나와 파티를 하는 캠페인이 진행되기도 했다. 물리적 제약으로 매체화할 수 있는 영역이 한정적인 기존의 OOH, DOOH와 달리 공간 활용이 유연하고, 현실 세계 위에 디지털 기술을 활용함으로써 다양한 창의적 표현이 가능하다는 장점이 있다. 기술의 발전에 따라 구현되는 실외 공간의 범위가 확장되면 더욱 실감나는 공간 속에서 브랜드 경험을 제공할 수 있을 것이다.

버추얼 긴자 미츠코시 실행 화면
(출처: SoVeC Corporation 유튜브)

XR은 현실의 장소에 디지털 정보를 결합하여 장소가 가진 가치를 증폭시켜 여행 경험을 변화시키기도 한다. 예를 들어, 네이버랩스는 2022년 11월 국립중앙박물관과 함께 AR 내비게이션 서비스의 베타 테스트를 진행하였다. 박물관의 콘텐츠를 즐길 수 있는 최적의 동선을 안내받거나, 자신의 경로를 편리하게 확인할 수 있는 서비스다. 또한 빗살무늬토기, 진흥왕 순수비 등의 특정 전시품을 대상으로 유물의 상세한 모습과 발견 당시의 상황을 AR로 구현하여 전시품을 즐기는 새로운 방법을 제시하기도 했다. 삼국시대나 조선시대 전시관에는 측우기에 대한 정보와 함께 실내에 비가 내리는 환경을 구현하는 등 과거 시대로 이동한 듯한 생생한 체험을 제공하는 AR 투어모드도 적용하였다. 실내 공간뿐 아니라 관광자원이 위치한 지역의 여행 경험을 강화할 수도 있다. 수원시는 XR 버스 투어와 AR 정보 콘텐츠들이 결합된 '터치수원' 앱을 출시하였으며, 강남구는 압구정로데오거리, 청담한류스타거리 등에 국내외 관광객을 유치하기 위한 XR 둘레길인 '플레이 메타로드'를 조성하였다. 스마트폰 카메라를 이용해 하늘에서 쏟아지는 선물 박스를 클릭하면 주변 상점의 할인 쿠폰이나 스탬프를 받을 수 있는 미니게임과 연동하는 등 여행 경험을 강화하는 다양한 XR 콘텐츠를 제공하였다.

XR이 만드는 변화

새로운 몰입 경험의 제공

기업들은 치열한 경쟁 속에서 고객의 관심을 끌고 기억에 남는 경험을 창출할 수 있는 혁신적인 방법을 끊임없이 모색하고 있다. XR은 오프라인의 브랜드 경험 공간 대비 공간적·표현적인 제약을 극복할 수 있다는 강점이 있다. VR을 활용하여 아예 브랜드 경험으로만 설계된 특화 공간에 방문케 할 수도 있으며, AR을 통해 개인의 일상에 브랜드를 위치시키기도 한다. XR로 구축한 브랜디드된 공간 경험은 보다 수월하게 브랜드에 몰입할 수 있는 환경을 제공하며, 나아가 브랜드와 소비자 간의 정서적 연결을 촉진하는 역할을 하기도 한다.

루이비통×쿠사마 야요이 AR 필터
(출처: 하입비스트 홈페이지)

예를 들어, 루이비통은 2023년 쿠사마 야요이와의 두번째 컬래버레이션을 추진하며 쿠사마 야요이의 작품 세계를 구현한 AR 필터로 사람들의 이목을 더욱 집중시켰다. 인스타그램 내 작가의 다채로운 도트 패턴을 화보처럼 적용한 필터를 통해 개인이 모델이 된 듯한 경험을 느낄 수 있도록 했다. 스냅챗에서는 에펠탑과 자유의 여신상 등 전 세계적으로 상징적인 건물들에 작가의 도트 패턴을 입혀 새로운 장소로 탈바꿈해주는 스냅 렌즈를 선보이며 사람들에게 색다른 경험을 제공하였다.

다만, XR 기술을 통한 새로운 경험이 일시적인 관심을 환기하는 데 도움을 줄 수 있으나, 그 자체가 브랜드에 대한 고객의 몰입 경험을 담보하지는 않는다는 것을 주의할 필요가 있다. XR을 통해 브랜드가 전달하고자 하는 메시지가 무엇인지에 대한 명확한 목표 수립과 어느 시점에 어떤 경험을 주어야 하는지에 대한 전략적인 경험 설계가 동반되어야 한다.

데이터 기반의 개인화된 경험

XR은 가상 환경 내에서 사용자의 움직임과 상호작용을 추적하는 기능을 제공하기 때문에 전통적인 마케팅에서 측정이 어려웠던 사용자 행동과 선호도에 대한 중요한 데이터를 수집할 수 있다. 예를 들어, VR 헤드셋의 시선 추적 기술은 사용자가 어디에 주의를 기울이는지에 관한 인사이트를 제공할 수 있다. 마케터는 이러한 데이터를 활용하여 광고 전략을 조정하고 개인의 선호도에 맞게 콘텐츠를 맞춤설정할 수 있다. 최근 네이버랩스를 비롯하여 다양한 XR 기업들이 대형 실내 거점을 중심으로 AR 기반의 실내 내비게이션 개발에 참여하고 있다. 3D 매핑을 통해 습득한 실내 공간 정보를 바탕으로 카메라를 이용해 현 위치에 대한 공간 정보를 입력하면, GPS의 유무와 상관없이 목적지 정보를 확인할 수 있다. 길 안내뿐 아니라 사용자 프로필을 기반으로 주변의 쇼핑 정보도 함께 알려준다. 마케터는 이 정보를 활용하여 소비자 행동을 자세하게 분석하고 마케팅 전략과 가상 공간 내 제품 또는 정보의 배치를 최적화할 수 있다. 좀더 확장하면 XR을 통해 브랜드는 고객에게 고도로 개인화된 경험을 제공할 수 있다. 예를 들어, 현재의 브랜드 공간 경험은 다수의 사람이 하나의 공간을 경험하는 것이지만, XR 기술을 적용하면 같은 공간을 바라보는 소비자에게 각기 다른 공간 경험을 제공할 수 있는 것이다.

스마트폰이 나오기 전에 우리는 작은 디바이스를 통해 세상과 연결될 거라 상상하지 못했다. 지금 우리의 일상은 스마트폰을 빼고 생각하지 못할 정도로 제품, 서비스, 마케팅 등 모든 영역에서 큰 변화가 있었다. XR은 스마트폰 이후의 차세대 컴퓨팅 기술이라고 지칭되기도 한다. 전 세계를 연결해준 스마트폰을 넘어 XR은 현실 세계와 가상 세계를 연결한다. 언제 어디서나 현실과 가상 사이를 자유롭게 전환하며 또다시 사람들의 일상을 크게 바꿔놓을 것으로 예상된다.

사람들이 살고 있는 세계는 디지털 기반으로 재구축되고, 실시간으로 계속 업데이트되는 세상으로 변화할 것이다. 같은 기종의 스마트폰을 가지고 있어도 그 안에 구축된 설정, 앱, 콘텐츠 등 소프트웨어는 각 개인의 니즈에 따라 각기 다른 세상을 구축하고 있다. XR의 고도화·일상화는 각 개인의 일상 하나하나가 마치 거대한 스마트폰처럼 각기 다르게 존재할 수 있게 한다. 같은 공간에 존재하더라도 각자의 경험은 결합된 디지털 콘텐츠가 무엇이냐에 따라 완전히 다른 일상으로 확장되는 것이다. 마케터들이 개인의 일상을 공략하는 방식에도 변화가 있을 것으로 보인다. 더욱 세분화되고 개인화된 현실 세계에서 브랜드가 보다 자연스럽게 일상의 맥락 안에 위치할 수 있게 하기 위한 노력이 필요할 것으로 예상된다.

스페셜 리포트

비즈니스 현장의 마케팅 전문가들이 주목한
라이프스타일 인사이트

So Far So Cool 2024:

쿨함에 대하여

우리는 떠오르는 트렌드를 이야기할 때 주로 '핫하다' 혹은 '힙하다'라는 단어를 많이 사용한다. 트렌디함의 최전선에 배치된 브랜드와 인물 혹은 장소와 주로 함께 쓰이는 단어들이다. 하지만 브랜드의 입장에서 볼 때 이러한 '핫하고' '힙한' 이미지만을 추구해도 괜찮을까? 트렌디함이 소비자들에게 주는 매력이 상당히 크다는 사실을 부정할 수는 없지만, 한 시대를 풍미하고도 순식간에 기억 속에서 사라진 브랜드들을 우리는 많이 봐왔다.

그렇다면 사라진 브랜드와 살아남은 브랜드의 차이는 무엇이었을까? 이 질문에 답하기 위해 이노션이 떠올린 단어는 바로 '쿨함'이다. '쿨하다'라는 단어는 '시원하다', '무언가를 받아들임에 있어 거리낌이 없고 성격이 털털하다', '차분하다', '쌀쌀맞다', '훌륭하다', '근사하다', '멋지다' 등의 다양한 의미를 가지고 있기에, 명확하게 한 가지 개념으로 정의 내리기는 어렵다. 그럼에도 어떤 인물이 쿨하다는 말은 비교적 명확하고 보편화된 의미로 인식되는 반면, 어떤 브랜드가 쿨하다는 말은 하나의 의미로 정의되지 않는 듯하다. 그래서 이노션은 이 '쿨함'에 대한 소비자 인식이 지난 4년간 어떻게 바뀌어왔고, 세대별로 이를 받아들이는 양식이 어떻게 다른지 그리고 '쿨함'이 브랜드에 적용되었을 때 어떠한 느낌이며, 이것이 브랜드에 줄 수 있는 가치는 무엇인지 확인해보았다.

©MARK ADRIANE, Unsplash

‘쿨하다’는 것은 어떤 의미일까?

‘쿨하다’의 의미 탐색

이 시대를 사는 사람들은 쿨함을 어떻게 생각하고 있을까? 그리고 지난 4년간 사람들의 쿨함에 대한 인식은 어떻게 변화했을까? 디지털 사회로의 전환을 몸소 겪어낸 1970년대생과 디지털 네이티브로 인생을 살아온 2000년대생은 쿨함을 얼마나 다르게 느끼고 있을까?

이노션은 쿨함의 세대적 정의를 지속적으로 파악하고 인식 변화를 확인하기 위해 이번에도 만 15~49세 남녀 1,211명을 대상으로 설문조사를 진행하였다. 그 결과 약 83%의 소비자들이 ‘쿨하다’라는 단어를 잘 알고 있다고 응답했다. 이는 전년과 유사한 수준으로, 이제 ‘쿨함’이라는 단어는 80% 이상의 소비자들이 인지하는 대중적이고 일상적인 단어로 자리잡은 것으로 해석된다.

‘쿨하다’라는 단어를 알고 계십니까?

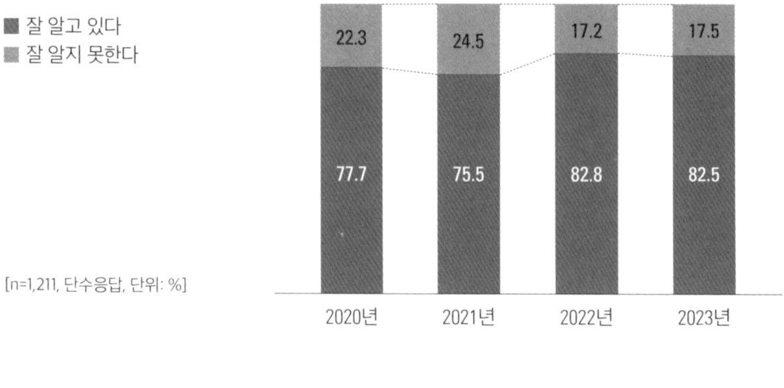

[n=1,211, 단수응답, 단위: %]

그렇다면, 사람들은 '쿨하다'라는 단어를 어떠한 의미로 인식하고 있을까? 사람들은 '솔직한', '자유로운', '신선한'을 쿨함을 표현하는 대표적인 이미지로 인식하고 있는 것으로 나타났다. 그 외 '개성적인', '가식 없는', '자신 있는' 등에 대한 응답률도 높았는데, 이 상위 6개 이미지들은 4년간 지속적으로 높게 응답되며 쿨함의 대표 키워드로 자리잡고 있음을 확인할 수 있었다. 즉, 현시대의 쿨함은 가식 없이 솔직하고, 자신만의 독특한 개성을 내보이는 것에 두려움이 없는, 자유로우면서도 자신만의 심지가 곧은 것으로 정의 내릴 수 있겠다.

다음 중 '쿨하다'의 의미에 포함되어 있다고 생각하시는 것을 모두 선택해주세요.

[n=1,211, 복수응답, 단위: %]

	2020		2021		2022		2023		Gap (23-22)	
	%	순위	%	순위	%	순위	%	순위	%	순위
솔직한	50.0	2	48.7	1	47.6	2	50.5	1	+2.9	▲1
자유로운	47.6	3	48.3	2	47.9	1	47.2	2	-0.7	▼1
신선한	50.4	1	47.3	3	47.1	3	46.4	3	-0.7	–
개성적인	43.2	5	42.1	5	40.7	5	43.7	4	+3.0	▲1
가식 없는	45.2	4	44.6	4	44.2	4	42.5	5	-1.7	▼1
자신 있는	42.5	6	41.5	6	39.7	6	42.2	6	+2.5	–
감각 있는	41.5	7	37.7	8	37.1	7	39.4	7	+2.3	–
센스 있는	38.8	8	35.7	10	35.3	9	38.2	8	+2.9	▲1
트렌디한	37.7	9	38.1	7	33.8	11	38.2	9	+4.4	▲2
고정관념이 없는	37.3	11	34.7	11	36.0	8	36.3	10	+0.3	▼2

전 연령 공통적으로 솔직함을 '쿨함'의 대표 이미지로 인식한 가운데, 연령대별로 조금씩의 차이를 보이는 것으로 나타났다. 1970년대생은 자유롭게 개성을 펼치면서도 가식이 없고 자신의 가치관이 명확한 소신 있는 모습에, 1980년대생은 고정관념 없이 열린 사고를 가진 자유로움과 자신감이 공존하는 모습에, 1990년대생은 감각적이고 개성이 강한 트렌디함에, 2000년대생은 개성과 센스를 바탕으로 한 여유 있고 세련됨에 쿨한 이미지를 보다 부여하고 있었다.

연령대별 '쿨하다'의 의미 TOP10

[n=1,211, 복수응답]

순위(TOP10)	1970년대생	1980년대생	1990년대생	2000년대생
1	솔직한	솔직한	솔직한	신선한
2	자유로운	자유로운	자유로운	개성적인
3	신선한	신선한	개성적인	센스 있는
4	가식 없는	자신 있는	트렌디한	솔직한
5	개성적인	가식 없는	감각 있는	트렌디한
6	소신 있는	개성적인	자신 있는	여유 있는
7	활기 있는	고정관념이 없는	신선한	세련된
8	감각 있는	감각 있는	가식 없는	자신 있는
9	센스 있는	소신 있는	센스 있는	감각 있는
10	자신 있는	활기 있는	여유 있는	자유로운

가장 쿨한 유명인

쿨함에 대한 소비자들의 인식을 조금 더 구체화하기 위해 그들이 생각하는 쿨한 유명인은 누구인지 확인해보았다. 단순히 최근 핫하고 화제성이 높은 인물이 아니라, 본업을 잘하면서도 자신의 소신을 가식 없이 사람들에게 이야기하고 이를 행동으로 실천하는 인물들이 언급된 점이 눈에 띄었다.

쿨한 유명인의 직업을 살펴보면, 가수/래퍼 등 무대에서 화려하게 빛나는 인물들을 가장 많이 떠올렸으며, 스포츠 스타, 탤런트/영화배우가 그 뒤를 이었다. 그리고 인터넷 방송인/유튜버의 비중이 매년 소폭이지만 지속적으로 상승하고 있음을 확인할 수 있다. 2022년까지는 2000년대생들을 중심으로 감지되던 이러한 경향이 2023년에는 1980~1990년대생까지 확장되고 있어, 이제 세대 구분 없이 사회 전반적으로 TV 중심의 매체 외에 다양한 플랫폼에서 활동하는 유명인들에 대한 인식이 긍정적으로 변하고 있다는 점에 주목할 필요가 있다.

쿨한 유명인 직업 분포

[n=1,211, 복수응답, 단위: %]

	2021	2022	2023
가수/래퍼	27.9	33.9	31.9
스포츠 스타	26.4	20.7	20.0
탤런트/영화배우	17.1	16.3	17.1
MC/코미디언	11.3	10.6	9.2
인터넷 방송인/유튜버	3.4	5.1	8.0
모델	0.6	0.6	1.1
기타	2.2	3.2	5.1

그렇다면 이 시대 쿨함의 아이콘은 누구일까? 2023년 조사에서도 전년에 이어 이효리가 1위를 차지하였다. 이효리는 전 연령대에서 10% 이상의 지지를 받아 연령과 상관없이 이 시대 쿨함의 아이콘임을 증명하였다. 2022년 말부터 〈캐나다 체크인〉에서 선한 영향력을 전파하며 유기견 입양에 대한 인식 전환을 유도한 데 이어, 하반기에는 〈댄스가수 유랑단〉에서 여전한 무대 위 카리스마를 뽐내며 쿨함의 아이콘 이미지를 강화하는 데 성공하였다. 또한 이 프로그램에서 "오늘 나의 무대가 동생들 앞길에는 위안이 되고, 언니들은 자신의 뒷모습을 자랑스럽게 여길 수 있게 되길 바란다"는 인터뷰로, 과거를 추억하면서도 현실을 살아가고, 그 현실을 통해 또 한 걸음 앞으로 나아가는 긍정의 메시지를 전달하며 인생의 선배, 언니와 같은 모습으로 다가가 쿨함의 아이콘으로 다시 한번 자리잡는 데 성공하였다.

2위로는 지난 4년간 2위를 지킨 유재석이 선정되었다. 2022년 공중파 외 넷플릭스, 카카오TV, 디즈니+ 등 다양한 플랫폼을 개척하며 새로운 전성기를 구가하고 있는 그는 〈플레이유〉, 〈더 존: 버텨야 산다〉 등 새로운 포맷의 신규 예능을 시즌제로 안착시키며 쿨함의 대명사로 굳건하게 자리를 지키고 있다.

3위는 손흥민이 차지했다. 손흥민은 2022년 카타르 월드컵에서 안면 부상에도 마스크 투혼을 펼치며, 지치지 않는 열정과 팀을 위한 헌신을 보여주어 국민들을 열광하게 했다. 냉철한 자기 객관화를 바탕으로 자신의 능력을 믿고 앞으로 곧게 나아가는 모습이 대중에게 쿨한 이미지를 꾸준히 전달한 것으로 보인다. 2023년 EPL 토트넘의 주장과 갤럭시 앰배서더로도 임명되는 등 거침없는 행보를 보이며 쿨함을 과시하고 있다. 이 밖에도 광고에서 쿨하고 강하면서도 부드러움이 공존하는 느낌을 보여준 한소희가 2023년 처음으로 상위권에 오른 점은 눈여겨볼 만하겠다. 처음에는 멋진 언니 이미지로 주목받았지만, 개인 인스타그램을 통해 소탈하고 엉뚱한 모습도 가감 없이 보여주면서 1990~2000년대 여성을 중심으로 높은 지지를 받은 것으로 보인다.

연령대별로 보면, 1970년대생은 김혜수를 쿨한 유명인으로 응답한 비율이 상대적으로 높았고, 연령층이 낮아질수록 한소희와 MZ세대 대표 아이콘으로 떠오른 이영지에 대한 응답이 높게 나타난 점도 눈에 띈다.

'쿨한' 유명인(연예인, 스포츠 스타, 유튜버 등)이라고 하면 누가 떠오르십니까?

[n=1,211, 복수응답, 단위: %]

10.4%	5.1%	4.7%
이효리	유재석	손흥민

tvN
〈댄스가수 유랑단〉
(출처: 댄스가수 유랑단 인스타그램)

티빙
〈플레이유 레벨업: 빌런이 사는 세상〉
(출처: 티빙 인스타그램)

엉뚱한 피드와 셀프 댓글로 인기를 끈
한소희의 인스타그램
(출처: 한소희 인스타그램)

갤럭시 앰배서더가 된
손흥민의 삼성전자 광고
(출처: 삼성전자 인스타그램)

쿨한 브랜드는 무엇이며, 어떤 특징이 있을까?

올해의 쿨한 산업

가장 쿨한 산업은 4년 연속 패션 분야가 차지했다. 패션 산업은 지난 3년간 젠더프리 등 고정관념을 없애는 시도와 산업의 경계를 무너뜨리는 파격적인 컬래버레이션을 통해 쿨한 이미지를 확고하게 구축해왔다. 이제 메타버스, NFT 등 디지털 공간으로 그 영역을 확장하며 메타패션* 시대를 열며 2000년대생의 열렬한 지지를 받고 있다. 시대를 이끌어가는 디지털 기술의 변화를 가장 민감하고 민첩하게 받아들인 후, 이를 유행으로 빠르게 확산시키며 소비자들에게 쿨함을 어필하고 있는 것으로 보인다.

명품 브랜드들은 메타버스를 적극적으로 활용하여 젊은 고객들과 적극적으로 소통하고 있다. 구찌는 '구찌 가든 아키타이프 서울' 오프라인 전시 중 일부를 제페토에 오픈했다. 이 가상 공간의 전시회는 오픈 일주일 만에 46만 1,000명의 방문객을 유치하였고, 의상과 핸드백 등 총 60여 종의 패션 아이템을 완판시켰다. 불가리는 제페토에 '불가리 월드'를 오픈하고 블랙핑크 리사의 가상 캐릭터와 소통하는 이벤

★

메타패션(Meta Fashion) 3차원 가상 세계에서 이루어지는 여러 활동을 지칭하는 '메타'와 '패션'을 합친 단어로, 가상 세계 아바타가 입는 의상, 신발, 장신구 등의 패션 아이템을 통칭

트를 진행하며 메타버스를 통한 화제성을 확보하였다. 스포츠 브랜드인 나이키와 아디다스는 가상 공간보다는 한정판 NFT 운동화 출시로 소비자 관심의 환기를 시도하였다. 한정판이기는 하지만 직접 신을 수 없는 가상 운동화의 리셀가가 수백만 원대를 호가하기도 했는데, 가상 공간에서 함께 노는 재미와 함께 재태크로서의 가치까지 시너지가 형성되며 큰 인기를 얻고 있어, 향후 메타패션 시장은 더 성장할 것으로 예상된다.

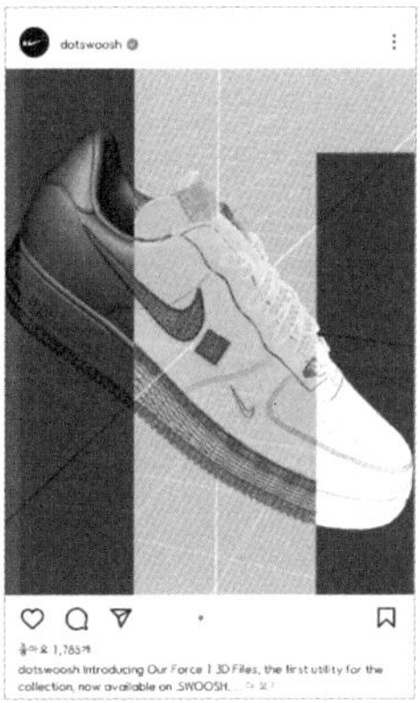

나이키 Our Force 1 NFT 3D 파일
(출처: .SWOOSH 인스타그램)

다음 각 분야들 중에서 '쿨하다'고 평가할 수 있는 분야를 모두 선택해주세요.

[n=1,211, 복수응답]

	2020		2021		2022		2023		Gap (23-22)	
	%	순위	%	순위	%	순위	%	순위	%	순위
패션	54.9	1	52.5	1	49.9	1	54.5	1	+4.6	–
엔터테인먼트	32.9	5	36.3	4	34.6	2	35.3	2	+0.7	–
스포츠	25.4	9	28.3	6	32.5	4	34.4	3	+1.9	▲1
자동차	34.9	4	35.2	5	32.5	4	33.2	4	+0.7	–
모바일 기기	46.9	2	46.2	2	32.6	3	32.2	5	-0.4	▼2
IT 산업	45.2	3	43.9	3	29.4	6	30.0	6	+0.6	–
가전제품	30.7	6	26.6	7	24.5	7	24.9	7	+0.3	–
방송	26.7	7	21.7	10	21.1	9	23.3	8	+2.2	▲1
인테리어	26.0	8	25.7	8	21.7	8	20.9	9	-0.8	▼1
식품 음료	17.7	12	18.2	12	18.3	11	19.7	10	+1.3	▲1

2020년 쿨한 산업 5위로 시작한 엔터테인먼트는 지속적으로 순위가 오르며 2023년도 전년과 동일하게 2위에 안착했다. 엔데믹으로 야외 활동이 증가하며 OTT를 중심으로 한 콘텐츠 쪽 강세는 다소 약화되었으나, 오랫동안 열리지 못했던 오프라인 콘서트 및 페스티벌이 재개되며 현장감에 목마른 소비자들을 끌어당기고 있다.

콘텐츠 쪽에서는 2022년 하반기와 2023년 상반기 전 세계를 열광시킨 〈더 글로리〉의 폭발적 인기가 엔터테인먼트의 쿨함을 강화한 것으로 보인다. 2023년 상반기 2부가 방영 사흘 만에 넷플릭스 TV 프로그램 전 세계 1위, 총 38개국에서 1위를 차지하는 대기록을 세우며 K-컬처의 위상을 높인 것이다. 복수극이라는 자극적인 스토리에 학교 폭력이라는 시의성 높은 주제를 배치하며 소비자들의 관심을 끈 것이 주요 인기 요인으로 판단된다.

오프라인 콘서트 및 페스티벌 측면에서는 해외 유명 아티스트의 내한 공연이 화제가 되었다. 9년 만의 브루노 마스 내한 공연은 예매 시 동시 접속자 116만 명을 기록하며 수십 분 만에 전석 매진을 이루었고, 5년 만에 한국을 방문한 찰리 푸스는 2회 공연이 모두 매진되며 1회 공연을 추가 진행하기로 하였다. 또한 영화 〈더 퍼스트 슬램덩크〉는 과거의 향수를 불러일으키는 원작 만화를 '카툰 렌더링'이라는 최첨단기술을 통해 원작의 그림체를 그대로 유지하면서도 입체감과 공간감 또한 완벽하게 구현해내며 소비자들에게 엔터테인먼트 산업의 쿨함을 지속적으로 어필하였다.

3위는 전년 대비 한 단계 순위가 상승한 스포츠가 차지했다. 팬데믹 기간 동안 사회적 거리두기를 지키면서 운동할 수 있다는 장점으로 각광받았던 골프와 테니스의 인기가 조금씩 사그라들고 있는 반면, 거리두기 제한이 풀리면서 현장 직관이 가능해진 프로 스포츠의 인기가 다시 상승하고 있다. 프로야구는 2023년 7월 기준 연간 누적 관중 400만 명을 넘어서며 팬데믹 이전 수준으로 관중 수를 회복하였고, 프로축구의 인기는 팬데믹 이전보다 높아진 것으로 나타났다. 2023년 시즌 개막 초반부터 연일 매진 행렬을 기록하더니, 5월 기준 경기당 평균 관중 1만 명 고지를 넘어서며 팬데믹 이전인 2019년 대비 30%나 증가한 역대 최고 관중 동원에 성공하였다. SBS의 〈골 때리는 그녀들〉을 통해 여자 축구가 인기를 끌며 실제로 축구를 하는 여성들이 증가한 것도 스포츠의 쿨함 인식을 강화한 또다른 요인으로 보인다. 그리고 토트넘의 주장이 된 손흥민, 나폴리를 리그 우승으로 이끈 후 뮌헨으로 이적한 김민재, 스페인 마요르카에서 파리 생제르맹으로 이적한 이강인 등 해외파 축구 선수들의 잇따른 선전 또한 스포츠의 쿨함을 강화하는 또 하나의 요인인 것으로 판단된다.

브루노 마스 내한 공연 공식 포스터
(출처: 현대카드 인스타그램)

반면, 지난 3년간 쿨한 산업 TOP3 자리를 굳건하게 지키던 모바일 기기는 2023년 순위가 하락하며 5위에 랭크되었다. 지금까지 스마트폰에서 태블릿 PC, 스마트 워치까지 영역을 확장하며 끊임없이 기술적으로 쿨함을 주도해왔던 모바일 기기는, 여전히 매해 새로운 버전의 기기들이 등장하고 있지만 예전만큼 괄목할 만한 기술적 차이점을 어필하지 못하며 소비자들의 높아진 기대치를 충족시키지 못하는 것으로 보인다. 그리고 2023년 순위가 떨어진 모바일 기기의 쿨함을 보다 부정적으로 인식하는 것이 2000년대생이라는 것은 이들 산업에는 보다 주의가 필요한 포인트로 판단된다. 미래를 책임질 세대에게 신선함과 쿨함을 전달할 수 있는 돌파구가 필요해 보이는 시점이다.

쿨 브랜드의 기본 조건

쿨한 브랜드가 되기 위해서는 어떠한 이미지를 소비자들에게 보여주어야 할까? 4년간의 결과를 바탕으로 쿨한 브랜드가 되기 위한 전제조건을 확인해보면, 자기만의 색깔이 있고 전문성을 바탕으로 한 자신감을 갖춘 브랜드가 소비자들에게 쿨한 브랜드로 인식되는 것을 알 수 있다. 새로운 것을 빠르게 받아들이고 유행을 따라가는 트렌디함보다는 기본기가 탄탄하면서도 그것을 자기 것으로 내재화함으로써 독특성을 갖춘, 쉽게 말해 '본업 존잘' 브랜드가 현시대를 관통하는 쿨한 브랜드로 인식되는 것으로 판단된다.

다음 표현을 보시고 동의하는 정도를 점수로 표시해주십시오.

“내가 생각하는 Cool한 브랜드는 ○○하다”

[n=1,211, 단수응답, 단위: Top2%]

	2021		2022		2023		Gap(23-22)	
	%	순위	%	순위	%	순위	%	순위
자기만의 색깔이 있는 브랜드다.	80.6	2	83.0	1	80.8	1	-2.2	–
자신감을 가지고 있는 브랜드다.	81.2	1	80.7	2	80.1	2	-0.5	–
전문성을 갖춘 브랜드다.	79.9	3	80.7	2	79.8	3	-0.9	▼1
업계를 대표하는 브랜드다.	79.5	4	79.1	4	78.7	4	-0.5	–
특별한 개성을 가진 브랜드다.	77.5	7	76.1	5	76.0	5	-0.1	–
트렌드에 맞게 변화할 줄 아는 브랜드다.	78.1	6	75.2	6	75.3	6	+0.1	–
열정이 있는 브랜드다.	74.7	12	74.7	8	75.1	7	+0.4	▲1
새로운 트렌드를 이끄는 브랜드다.	78.6	5	75.2	6	74.6	8	-0.6	▼2
창의적인 생각을 가진 브랜드다.	75.6	9	74.0	10	74.3	9	+0.2	▲1
소신 있는 브랜드다.	73.3	18	74.6	9	73.3	10	-1.4	▼1

2023년의 쿨 브랜드

2023년 소비자들은 어떤 브랜드를 쿨한 브랜드로 인식하고 있을까? '없음' 응답을 제외하고 삼성, 애플, 나이키가 3년 연속 쿨한 브랜드 TOP3를 굳건히 유지하고 있다.

2022년 10위를 기록하며 처음으로 TOP10에 진입한 테슬라는 2023년 6위로 순위가 껑충 뛰었다. 2023년 국내 판매는 부진한 상황이지만, 90% 이상의 응답자들이 테슬라가 자기만의 색깔과 개성으로 새로운 트렌드를 이끄는, 창의적이고 스마트하며 열정이 있는 브랜드라고 인식하고 있기 때문에 쿨한 이미지는 지속적으로 강화되고 있다.

LG는 TV를 무선화하여 이동성을 강화한 '스탠바이미' 후속으로 휴대성을 보다 강화한 신개념 포터블 스크린 '스탠바이미 고'를 출시하며 쿨한 행보를 이어가고 있다. 스탠바이미 고는 여행 가방을 닮은 패셔너블한 케이스에 TV 화면, 스피커 등을 모두 탑재하여 이동 편의성을 극대화한 제품으로, 캠핑 등 야외 활동 시 활용도가 높아 어디서든 OTT를 즐기길 원하는 소비자들의 호기심을 자극했다. 또한 이 제품은 독일 베를린에서 열린 유럽 최대 가전·IT 전시회 'IFA 2023'에서 해외 언론으로부터 최고의 제품이라는 극찬을 받으며 쿨한 이미지를 강화했다.

모델 이슈로 악재가 있었음에도 지속적인 상승세를 보여주는 무신사는 젊은 여성 고객 확보를 위해 뉴진스를 모델로 채용하며 악재를 호재로 빠르게 전환시켰다. 또한 브랜드, 패션 크리에이터 등 창작자를 위한 공유 오피스 공간인 무신사 스튜디오를 지속적으로 오픈하여, 신진 브랜드 발굴 및 기회 확대를 통한 플랫폼과 브랜드와의 동반 성장이라는 경영 철학을 실천하며 쿨함을 전달하고 있다.

'Cool'하다고 생각하시는 브랜드 1순위를 적어주세요.

순위	2021	2022	2023
1	"없음"	"없음"	"없음"
2	SAMSUNG	SAMSUNG	SAMSUNG
3	Apple	Apple	Apple
4	Nike	Nike	Nike
5	kakao	LG	LG
6	LG	"모름. 기억 안 남"	TESLA
7	Google	adidas	MUSINSA
8	adidas	kakao MUSINSA	Coca-Cola
9	MUSINSA	오뚜기	CJ kakao
10	Coca-Cola	Google TESLA	오뚜기 adidas
	[표본수=1,000, 단수 응답]	[표본수=1,211, 단수 응답]	[표본수=1,211, 단수 응답]

CJ의 진입도 눈에 띈다. 팬데믹으로 멈추었던 'K-con'을 재개하며 K-컬처의 위상을 높인 것이 하나의 요인으로 보인다. 또한 CGV 극장을 4DX, 특별관 등 차별화된 경험을 주는 곳으로 변화시키는 동시에, 단순히 영화를 보는 곳이 아닌 게임, 공연, 스포츠 등 다양한 엔터테인먼트를 융합하는 복합 체험형 공간으로 진화시키며 소비자들의 발길을 끈 것 또한 쿨함을 높이는 요인 중 하나로 판단된다. 실제로 2023년 초 상영한 임영웅 콘서트 실황 〈아임 히어로 더 파이널〉은 25만 명이 관람하였고, 하반기에는 〈아이유 콘서트: 더 골든 아워〉, 〈서태지 콘서트〉를 상영하였다.

반면 카카오는 문어발식 계열사 확장, 구조 조정 단행 및 경영진의 책임 회피 등 경영진을 둘러싼 부정적인 이슈로 순위가 하락중인 것으로 판단된다. 브랜드별 속성을 볼 때도 전반적으로 2022년 대비 긍정 응답률이 상당 부분 하락하였다. 특히 '자유로움이 느껴지는' 이미지는 2022년 93%에서 2023년 68%로 약 25%p가 하락하였으며, '자

포터블 스크린으로 주목받은 LG의 스탠바이미 고
(출처: LG전자 홈페이지)

〈아이유 콘서트: 더 골든 아워〉 포스터
(출처: CGV 홈페이지)

세번째 오픈한 패션 특화 공유 오피스인
무신사 스튜디오 성수점
(출처: 무신사 스튜디오 홈페이지)

기만의 색깔이 있는', '새로운 트렌드를 이끄는' 이미지 역시 전년 대비 약 17%p 하락하며 전반적으로 부정적 인식이 강해진 것을 확인할 수 있었다.

쿨한 브랜드들을 중심으로 쿨 브랜드 속성을 조금 더 살펴보면, 테슬라를 제외하고 TOP4 브랜드는 공통적으로 전문성을 갖추고 이를 바탕으로 한 자신감이 있는, 업계를 대표하는 브랜드라는 인식을 확인할 수 있었다. 이는 앞서 살펴본 쿨한 브랜드의 전제 조건에서 '본업 존잘'이 주요 키워드로 언급되었던 것과 일맥상통한다.

삼성, LG, 애플 등 제조업 기반 브랜드들은 기본적으로 전문성 속성이 높게 응답되었다. 그 외에 브랜드별로 보면, 삼성은 트렌드에 맞게 변화할 줄 아는, 애플은 자기만의 색깔이 있고 미적 감각이 있는, LG는 소신 있는 브랜드라는 인식이 상대적으로 높아 소비자들의 인식에 차이가 있음을 확인할 수 있었다. 애플의 경우 업계를 대표하는 브랜드 속성이 2022년 4위에서 2023년 1위로 올라섰다. 시장의 판도를 바꾼 혁신적인 제품들이 '애플 생태계'로 확고하게 자리잡으며, 이제 시장 대표 브랜드 이미지를 보유한 성숙기 브랜드 단계로 진입한 것으로 보인다. 스포츠 브랜드인 나이키와 아디다스 역시 공통적으로 업계 대표성과 전문성 이미지를 보유하고 있는 가운데, 나이키는 자유롭고 자신감이 있는, 아디다스는 소신 있게 새로운 트렌드를 이끄는 브랜드라는 인식이 높게 나타났다. 최신 기술을 기반으로 플랫폼의 한계를 넘어서고 있는 구글은 스마트한 이미지를, 패션 애플리케이션의 새로운 역사를 써 내려가고 있는 무신사는 창의적인 생각을 통해 트렌드에 맞게 변화할 줄 아는 이미지를, 테슬라는 자신만의 개성으로 트렌드를 만들어가는 트렌드 세터의 이미지로 인식되는 것도 확인할 수 있었다.

브랜드별 쿨 브랜드 속성

[n=1,211, 단수응답, 단위: Top2%]

순위 (TOP10)	삼성	애플	LG	나이키
1	전문성을 갖춘 브랜드다.	업계를 대표하는 브랜드다.	전문성을 갖춘 브랜드다.	업계를 대표하는 브랜드다.
2	업계를 대표하는 브랜드다.	전문성을 갖춘 브랜드다.	소신 있는 브랜드다.	자유로움이 느껴지는 브랜드다.
3	트렌드에 맞게 변화할 줄 아는 브랜드다.	자기만의 색깔이 있는 브랜드다.	업계를 대표하는 브랜드다.	전문성을 갖춘 브랜드다.
4	자신감을 가지고 있는 브랜드다.	미적인 감각이 있는 브랜드다.	자신감을 가지고 있는 브랜드다.	자신감을 가지고 있는 브랜드다.
5	스마트함이 느껴지는 브랜드다.	새로운 트렌드를 이끄는 브랜드다.	창의적인 생각을 가진 브랜드다.	활기가 느껴지는 브랜드다.
6	새로운 트렌드를 이끄는 브랜드다.	특별한 개성을 가진 브랜드다.	사회적 책임감을 가진 브랜드다.	자기만의 색깔이 있는 브랜드다.
7	자기만의 색깔이 있는 브랜드다.	자신감을 가지고 있는 브랜드다.	자기만의 색깔이 있는 브랜드다.	열정이 있는 브랜드다.
8	혁신을 추구하는 브랜드다.	세련됨이 느껴지는 브랜드다.	새로운 트렌드를 이끄는 브랜드다.	트렌드에 맞게 변화할 줄 아는 브랜드다.
9	창의적인 생각을 가진 브랜드다.	혁신을 추구하는 브랜드다.	트렌드에 맞게 변화할 줄 아는 브랜드다.	특별한 개성을 가진 브랜드다.
10	열정이 있는 브랜드다.	스마트함이 느껴지는 브랜드다.	전에 없던 새로운 제품이나 서비스를 만드는 브랜드다.	새로운 트렌드를 이끄는 브랜드다.

[n=1,211, 단수응답, 단위: Top2%]

순위 (TOP10)	아디다스	구글	무신사	테슬라
1	업계를 대표하는 브랜드다.	스마트함이 느껴지는 브랜드다.	트렌드에 맞게 변화할 줄 아는 브랜드다.	새로운 트렌드를 이끄는 브랜드다.
2	새로운 트렌드를 이끄는 브랜드다.	업계를 대표하는 브랜드다.	창의적인 생각을 가진 브랜드다.	특별한 개성을 가진 브랜드다.
3	전문성을 갖춘 브랜드다.	자기만의 색깔이 있는 브랜드다.	자유로움이 느껴지는 브랜드다.	자기만의 색깔이 있는 브랜드다.
4	소신 있는 브랜드다.	자유로움이 느껴지는 브랜드다.	열정이 있는 브랜드다.	스마트함이 느껴지는 브랜드다.
5	활기가 느껴지는 브랜드다.	전문성을 갖춘 브랜드다.	자기만의 색깔이 있는 브랜드다.	창의적인 생각을 가진 브랜드다.
6	전에 없던 새로운 제품이나 서비스를 만드는 브랜드다.	혁신을 추구하는 브랜드다.	활기가 느껴지는 브랜드다.	자신감을 가지고 있는 브랜드다.
7	자유로움이 느껴지는 브랜드다.	자신감을 가지고 있는 브랜드다.	미적인 감각이 있는 브랜드다.	열정이 있는 브랜드다.
8	자기만의 색깔이 있는 브랜드다.	전에 없던 새로운 제품이나 서비스를 만드는 브랜드다.	자신감을 가지고 있는 브랜드다.	전에 없던 새로운 제품이나 서비스를 만드는 브랜드다.
9	트렌드에 맞게 변화할 줄 아는 브랜드다.	새로운 트렌드를 이끄는 브랜드다.	특별한 개성을 가진 브랜드다.	혁신을 추구하는 브랜드다.
10	자신감을 가지고 있는 브랜드다.	고정관념을 벗어날 줄 아는 브랜드다.	세련됨이 느껴지는 브랜드다.	소신 있는 브랜드다.

연령대별로 쿨한 브랜드 TOP3는 유사한 양상을 보이지만, 1990년대생의 발렌시아가, 2000년대생의 샤넬, 구찌 등 젊은 층을 중심으로 명품 브랜드들이 쿨한 브랜드로 인식되고 있다는 점을 확인할 수 있었다. 팬데믹 기간에는 온라인 패션쇼를 통해, 엔데믹 이후에는 브랜드만의 개성을 녹인 팝업스토어를 통해 젊은 층에게 다가갔고, 이제 NFT, 메타버스 등 가상 세계를 통해 Z세대와의 교류를 늘리고자 하는 명품 브랜드들의 지속적인 노력이 반영된 트렌드로 판단된다. 흥미로운 점은 2000년대생에서 쿨한 브랜드로 샤넬 및 구찌와 유니클로가 함께 언급되었다는 사실이다. 이는 싼 건 어떻게든 싸게 구매하고 이를 통해

연령대별 쿨 브랜드

[n=1,211, 자유응답]

순위(TOP10)	1970년대생	1980년대생	1990년대생	2000년대생
1	"없음"	"없음"	"없음"	"없음"
2	삼성	삼성	애플	삼성
3	애플	애플	삼성	애플
4	LG	나이키	나이키	나이키
5	나이키	LG	LG	샤넬
6	테슬라	테슬라	무신사	아디다스, 유니클로, 구찌
7	코카콜라, CJ, 카카오	무신사	발렌시아가	-
8	오뚜기, 이마트, 신세계, SK	"모름. 기억 안 남"	CJ, 아디다스, 자라 "모름. 기억 안 남"	-
9	무신사, 자라, 다이소 "모름. 기억 안 남"	코카콜라, 카카오	-	-
10	-	CJ, 오뚜기, 이마트, 신세계	-	-

*TOP10 중 응답한 비율이 1% 이하인 브랜드는 분석 내용에서 제외하였음

아낀 비용을 명품 소비로 전환하는, '모 아니면 도'로 소비하는 MZ세대의 소비 양극화 트렌드가 반영된 현상으로 보인다. 또한 노재팬 운동 시 2000년대생들은 아직 어린 학생이었기에, 그 사회적 영향을 상대적으로 덜 받은 세대라는 점 또한 영향을 끼쳤을 것으로 판단된다.

연령이 높을수록 언급된 브랜드 수가 많은 경향을 보이는데, 이는 젊은 층보다 브랜드 관여도가 상대적으로 높고 생활환경 및 관심사의 차이 때문인 것으로 보인다. 1970~1980년대생은 이마트, 신세계, 오뚜기 등 생활용품 및 식료품 브랜드에 대한 언급이 상대적으로 높다는 점에서 이를 확인할 수 있다.

쿨 브랜드 정의

소비자들이 생각하는 쿨한 브랜드는 어떤 브랜드일까? 4개년간의 결과를 바탕으로 쿨한 브랜드의 정의를 살펴보면, 소비자들은 매력적인 브랜드를 쿨한 브랜드로 정의한다. 전년 대비 계속 구입하고 싶은 브랜드라는 응답이 2단계 순위가 상승하였는데, 이는 브랜드의 매력도에 대한 소비자 니즈가 보다 강하게 반영된 것으로 보인다. 연령별로도 쿨한 브랜드에 대한 정의가 크게 차이가 나지는 않았는데, 2000년대생은 남에게 자랑하고 싶은 브랜드라는 인식이 상대적으로 높아, 자기표현을 중시하고 자신의 개성을 다른 사람들과 공유하는 것을 좋아하는 Z세대들의 성향이 반영된 것으로 보인다.

다음 표현을 보시고 동의하는 정도를 점수로 표시해주십시오.

"내가 생각하는 Cool한 브랜드는 ○○하다"

[n=1,211, 단수응답, 단위: TOP2%]

	2021		2022		2023		(23-22)Gap	
	%	순위	%	순위	%	순위	%	순위
매력적인 브랜드다.	79.4	1	74.0	1	74.8	1	+0.8	–
계속 구입하고 사용하고 싶은 브랜드다.	76.0	3	70.3	4	72.4	2	+2.1	▲2
주목을 받는 브랜드다.	76.5	2	72.7	2	71.8	3	-0.9	▼1
신뢰가 가는 브랜드다.	74.1	4	70.5	3	70.9	4	+0.4	▼1
다른 브랜드보다 조금 더 비싸더라도 구입하고 싶은 브랜드다.	68.7	6	58.7	5	64.0	5	+5.3	–
나에게 어울리는 브랜드다.	64.7	8	58.5	7	61.5	6	+3.0	▲1
내가 선망하는 브랜드다.	68.9	5	58.7	6	60.0	7	+1.3	▼1
남들에게 자랑하고 싶은 브랜드다.	65.6	7	58.0	8	58.1	8	+0.0	–
해당 브랜드의 제품이나 서비스를 가진 사람이 부러운 브랜드다.	63.0	9	56.7	9	56.9	9	+0.1	–
나를 표현해주는 브랜드다.	56.2	10	52.3	10	54.7	10	+2.5	–

연령대별 쿨 브랜드 정의

[n=1,211, 단수응답, 단위: TOP2%]]

순위(TOP10)	1970년대생	1980년대생	1990년대생	2000년대생
1	매력적인 브랜드다.	매력적인 브랜드다.	매력적인 브랜드다.	매력적인 브랜드다.
2	계속 구입하고 사용하고 싶은 브랜드다.	계속 구입하고 사용하고 싶은 브랜드다.	주목을 받는 브랜드다.	주목을 받는 브랜드다.
3	신뢰가 가는 브랜드다.	주목을 받는 브랜드다.	계속 구입하고 사용하고 싶은 브랜드다.	계속 구입하고 사용하고 싶은 브랜드다.
4	주목을 받는 브랜드다.	신뢰가 가는 브랜드다.	신뢰가 가는 브랜드다.	신뢰가 가는 브랜드다.
5	다른 브랜드보다 조금 더 비싸더라도 구입하고 싶은 브랜드다.	다른 브랜드보다 조금 더 비싸더라도 구입하고 싶은 브랜드다.	다른 브랜드보다 조금 더 비싸더라도 구입하고 싶은 브랜드다.	다른 브랜드보다 조금 더 비싸더라도 구입하고 싶은 브랜드다.
6	내가 선망하는 브랜드다.	나에게 어울리는 브랜드다.	나에게 어울리는 브랜드다.	나에게 어울리는 브랜드다.
7	나에게 어울리는 브랜드다.	내가 선망하는 브랜드다.	해당 브랜드의 제품이나 서비스를 가진 사람이 부러운 브랜드다.	남들에게 자랑하고 싶은 브랜드다.
8	남들에게 자랑하고 싶은 브랜드다.	남들에게 자랑하고 싶은 브랜드다.	내가 선망하는 브랜드다.	해당 브랜드의 제품이나 서비스를 가진 사람이 부러운 브랜드다.
9	해당 브랜드의 제품이나 서비스를 가진 사람이 부러운 브랜드다.	해당 브랜드의 제품이나 서비스를 가진 사람이 부러운 브랜드다.	남들에게 자랑하고 싶은 브랜드다.	내가 선망하는 브랜드다.
10	나를 표현해주는 브랜드다.	나를 표현해주는 브랜드다.	나를 표현해주는 브랜드다.	나를 표현해주는 브랜드다.

우리는 '쿨하다'라는 단어가 가진 다양한 의미들을 직관적으로 이해하고 일상 생활에서도 많이 사용하고 있지만, 단어의 뜻을 정의해보라고 한다면 쉽지는 않다. '쿨하다'라는 단어가 그만큼 많은 의미를 내포하고 있기 때문일 것이다. 하지만 이러한 하나로 정의되지 않는 복잡함과 다양함은 이노션이 쿨한 브랜드에 관심을 가지게 된 가장 매력적인 포인트이다.

4년간 쿨함에 대해서 알아본 결과를 종합해보면, 사람들은 쿨한 브랜드를 기본기에 충실하면서도 자기만의 색깔을 가지고 있는, '본업 존잘'인 브랜드로 인식하고 있는 것으로 보인다. 요즘 많이 쓰는 '핫한' 브랜드와는 확연히 다른 느낌으로 받아들이고 있는 것이다. 이는 소비자들의 눈길을 한눈에 끌 수 있는 트렌디하고 힙한 이미지도 중요하지만, 기본기를 잘 다져서 매력적인 느낌을 전달하는 '쿨한' 이미지 또한 소비자들의 브랜드 인식 및 구매 결정에 중요한 영향을 주는 요소임을 말해주고 있다.

따라서 현재 사회를 이끌어가고 있는 세대, 향후 우리 사회를 이끌어갈 세대의 쿨 브랜드 인식을 확인하여 앞으로 나아가야 할 방향을 살펴보는 것은 여전히 필요한 일이며, 앞으로도 이노션은 쿨함을 지속적으로 살펴보고 시대 변화에 맞는 쿨함에 대한 이야기를 전달할 수 있도록 노력할 것이다.

“

트렌디하고 힙한 이미지도 중요하지만,
기본기를 잘 다져서 매력적인 느낌을
전달하는 **‘쿨한’ 이미지** 또한
소비자들의 **브랜드 인식 및 구매 결정**에
중요한 영향을 주는 요소임을
말해주고 있다.

”